U0634131

权威·前沿·原创

皮书系列为
"十二五""十三五""十四五"国家重点图书出版规划项目

BLUE BOOK

智 库 成 果 出 版 与 传 播 平 台

广州蓝皮书
BLUE BOOK OF GUANGZHOU

广州市社会科学院／研创

广州城乡融合发展报告（2022）

ANNUAL REPORT ON URBAN-RURAL INTEGRATION
DEVELOPMENT OF GUANGZHOU (2022)

主　　编／张跃国
执行主编／郭艳华

社会科学文献出版社
SOCIAL SCIENCES ACADEMIC PRESS（CHINA）

图书在版编目（CIP）数据

广州城乡融合发展报告.2022／张跃国主编.—北
京：社会科学文献出版社，2022.6
（广州蓝皮书）
ISBN 978-7-5228-0291-6

Ⅰ.①广…　Ⅱ.①张…　Ⅲ.①城乡建设-区域经济发
展-研究报告-广州-2022　Ⅳ.①F299.276.51

中国版本图书馆 CIP 数据核字（2022）第 103869 号

广州蓝皮书
广州城乡融合发展报告（2022）

主　　编／张跃国
执行主编／郭艳华

出 版 人／王利民
组稿编辑／丁　凡
责任编辑／郭　峰
责任印制／王京美

出　　版／社会科学文献出版社·城市和绿色发展分社（010）59367143
　　　　　地址：北京市北三环中路甲 29 号院华龙大厦　邮编：100029
　　　　　网址：www.ssap.com.cn
发　　行／社会科学文献出版社（010）59367028
印　　装／天津千鹤文化传播有限公司

规　　格／开本：787mm×1092mm　1/16
　　　　　印张：23　字数：343 千字
版　　次／2022 年 6 月第 1 版　2022 年 6 月第 1 次印刷
书　　号／ISBN 978-7-5228-0291-6
定　　价／128.00 元

读者服务电话：4008918866

主要编撰者简介

张跃国　现任广州市社会科学院党组书记、院长，广州大学客座教授。研究专长为中国特色社会主义理论体系以及城市发展战略、创新发展、传统文化。曾任中共广州市委政研室副主任，多次主持或参与中共广州市委全会和党代会报告起草、广州市五年发展规划纲要研究编制、广州经济形势分析与预测研究、广州城市发展战略研究、广州对标世界银行评估标准全面优化营商环境研究、广州老城市新活力理论研究、广州南沙新区发展战略研究和规划编制以及广州市委、市政府多项重大政策文件制定起草工作。

郭艳华　现任广州市社会科学院农村研究所所长、农村研究中心执行主任，研究员。专业研究方向和领域为"三农"问题、生态文明。获得广州市优秀中青年哲学社会科学工作者、广州市"五一"巾帼奖（个人）、广州市三八红旗手、广州市直机关优秀党支部书记等荣誉称号，被聘任为广州市政府重大行政决策论证专家、第四届广州市政府决策咨询专家，共有12项成果获得社科成果政府奖。

摘　要

　　党的十九届六中全会强调深入实施乡村振兴战略，加快推进农业农村现代化，全面提升农村人居环境质量，真正让农业强起来、农民富起来、农村美起来。广州是国家重要的中心城市，同样面临推进农业现代化、促进城乡融合发展的重大议题。近年来，广州农业现代化取得重要进展，农业生产能力和保供水平稳步增长，农业布局持续优化，农业产业经营水平全面提升，新型农业经营体系加快发展，农业科技创新及应用水平不断提高，农村综合配套改革全面提速。但同时也面临资源约束、产业结构不尽合理、城乡居民收入水平有差距、全产业链发展水平滞后、新型农业经营主体竞争力不强等系列短板和约束。

　　展望新时期，农业现代化将加速成为国内国际双循环的转化枢纽，加快农业集群化和融合化，其中科学技术变革、制度创新、市场变革和主体能力及其创新能力，将持续为农业现代化注入新的发展活力。广州要大力实施以人为中心的农业现代化变革，培本固元，强化技术引领，不断优化产业结构，全面推进"农业+"战略，着力做好政策衔接，开启广州农业现代化新局面。

　　本书由六部分组成。

　　第一部分是总报告。阐释了农业现代化的深刻内涵和现实意义，全面系统地回顾和总结了2021年以来广州市农业现代化发展的主要成效与亮点，分析了广州市农业现代化发展的短板和制约，对2022年广州农业现代化发展形势进行了分析和展望，提出了广州农业现代化发展的对策措施。

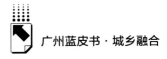

第二部分是产业振兴篇。主要就如何推动广州乡村产业高质量发展,广州迈向国际种业中心的路径,促进广州花卉产业、蔬菜产业、水产业高质量发展的创新思路,助力乡村民宿产业集聚发展等问题开展研究。

第三部分是综合研究篇。主要就 2021 年广州农村居民收入水平的比较分析,通过发展新型集体经济推进城乡共同富裕,"六稳六保"促进农业发展提质增效,发挥高速公路服务网点共享优势以畅通国内大循环以及目前广州特色农业支撑平台发展现状等问题开展研究。

第四部分城乡治理篇。主要就党建引领共建共治共享以积极推进广州乡村善治,加强水环境治理、创新广州水生态文明建设,就新时期广州如何强化城乡生态环境治理以及广州农业社会化服务发展和管理现状等问题开展研究。

第五部分是调查报告篇。主要就如何做好就业扶持以促进返乡人员创业就业,如何从农村产业多点着力推动乡村振兴,如何构筑基层医疗体系铺好村民家门健康路以及广东省荔枝和龙眼产区投入产出与成本收益状况等问题开展研究。

第六部分是区域发展篇。主要就基于乡村振兴视角下增城区农民增收拓展途径、增城区城乡居民收入与支出分析、增城区农民专业合作社发展现状以及从化区南平村以村企共建模式实现乡村产业振兴等问题开展研究。

Abstract

The Sixth Plenary Session of the 19th Central Committee of Communist Party of China stressed execution of the strategy of rural revitalization, urged to quicken the modernization of agriculture and the rural areas, comprehensively upgrade the quality of rural living environment, let agriculture become really strong, the peasants become rich and the rural areas become beautiful. As an important one of the national center cities, Guangzhou is also faced with important issues such as promoting the agricultural modernization and the integrated urban – rural development. In the past few years, important progress was made in Guangzhou's agricultural modernization; the agricultural production ability and supply level were increasing steadily; the agricultural layout was becoming better; the agricultural operation level was comprehensively increasing; new type of agricultural operation system was growing faster; agricultural scientific innovation and apply level were going up; the comprehensive and supporting reform of the rural areas was speeding up. But at the same time, we are faced with series of short weaknesses and constraints such as shortage of resources, unreasonable industrial structures, differences between urban–rural residents' income, lagging behind of the whole industrial chains, insufficient competitiveness of new–type agricultural bodies, etc.

Looking forward to the new era, the agricultural modernization will quickly become the conversion hub for the domestic and international double cycle. Speeding up the agricultural clustering and integration including the innovation of science and technology, system innovation, market reform and main body's ability and innovation will bring vitality to development of agricultural modernization. Guangzhou must firmly execute the innovation of agricultural modernization focusing on the people, emphasis on the technologies, continuously optimizing the industrial structures, comprehensively promote "agriculture +" strategy, focusing on the policy cohesion and to start a new situation of Guangzhou's agricultural modernization.

This book consists of six parts.

The first part is the general report. It expounds on the deep connotation and practical significance of agricultural modernization, systematically reviews and summarizes the main performances and strengths of the agricultural modernization in Guangzhou since 2021. This part analyzes the weakness and constraints of the Guangzhou's agricultural modernization. Moreover, this part also analyzes the situation of agricultural modernization in Guangzhou and puts forward countermeasures for Guangzhou's agricultural modernization in 2022.

The second part is about industrial revitalization. The main contents include how to promote the high quality development of Guangzhou's rural industry, the paths for Guangzhou to step to the center of international seeds industry, innovation ideas of how to promote high quality development of Guangzhou's flower industry, vegetable industry as well as aquaculture to assist the rural home stay industry, etc.

The third part is comprehensive topic research. The articles mainly discuss about rural residents' income of Guangzhou in 2021, how to promote common prosperity by urging the development of new collective economy, strengthen the agricultural development to mention mass efficiency by measures of "*six stability & six confirming*", taking advantage of the net services of express ways to smooth up the domestic circle, the development situation of the supporting platforms of Guangzhou's characteristic agriculture, etc.

The fourth part is about the urban and rural governance. The articles are mainly on how to actively promote admirable governance of rural areas in Guangzhou by strengthening party building for joint contribution, shared benefits and common governance, how to strengthen the water environment supervision to innovate Guangzhou's aquatic ecological civilization, how to strengthen the governance of urban – rural ecological environment of Guangzhou, the social service for Guangzhou's agriculture and relevant current situation, etc.

The fifth part is investigation articles. The main contents include how to assist returned rural resident to get jobs or make their own business, how to promote rural revitalization by focusing on more agricultural industries, how to construct the primary health care system to guarantee the rural residents' health; study on the input and output of the litchi and longan planting regions of Guangdong Province, etc.

The sixth part is about regional development. The articles mainly discuss about how to widen channels to increase the peasants' income in Zengcheng District with a view to rural revitalization; the rural and urban residents' income and expenditure; the development situation of the specialized farmer cooperatives in Zengcheng District; the mode of village – enterprise cooperation of Nanping Village of Conghua District to execute rural industry revitalization to let peasants become rich, etc.

目 录 ↰

Ⅰ　总报告

Ⅱ　产业振兴篇

Ⅲ　综合研究篇

Ⅳ　城乡治理篇

V 调查报告篇

VI 区域发展篇

皮书数据库阅读**使用指南**

CONTENTS ↰↱

I General Report

II   Industry Revitalization

III   Comprehensive Research

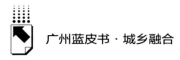
IV   Urban and Rural Governance

V   Investigation Reports

VI Regional Development

总 报 告

General Report

B.1

广州农业现代化发展进程与对策研究

广州市社会科学院课题组*

摘　要： 农业现代化是国家整体现代化的经典议题，是中国式现代化的重要组成部分，是开启全面建设社会主义现代化国家新征程的重要议程。广州是国家重要的中心城市，城市经济发达，同样面临推进农业现代化发展的重大议题。近年来，广州农业现代化取得重要进展，农业生产能力和保供水平稳步增长，农业生产条件显著改善，农业布局持续优化，农业产业经营水平、新型农业经营体系和农业科技创新水平等显著改善，农业科技应用及其扩散体系深入推进，农村综合配套改革全面提速。根据对农业投入状况、

---

* 课题组成员：郭艳华，广州市社会科学院农村研究所所长、农村研究中心执行主任，研究员，主要研究方向为农村经济、生态文明；胡晓群，广州市社会科学院农村研究所副所长、研究员，博士，主要研究方向为农业产业经济、农村集体经济、农业科技创新；阮晓波，广州市社会科学院农村研究所研究员，主要研究方向为区域经济、农村经济；周兆铀，广州市社会科学院农村研究所副研究员，博士，主要研究方向为数量经济、都市农业；尹绣程，广州市社会科学院农村研究所研究实习员，中级经济师，主要研究方向为农村经济、生态经济。执笔人：郭艳华、胡晓群、阮晓波、周兆铀、尹绣程。

农业产出效率、农村社会发展效应、农业生态环境水平四个方面指标体系的计量评价和分析，广州农业现代化发展进入成熟阶段，而且近年来呈现稳步上升态势，这种发展趋势主要得益于各主体指标发展指数的稳步增长。但是，广州促进农业现代化发展面临一系列的短板和不足，如资源约束效应明显、产业结构不尽合理、农业投入结构性矛盾突出、城乡居民收入绝对差距持续扩大、产业技术支撑和引领能力不强、劳动者素质及劳动参与率不高、全产业链发展水平滞后、新型农业经营主体竞争力不强、农村居民食品支出占比高、农村综合改革效果不显著等。新时期，农业现代化发展将加速成为国内国际双循环的转化枢纽，加快农业集群化和融合化发展趋势，而农业科技变革、制度创新、市场变革和主体能力及其创新能力，将持续为农业现代化注入新的发展活力。广州要大力实施以人为中心的农业现代化变革，固本培元强化技术引领，不断优化产业结构，全面推进"农业+"战略，着力做好政策衔接，开启广州农业现代化新局面。

关键词： 农业现代化　农村综合改革　广州

一　农业现代化理论的简要综述

农业现代化是涵盖多个层面的发展过程，20世纪中期以来，在农业现代化理论的代表人物引领下，结合资源禀赋、农业产业特点和演进逻辑，农业现代化理论体系演化不断深化。

（一）西方理论视角下的农业现代化理论

1. 舒尔茨（Theodore W. Schultz）关于传统农业改造的理论

传统观点认为，农业对经济增长的贡献仅限于要素贡献，但舒尔茨认为，农业低效乃至无效、对于经济增长的贡献甚微只是传统农业的特点，现代农业依旧可以对经济增长做出重要贡献。因此，将传统农业部门改造为现代产业部门，才是当前的核心要义。为此，他认为首先要搞清楚三个问题：一是传统农业到底呈现怎样的特征？二是传统农业为何不可以成为经济增长的源泉？三是传统农业如何改造？

舒尔茨认为，传统农业处于"非典型均衡"①，这种均衡的基本特征表现在三个方面：一是技术进步长期处于停滞状态。换言之，在传统农业生产范式中，保持要素供给状态不变，农户所处的技术条件没有变化。二是农户获取收入的动机长期不变，没有对传统生产要素的使用产生扩张的动力。三是农户的要素供求长期保持不变。从这三个方面看，传统农业实际上是生产率长期保持不变的简单再生产状态。

为此，舒尔茨认为传统农业走向现代化的关键，在于引入现代生产要素，并据此提出三个方面的内容。

一是建立适应传统农业现代化的制度和技术保证。舒尔茨认为，传统农业的现代化必须同时具有制度和技术保证。就制度而言，无外乎是市场通过刺激农业投资或者通过计划组织农业生产、分配、交换和消费，市场方式通常比计划方式高效；就技术而言，需要在引入现代要素的同时，为农民配套可接受的生产模式。

二是为现代要素的引入创造条件。传统农业现代化的关键在于为农业生产部门提供现代要素，并为这些要素的使用创造条件。就现代要素供给而言，不发达国家可采取非营利方式，通过政府公共部门向农户提供，在建立和完善农业技术推广机构的过程中实现；就现代要素需求而言，其核心要义是农户对现代要素的理解，以及其使用产生的影响。舒尔茨认为，在不发达国家农地的有关制度下，地主和农户之间的成本分摊原则也将对现代要素需求产生重要影响。

---

① 这种状态的典型特征是凝滞。本报告倾向于将这种特殊类型经济均衡解构为"非典型均衡"，区别于经典的经济均衡状态。

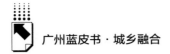

三是农民人力资本投资可实现传统农业现代化。农民耕作技术和认知水平，可以对新技术的使用产生重要影响。为此，农民人力资本投资就显得极为必要。舒尔茨认为，可以通过普及教育、推动在职教育以及提高健康水平等方式，实现对农民人力资本投资方式的改进。

舒尔茨强调通过引入现代要素实现传统农业的改造，并引致农业成为现代经济增长的源泉，有其积极意义，但舒尔茨的解释框架仍然具有商榷的空间。一方面，舒尔茨用产量增加替代收入增加，对农产品市场缺乏普适性。农产品市场类似完全竞争市场，农产品需求呈刚性需求，产品生产高度依赖土地而且季节性集中上市，供需弹性偏低，农产品供需的微幅变化都可能导致供给端或者需求端放大反应，形成周期性波动，引致农民增产不增收。另一方面，舒尔茨过分强调现代要素对于增进农业生产效率、降低农业生产成本的作用。实际上，经验表明，引致农业生产效率提高和成本降低的途径还包括制度因素，如适度规模经营的推进和农业先进生产模式的推广，都对农业生产成本产生重要影响。舒尔茨认为，政府公共机构加大农业技术投入和推广，对促进农民选择现代要素无疑是正确的，但是在同一技术水平条件下，农业技术存在边际效益递减的可能，欠发达国家需要持续增加技术投入，才可能实现良性循环。因此，对于农户而言，如何将外生性要素现代化转化为内生型要素现代化，尚缺乏进一步解释。

2. 约翰·梅勒（John W. Mellor）农业发展理论对农业现代化的解释①

康奈尔大学经济学教授约翰·梅勒将传统农业向现代农业的过渡划分为三个阶段：传统农业阶段、低资本技术农业阶段、高资本技术农业阶段。

梅勒视角中的传统农业阶段，农业技术停滞不前，农业增长只是依靠增加传统要素供给。这个阶段，一些零星的现代要素，如制度、技术可能会被孤立地引入农业领域，由于是孤立引入，因此其对农业发展影响力有限。

低资本技术农业阶段是一种劳动密集型或者资本节约型农业发展阶段。这个阶段的典型特征：农业在整个经济体系中占据较大比重；在人口效应和

---

① 转引自邓启明《基于循环经济的现代农业研究》，浙江大学出版社，2007。

收入效应的刺激下，农产品需求急剧增加；经济转型约束和人口规模约束导致农场规模变化不大；劳动力和土地的矛盾对比中，由于劳动力相对富裕，限制了农业机械技术的推广使用等。

高资本技术农业阶段指的是资本技术密集型发展阶段，被称为农业现代化的高级形态。在这个发展阶段，农业比重急剧下滑，农业部门对经济增长的重要性明显下降，非农产业部门的资本积累已经足够支撑非农产业部门的增长。与此同时，当资本积累到一定阶段，形成外溢效益，引致农业部门资本有机构成提高，劳动力和土地的矛盾得到舒缓，农场规模逐渐扩大。

约翰·梅勒教授的三阶段农业现代化过程划分具有合理性，但是经验表明，三阶段发展的分析框架在特定经济体中没有严格遵循的顺序，如美国农业发展从传统农业直接过渡到第三阶段，即从传统农业发展阶段过渡到机械化、石油化为特征的农业发展阶段，然后反过来谋求农业发展的生物化发展阶段。这种状况的出现绝非偶然，是与整个社会科学技术取得的宏大发展为前提的。如生物化、化学化发展阶段，必须建立在孟德尔遗传理论和现代有机化学充分发展的基础上才可能实现。换言之，农业发展阶段受制于社会运行环境、农业现代化进程及其制度、技术选择，实际上与经济体内部的资源禀赋、经济发展阶段息息相关。

3.《农业发展：国际前景》：诱致性技术变迁理论

20 世纪 70 年代，日本著名农业经济学家速水佑次郎（Yujiro Hayami）和美国学者弗农·拉坦（Vermon W. Ruttan）在其合著《农业发展：国际前景》中，首次提出诱导技术创新理论。该理论将技术视作农业增长的内生变量，这种内生的需求由经济体本身的相对资源禀赋以及需求本身变化所致。该理论选取数十个国家农业发展的数据，成功解释了给定自然条件的不同经济体的农业技术生产和演进逻辑。同时，在其研究视角中，将制度作为资源禀赋变化和技术变迁的反应，从而形成有关制度创新的新观点。1985年，在其后续研究中，进一步涵盖自然资源禀赋、文化、技术和制度等四个因素，从而引致农业发展的完整理论。并且，这四种因素呈一般均衡关系，其中技术又居于核心位置。

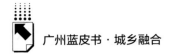

诱致性技术变迁理论，作为一种系统、全面的农业增长理论，对于理解农业和经济发展有很大进步，为资源禀赋迥异的经济体拟定农业促进政策具有明显的帮助。也有学者认为，该分析框架充分重视市场作用，认为市场激励会引致自动的农业增长，但同时没有对农业增长过程中收入分配予以充分重视。

（二）中国经济学界对农业现代化的诠释

1. 关于农业现代化内涵的研究

随着时代发展，中国学界对于农业现代化内涵有不同的理解。1959 年，毛泽东提出"农业现代化的根本出路在于农业机械化"[①]；范晋明将农业现代化看作经济、技术的过程，最终表现为一种特有的文化现象，呈现出从传统农业社会向产业化和现代化演进的过程；牛若峰则从农业现代化的运行模式的角度进行解释，认为农业现代化实行企业化管理，实现了产加销一条龙，具有很高的商品率；顾益康从多维角度对农业现代化进行诠释，认为农业现代化是建立市场化的农业运行体制和高产、优质、高效农业产业体系的过程。

2. 农业现代化衡量标准的研究

农业现代化的标准，即农业现代化实现的衡量标准，包括以下几个方面。

一是农业经济结构现代化。按照自然法则和经济规律，全面形成农产品优势区域布局，实现农业区域结构优化。

二是农业基础设施现代化。按照现代农业新型技术推广应用的要求，全面推进土地整治和设施功能配套，增强农业抗风险能力，提高农业综合生产能力。

三是农业生产手段现代化。从单纯依靠人力、畜力的农业动力条件，逐步转变为现代化生产手段，提高农业劳动生产率；通过建立发达的农用工业保障体系，使化肥、农药等向清洁生产、低残留、无毒方向转化。

---

① 转引自中共中央文献研究室《建国以来重要文献选编》第 15 册，中央文献出版社，1997，第 602 页。

四是农业科学技术现代化。科学技术大规模使用成为农业发展的主要动力，通过建立卓有成效的农业科技推广应用机制，形成网络齐全、多层次的农村科技教育体系。

五是农业产业化经营。实现现代化的农业，不再是单一的农业生产阶段，而是包括产前、产中和产后于一体的全产业链综合产业体系，实现贸工农一体化和产加销一条龙。

六是农业社会化服务。专业化分工和协作是现代经济效率改进的经典路径。农业现代化的效率改进通过积极发展农业生产性服务业，使农业产前、产中和产后各环节形成紧密的分工协作关系，公益性和市场性社会服务组织蔚然风起。

七是农业宏观调控现代化。随着农业市场深化发展，农产品生产的周期性特征愈发明显。为了适应这种周期性变化特征，农业宏观调控需要通过市场价格信号、产业总量和结构信息等建立周期性调节机制，甚至应对天气气候变化建立灾害预警机制，达成农业宏观调控的信息化。

八是农业劳动者高素质化。农业现代化的重要特征是开始呈现知识密集型特征。比如，农产品市场深化发展，越来越要求农业生产经营者具有敏锐的市场意识和进取精神；农业生产手段现代化，越来越要求农业生产者具有较高的知识文化水平和操作技能；农产品开放性市场体系建构和合约农业的发展，要求农业生产经营者具备深厚的合作意识和文化修养等。总之，农业现代化的深入发展，越来越要求农业生产者具有较强的知识体系和经营水平。

九是农业资源环境现代化。绿色、健康和营养是现代社会对农产品的需求切换的重点内容，也是农业现代化的重要标准。因此，建构健康、清洁、环保的农业生产环境，实现农业投入品的健康和清洁，成为促进农业现代化和农业可持续发展的重要尺度。

以上九个方面从不同维度反映了传统农业向现代农业变革的重要内容，成为农业现代化发展的核心特征。

3. 农业现代化评价体系的研究

国家统计局统计科学研究所将农业现代化界定为农业生产手段、农业劳

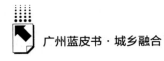

动力、农业产出能力和农业生产条件四个维度①。在此基础上，国家统计局设计出一套"中国农业现代化评价指标体系"（见表1）及其量化标准，并形成了农业现代化指数。设定全国农业现代化门槛的指数为100，根据确定的标准值，测算出各项指标达到的分数，以表示农业现代化的实现程度。

表1　中国农业现代化评价指标体系（国家统计局）

	一级维度	二级指标
农业现代化	农业生产手段	科技化水平
		机械化水平
		电气化水平
		水利化水平
		良种化水平
		信息化水平
	农业劳动力	农业劳动力素质
		非农业劳动者比重
	农业产出能力	农业劳动生产率
		劳均农业产出
		农业供养能力
		农民收入
	农业生产条件	市场环境
		资源环境
		生态环境
		农作物生长环境

资料来源：刘晓越《农业现代化评价指标体系》，《中国统计》2004年第2期。

　　这种分层次多指标综合评价体系科学性强、结构设计合理，具有较高的学术价值。

　　农业农村部农村经济研究中心柯炳生将农业现代化发展的指标体系与发展阶段结合起来②，将评价指标确定为10项指标（见表2）。

---

①　刘晓越：《农业现代化评价指标体系》，《中国统计》2004年第2期。
②　柯炳生：《对推进我国基本实现农业现代化的几点认识》，《中国农村经济》2000年第9期。

表 2　农业现代化的参考指标与标准（农业农村部）

一级系统	二级系统	单位	1997 年全国平均	起步阶段标准	初级阶段标准	基本实现标准
农业外部条件	社会人均 GDP	万元	730	800	1500	3000
	农村人均纯收入	元	2090	3000	6000	10000
	农业就业占社会就业比重	%	49.9	40	20	10
农业生产条件	科技进步贡献率	%	40	45	60	80
	农业机械化率	%	32.4	40	60	80
	从业人员中初中文化以上比重	%	53.5	55	70	80
农业生产效果	农业劳均 GDP	万元	490	600	1000	2000
	农业劳均生产农产品数量（粮食产量）	吨	2.6	3.0	6.0	10.0
	每公顷耕地农业总产值	万元	2300	2500	5000	8000
	森林覆盖率	%	13.5	15	20	25

资料来源：柯柄生《对推进我国基本实现农业现代化的几点认识》，《中国农村经济》2000 年第 9 期。

该指标体系比较简洁适用，便于操作，数据来源比较容易。

中国农业科学院辛岭、蒋和平[1]等人建立了 4 项准则指标和 12 项个体指标的农业现代化评价指标体系与权重（见表 3 和表 4）。

表 3　农业现代化评价指标体系与权重（中国农业科学院）

准则指标	权重	个体指标	单位	权重
农业投入水平	32.17	劳均农业资金投入	元/人	6.18
		农业科技投入占比	%	6.28
		农业劳动力受教育水平	%	5.80
		单位耕地总动力数	千瓦/公顷	6.55
		有效灌溉率	%	7.36
农业产出水平	33.21	农业人均 GDP	万元	11.64
		劳动生产率	元/人	6.26
		土地生产率	元/公顷	9.05
		农民人均纯收入	元	6.26
农村社会发展水平	25.47	恩格尔系数	%	11.72
		农业劳动力就业率	%	13.75
农业可持续发展水平	9.15	森林覆盖率	%	9.15

资料来源：辛岭、蒋和平《我国农业现代化发展水平评价指标体系的构建和测算》，《农业现代化研究》2010 年第 6 期。

---

① 辛岭、蒋和平：《我国农业现代化发展水平评价指标体系的构建和测算》，《农业现代化研究》2010 年第 6 期。

表4　农业现代化发展阶段标准值（中国农业科学院）

指标	单位	起步阶段	发展阶段	成熟阶段
劳均农业资金投入	元/人	<5000	5000~7500	>7500
农业科技投入占比	%	<0.8	0.8~1.2	1.4~2.4
农业劳动力受教育水平	%	<30	30~60	60~90
单位耕地总动力数	千瓦/公顷	<9	9~18	>18
有效灌溉率	%	<69	69~85	>85
农业人均GDP	元	<12000	12000~25000	>25500
劳动生产率	元/人	<9100	9100~13500	>13500
土地生产率	元/公顷	<37500	37500~52500	>52500
农民人均纯收入	元	<4800	4800~9600	>9600
恩格尔系数	%	>55	55~40	<40
农业劳动力就业率	%	>45	45~20	>20
森林覆盖率	%	<15	15~25	>25

资料来源：辛岭、蒋和平著《我国农业现代化发展水平评价指标体系的构建和测算》，《农业现代化研究》2010年第6期。

通过该指标体系的建立以及农业现代化发展阶段标准值的确定，可以很好地对中国农业现代化发展水平进行定量评价，并对我国不同地区、不同年份的现代化水平差异进行分析和预测。

目前，国内学者多数采用熵权法来测算农业现代化发展水平，并基于基尼系数和马尔科夫链估计法来检验不同地区之间是否存在空间非均衡因素。如祝华军和楼江侧重关注农业现代化发展阶段，并具体分解为初步实现、基本实现以及全面实现三个阶段，并用指标体系对各地区农业现代化进行了实证分析。杜宇能等学者从农业生产、产出、经营、社会和生态五个现代化水平测评角度，构建了一个三级指标体系，而夏四友等人则从农业投入、产出、社会发展和可持续发展等角度出发构建了一个两级指标体系来对某市农业现代化发展进行研究。

4. 关于农业现代化发展道路的研究

中国农业现代化发展道路是农业现代化领域的热点。中国农村面积广、农业人口多、区域不平衡、收入水平低、经营规模较小，具有典型的东亚农业特点。因此,牛若峰指出,中国农业现代化是区域非均衡的发展过程,分地区、分阶段实施;在技术选择上,走充分就业和低成本技术发展路线,土地替代和劳动替代相结合,以土地替代优先[①]。

建设现代农业、实现农业现代化,以下几个方面是必须直面的主题:一是培育新型的生产经营主体;二是加快结构调整以构建新型的产业体系;三是建立健全技术支持和社会化服务体系;四是建立健全农产品质量安全保障体系;五是建立健全农业支持保护体系,包括农业风险规避体系和农业补贴等;六是提高劳动者素质,稳定生产主体预期;七是强化农业基础设施以最终提高农业综合生产能力。

有鉴于此,张晓山则提出中国农业现代化发展道路应该走内涵式的农业发展道路[②],这种道路主要是通过物质和技术的投入,降低劳动投入的比重,生产高附加值特色农产品,推行集约化和适度规模化经营。

孔祥智等学者提出要顺应农业现代化的要求,培育农业新型经营主体,并通过农业合作使得小农户与农业现代化进行有机衔接[③]。陈国生等人通过构建耦合协调模型发现人力资本与农业现代化存在稳定的耦合关系[④]。

二 广州农业现代化的基础条件

(一)农产品供应保障能力显著增强[⑤]

1. 重要农产品保供能力提高

2021年,广州农林牧渔业总产值为550.53亿元,同比增长7.1%。分行业看,种植业、林业产值增长较快,分别增长8.2%和10.6%,渔业产值增长

---

① 牛若峰:《要正确理解和全面把握农业现代化》,《农业经济问题》1999年第10期。
② 张晓山:《走中国特色的农业现代化道路是历史的必然要求》,《农村工作通讯》2007年第12期。
③ 孔祥智、赵昶:《论我国农业农村治理现代化》,《教学与研究》2021年第4期。
④ 陈国生等:《湖南农村人力资本与农业现代化耦合协调发展》,《经济地理》2020年第10期。
⑤ 本节资料来源:广州农业农村局官网。

4.4%。重要农产品产量增势较好,生猪产能持续扩大,全市生猪出栏 61.56
万头,增长 45.8%。水产品产量为 51.51 万吨,增长 1.7%,其中,海水产品产
量为 14.20 万吨,增长 14.4%。蔬菜及食用菌总产量达 403.62 万吨,单位产
量为 1835.92 吨/亩,同比增长 3.0%。水果产量增势好,同比增长 3.4%。花
卉种植成为新亮点,全市花卉实现产值 66.98 亿元,同比增长 27.0%。①

2. "菜篮子"保供给能力增强

一是大力推进"菜篮子"规模化、标准化建设。截至 2021 年 11 月,
广州累计建成国家级水产健康养殖示范场 37 个、农业农村部畜禽养殖标准
化示范场 10 个、广东省现代化美丽牧场 2 个、农业农村部"无非洲猪瘟小
区"1 个、广东省生猪屠宰标准化企业 2 个、百亩以上的蔬菜规模化种植场
114 个。二是全力守住守好"米袋子""菜篮子"。2020 年,广州常用耕地
面积 132 万亩,粮食播种面积 42.24 万亩,产量 14.22 万吨,较上年增长
7.7%;蔬菜播种面积达到 230 万亩,产量 390 万吨,自给率达到 100.6%,
全年实现蔬菜产值 154.05 亿元,增长 5.0%;渔业生产增长迅猛,水产养殖
面积 32.8 万亩,水产品产量达到 50 万吨,自给率达到 90.2%;园林水果种
植达到 96 万亩以上,产量 63 万吨,自给率维持在 60% 以上;生猪年出栏
42.22 万头,同比增长 2.5%,生产模式从传统养殖转变为标准化养殖、楼
层养殖、工厂化养殖。

3. 粤港澳大湾区"菜篮子"工程格局全面形成

经过两年多的建设,粤港澳大湾区"菜篮子"工程体系逐步健全,产
业闭环初步具备。广州市系统构建了规模化、品牌化的生产体系、农产品质
量安全指标体系、全链条全通透的质量安全溯源体系、畅通便利的产品流通
服务体系以及跨地区跨部门协作机制。截至 2021 年底,全国已有港澳地区、
24 个省(区、市)、138 个地级以上市(州)加入了大湾区"菜篮子"工程
体系合作共建行列。广州市与各合作地市共认定 1285 个"菜篮子"生产基
地、93 个"菜篮子"产品加工企业,遍及广东、湖南、山东、江西、云南、

---

① 资料来源:《2022 年广州经济社会发展统计公报》。

甘肃、广西、宁夏等国内优质农产品集散地,并在全国布局建设梅州、清远、云浮、齐齐哈尔、赣州、潍坊、聊城、永州等 17 个配送中心(分中心),促进"菜篮子"农产品的高效流转。

(二)农业生产条件显著改善

1. 农业生产基础设施有效改善

近年来,广州多措并举,加快高标准农田建设,巩固和提高粮食生产能力,筑牢国家粮食安全防线。截至 2021 年底,广州已累计建成高标准农田逾 116 万亩(含新增建设及改造提升建设),超额完成广东省下达的"十二五""十三五"期间建成 113.66 万亩高标准农田的任务,在 2019 年、2020 年广东省对各地级市高标准农田建设评价中名列前茅。同时,大力发展设施农业,截至 2021 年上半年,广州新增设施农业面积约 9000 亩,其中,新增种植设施面积约 7450 亩,畜禽、水产养殖设施面积约 1550 亩,设施农业面积累计达 15 万亩。

2. 农业机械化水平不断提升

截至 2020 年底,广州农业机械总动力达 125.7 万千瓦,其中柴油发动机动力达 62.85 万千瓦,电力发动机动力达 43.3 万千瓦。农、林、牧、渔业劳动机械化程度为 7.09%。主要农作物耕种收综合机械化水平为 69.8%,水稻耕种收综合机械化水平达到 77.4%,新增谷物烘干能力 60 吨/次,设施农业、畜禽水产养殖、农产品初加工机械化水平位居广东省前列。

3. 农机装备转型升级加快推进

广州实施农机购置补贴和水稻机播作业补贴、植保无人机作业补贴政策,5 年累计补贴农业机械 4 万多台套。2021 年,广州市投入农机购置补贴财政资金 3175 万元,同比增长 189%。推广农用无人机、蔬菜育苗移植机、山地果园机、智能监测终端、畜禽水产养殖机械等先进适用农机具以及新技术。扶持壮大农机专业合作社等新型农机服务主体,发展农机社会化服务。农机专业合作社 56 家,较上年增加 15 家。新增 2 家农机专业合作社被评为市级示范社、2 家农机专业合作社被认定为省级"全程机械化+综合农事"服务联合体。

（三）产业布局和创新水平深入发展

1. 农业产业布局持续优化

"十四五"时期，广州突出山、水、城、田、海等自然资源禀赋和生产要素集聚特色，引导各区错位发展、优势互补，构建农业现代化发展新格局。例如，推动天河区依托科技创新和人才资源集聚优势，重点发展农业高新技术研发、数字农业装备、新型农业服务业，规划分片打造天河农科硅谷。推动白云区依托交通物流枢纽优势和蔬菜产业发展基础，重点打造为"菜篮子"供应链枢纽区。推动从化区依托生态资源优势，重点发展绿色农业、生态农业和休闲农业，践行"两山论"创新区。推动南沙区依托淡水鱼类南沙（南繁）育种中心等，开展种业"卡脖子"攻关，重点发展水产种业、畜禽种业、数字种业和植物育种等，打造南沙特色种业创新区。推动增城区以省级数字农业试验区建设为契机，大力推动农产品产业链和供应链标准化数字化建设，建设数字农业先行区。同时，规划打造黄埔共同富裕先行区、花都临空农业融合发展先行区、番禺渔业经济引领区以及荔湾越秀海珠都市农业体验展示区。

2. 主导优势产业集群初步形成

一是加快现代农业产业园建设。广州聚焦蔬菜、水产等特色优势产业，高质量创建了 15 个省级现代农业产业园，数量居广东省第一，基本实现了主要农业产业、主要涉农区全覆盖。从化区现代农业产业园纳入国家现代农业产业园创建管理体系。二是大力发展"一镇一业、一村一品"。目前，广州专业村镇主导产业主要涵盖种植业、畜牧水产养殖业、休闲农业和农产品加工四类，分别占专业村镇总数的 78%、10%、9%、3%，产业集聚效应明显。截至 2021 年 3 月，累计培育专业村镇 110 个，创建全国示范村镇 6 个、省级专业镇 12 个、省级专业村 102 个、市级专业镇 12 个、市级专业村 108 个，居全省前列。三是全力创建特色农产品优势区。截至 2021 年底，广州拥有省级特色农产品优势区总数达到 8 个，新增增城丝苗米、从化荔枝蜜、花都瑞岭盆景、增城番石榴、增城乌榄 5 个省级特色农产品优势区，原有增城迟菜心、增城荔枝、从化荔枝 3 个优势区运行监测结果评价为优秀。

3. 都市农业稳步发展①

2020 年，广州市全年实现都市农业总收入为 2613 亿元，同比增长 9.6%，其中加工本地农产品总收入为 1360 亿元，占比 52%；农林牧渔业收入 514 亿元，占比 20%；批发零售本地农产品总收入为 516 亿元，占比 20%；运输本地农产品总收入为 178 亿元，占比 6.8%。从从业人员看，广州乡镇从业人员为 423.6 万人，较上年增长 8.4%；农林牧渔从业人员 63.89 万人，较上年减少 2.3%；都市农业从业人员 155 万人，较上年增长 2.6%。

4. 农村第一、二、三产业加速融合

充分拓展农业生产、生活、生态功能，促进农业与工业、商贸、文旅、康养、教育等产业融合。首先，推动冷链物流网络建设。冷链物流网络建设是发展农村电商的关键环节，2021 年，广州依托供销系统资源优势，推动农产品冷链物流体系建设，如广州黄埔区供销联社立足本区"三农"实际以及产地农产品生产、流通、消费需求，加强同广东省天业冷链集团合作，健全冷链物流网络建设和产业园建设，提高农产品的仓储、物流、配送能力，推动联农扩面、服务提质。其次，推动农业公园提质增效。2021 年，广州重点推进"城市农业公园"建设，引入了以农业为基础、以中心城区的"城中田"为重点、以科技为支撑、以文化为纽带、以旅游为特色、以乐活为目标的新模式，深入发掘农业多功能性。截至 2020 年，广州创建全国休闲农业和乡村旅游示范县 2 个，建成中国美丽休闲乡村 2 个，形成了省级休闲农业与乡村旅游示范镇 6 个。此外，还渐次形成了省级农业公园 5 家、市级农业公园 111 家。

（四）新型农业经营体系加快构建

广州健全农业龙头企业、农民专业合作社、家庭农场为主体的新型经营体系，推动"企业+合作社+基地+农民""企业+合作社+农户"等经营模式。同时，推动农民合作社规范提升，发展特色示范社和示范场，促进小农户与现代农业有机衔接。截至 2021 年 3 月，广州拥有国家级农业龙头企业

---

① 资料来源：广东省人民政府网发布的"2021 年广州经济运行简况"。

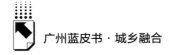

11 家、省级农业龙头企业 124 家以及市级农业龙头企业 254 家，均位居全广东第一。其中，上市农业龙头企业 13 家，包括 1 家市值突破千亿元、2 家销售过百亿元的龙头企业。广州农民专业合作社达 1601 家，其中，国家级示范社 9 家、省级示范社 32 家、市级示范社 61 家，合作社组织销售收入超过 3 亿元。全市家庭农场达到 425 家，其中省级示范家庭农场 17 家、市级示范家庭农场 44 家。

（五）农业科技创新水平不断提升①

2020 年，广州市农业科技进步贡献率达到 71%，有效灌溉面积 7.38 万公顷，已建成"国家农作物品种区域试验站""蔬菜育种新技术应用研究重点实验室""无公害农产品认证及产地环境检测重点实验室"等。全力推进广州国家现代农业产业科技创新中心、岭南现代农业科学与技术广东省实验室广州总部的建设。加强农业科技公共与技术研究，成功培育"五源占水稻""玉田 1 号菜心""小娇红掌"等农业优良新品种 46 个。"增科新选丝苗 1 号"获首届全国优质稻（籼稻）品种食品品质鉴评金奖。364 个院士、博士团队全力服务广州农业，黄埔长洲岛隆平院士港等一批农业科技创新平台加快建设。同时，广州农业科技推广应用水平稳步发展，设立区级农技推广机构 12 个、镇（街）农技推广机构 27 个。"广州农博士"问诊服务平台初步建成，组建了包括种植、水产、畜牧等 10 大领域超过 700 名的农技专家队伍。

（六）农业绿色发展迈出新步伐②

1. 农产品质量安全水平持续提升

2020 年，广州化肥、农药施用量（折纯）9.98 万吨，较 2019 年减少 3%，并连续 5 年实现负增长；其中农药施用量 2730 吨，较 2019 年减少

---

① 本节资料来源：广州农业农村局调研所获数据。
② 本节资料来源：广州农业农村局调研所获数据。

4.6%，连续 4 年实现负增长。广州大力发展循环农业、生态农业，推进连片 50 亩以下池塘养殖水治理。加强农产品质量安全监管，推进所有涉农街（镇）挂牌成立农产品质量安全公共服务机构，共配备 553 名农产品质量安全专职安全员，涵盖市、区、镇、村（企业、合作社）四级体系的农产品质量安全监测网络全面建成。截至 2020 年底，广州建立市级以上农业标准化示范区 92 个，其中国家级 15 个、省级 21 个、市级 56 个；有效期内绿色食品 56 个。全市主要农产品质量安全例行监测综合合格率达 97% 以上，国家和省级监督机构抽查广州产地农产品合格率为 100%，番禺区获评国家农产品质量安全县。

2. 农业品牌建设卓有成效

广州农业知名品牌优势明显、品种丰富。截至 2020 年底，全市拥有"广东省名牌产品"（农业类）182 个，居全省首位。穗香鸡、江村黄鸡等入选广东省"十大名牌"系列农产品；拥有广东省名特优新农产品区域公用品牌 24 个；"增城桂味荔枝""从化荔枝""从化荔枝蜜""从化流溪娟鱼"等商标获批国家地理标志保护产品。广州拥有"粤字号"农业品牌 300 多个，数量居全省第一，种类涵盖了种植业类（78 个）、畜牧业类（9 个）、渔业类（19 个）、林业类（5 个）、农产品加工品（43 个）、农产品投入品（146 个）等领域。

（七）农村综合改革持续深化

1. 持续巩固农地经营制度基础

一是加快农村土地承包经营权确权登记。截至 2021 年 9 月，广州农村土地承包经营权确权颁证面积 151.63 万亩，颁发证书 648050 本；从化区获评全国农村承包地确权登记颁证工作典型地区。二是积极搭建流转交易平台。在广州市 3 万亩以上耕地的镇建立农村土地承包经营权流转交易平台。在 7 个主要涉农区成立农村土地承包经营权仲裁委员会。涵盖市、区、镇（街）、村、社五级农村集体产权流转管理服务平台体系全面形成，建成镇（街）级和村（联社）级交易站 324 个。截至 2021 年 9 月，广州农村家庭承包耕地流转面积

约 101.11 万亩，占承包耕地面积约 65%，高于全国平均水平。

2. 农村集体产权制度改革加快发展

广州紧紧抓住全国农村集体产权制度改革试点的重大契机，先行先试，分类推进农村集体经营性资产股份合作制改革，推进农村集体产权制度的开放性改革试点。截至 2020 年底，广州市完成 10768 个集体经济组织、1645.4 亿元经营性资产的量化，完成 12023 个集体经济组织、347.7 万人的成员身份确认，登记赋码发证 12002 本。黄埔区获评全国农村集体"三资"管理示范县。

3. 城乡融合发展体制机制不断健全

围绕完善城市功能，广州市着力加强都市圈城乡融合发展机制建设，探索全域破解城乡二元结构的改革。广清接合片区（含广州花都区、从化区、增城区）成功入选国家城乡融合发展试验区，为广东唯一入选区域。编制国家城乡融合试验区广清接合片区实施方案，结合广州实际和改革需求，大力推进促进城乡人口有序流动的迁徙制度改革，全面推进农村集体经营性建设用地入市制度改革试点，完善农村产权抵押、担保权能等八项改革试验任务。

三 广州农业现代化的发展短板和不足

近年来，广州通过多种途径，加速推进农业现代化，但依然面临一系列短板约束，主要表现在以下几个方面。

（一）农业资源约束效应明显

广州常用耕地面积由 2011 年的 99552 公顷减少至 2020 年的 87831 公顷，10 年来减少常用耕地 11721 公顷。按 2020 年末全市常住人口 1874 万人计算，2020 年人均拥有常用耕地面积为 0.07 亩，比 2011 年（0.12 亩）减少 0.05 亩。2020 年末，农业从业人员人均经营常用耕地面积 2.06 亩，比 2011 年（2.27 亩）减少 0.21 亩（见表 5），均比京、沪、渝、杭、蓉等重要城市要低,农产品保供压力巨大。受制于耕地资源有限性约束,集中连片流转进程慢,制约了农业规模化发展。土地流转地价成本高,土地流转服务政策不健全。

表5 广州人均拥有常用耕地变化

年份	常住人口 （万人）	年内平均常用 耕地面积(公顷)	常住人口人均拥有 常用耕地面积(亩/人)	农业从业人员人均经营 常用耕地面积(亩/人)
2011	1275.14	99552	0.12	2.27
2012	1283.89	99319	0.12	2.19
2013	1292.68	98617	0.11	2.18
2014	1308.05	97273	0.11	2.21
2015	1350.11	95905	0.11	2.19
2016	1404.35	95300	0.10	2.21
2017	1449.84	93648	0.10	2.16
2018	1490.44	91297	0.09	2.14
2019	1530.59	90591	0.09	2.08
2020	1874.00	87831	0.07	2.06
10年增减	598.86	-11721	-0.05	-0.21

资料来源:根据《广州统计年鉴》相关年份数据整理。

(二)农林牧渔产业结构不尽合理

从总产值和增加值结构状况看,广州林业产值的占比不足1%,表明虽然全市森林覆盖率超过40%,林业发展获得较大发展,但是"绿水青山"没有转化为"金山银山",经济林占比小,生态林占比过大,林下经济发展不充分。近年来,随着农村环境综合整治任务不断推进,畜牧业发展有所收缩,畜牧业增加值占比仅为农、林、牧、渔业增加值的6%,这与城市化进程深化发展、市民膳食结构改善的肉类消费需求增长产生背离,表明农业生产供给体系与市民需求体系之间的关联并不充分,农业内部产业结构还需要持续优化①。

---

① 资料来源:《2021年广州统计年鉴》。

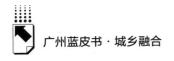

（三）农业投入水平相对不足

公共财政涉农支出力度不足。从公共财政涉农支出情况看，2020年广州公共财政支出投向农林水事务方面的支出为112.07亿元，占财政支出比例为2.22%，同期国家财政农林水支出占比为9.75%，与广州农业产值规模相当的杭州的农林水支出占比为4.98%，广州农林水支出占比明显偏低。从劳均财政投入水平看，广州单位农业从业人员财政投入额为17540.32元，处于极高水平，同期杭州的劳均财政投入额为3918.47元。从固定资产投资占比看，2020年广州全社会第一产业固定资产投资额为13.99亿元，在三次产业固定资产投资总额中的占比为0.18%，与第二、三产业固定资产占比相差悬殊。从历史变化看，1978~2020年，第一产业固定资产投资占广州市固定资产投资总额的比重由1978年的5.92%下降到2020年的0.18%（见表6）。

表6 1978~2020年主要年份广州第一、二、三产业固定资产投资情况

单位：亿元，%

年份	投资额				比重		
	全市	第一产业	第二产业	第三产业	第一产业	第二产业	第三产业
1978	7.26	0.43	3.21	3.62	5.92	44.21	49.86
1990	90.59	1.43	34.69	54.48	1.58	38.29	60.14
2000	923.67	6.66	141.13	775.88	0.72	15.28	84.00
2010	3263.57	3.43	626.28	2633.87	0.11	19.19	80.71
2015	5405.95	33.77	779.55	4592.63	0.62	14.42	84.96
2016	5703.59	21.16	732.00	4950.43	0.37	12.83	86.79
2017	5919.83	10.51	751.51	5157.81	0.18	12.69	87.13
2018	5938.40	0.80	961.51	4976.09	0.01	16.19	83.80
2019	6920.21	3.20	1045.10	5871.91	0.05	15.10	84.85
2020	7611.10	13.99	1034.21	6562.99	0.18	13.59	86.23

资料来源：根据《广州统计年鉴》相关年份整理。

农业投入水平不足产生的直接后果是全市水利化、机械化和设施化进程相对滞后。2020年，广州水利化程度为82.43%，全市农业机械总动力为125.65千瓦，农、林、牧、渔生产过程机械化程度为7.09%。全市农业机械总动力仅为与广州农业总产值相当的杭州市农业机械总动力的64%

（195.88 万千瓦）①。广州农业水利化和机械化发展状况，表明与农业现代化进程所要求的生产手段现代化还有不小距离，不利于机械对劳动替代，以及改善农业生产条件和提高综合生产能力。

（四）城乡居民收入绝对值差距持续加大

目前，广州城乡居民收入差距仍然比较大。2020 年，广州城镇居民人均可支配收入 68304 元，农村居民人均可支配收入 31266 元，农村居民人均可支配收入仅为城镇居民的 45.77%。虽然城乡居民收入比呈现逐年缩小趋势，已从 2011 年的 2.55 缩减至 2020 年的 2.18，城乡收入差距与北京市 2019 年的水平相当，但城乡居民人均可支配收入差距绝对值仍逐步扩大，已由 2011 年的 19480 元扩大至 2020 年的 37038 元（见表 7）。

表 7　广州城乡居民人均可支配收入差异变化

单位：元

年份	城镇居民人均可支配收入	农村居民人均可支配收入	城乡居民收入比	城乡居民人均可支配收入差距绝对值
2011	32043	12563	2.55	19480
2012	35696	14234	2.51	21462
2013	39444	16013	2.46	23431
2014	42955	17663	2.43	25292
2015	46735	19323	2.42	27412
2016	50941	21449	2.37	29492
2017	55400	23484	2.36	31916
2018	59982	26020	2.31	33962
2019	65052	28868	2.25	36184
2020	68304	31266	2.18	37038

资料来源：根据《广州统计年鉴》相关年份数据整理。

在城乡居民可支配收入四大来源结构方面，广州农村居民与城镇居民在工资性收入及财产净收入方面差距较大。2020 年全市农村居民工资性收入、经营净收入、财产净收入和转移净收入分别占可支配收入比重的 73.43%、

---

① 资料来源：《2021 年广州统计年鉴》。

10.7%、10.03%、5.84%。从全市城乡对比来看，农村居民工资性收入比城镇居民工资性收入占比高7.84个百分点，财产净收入城镇居民比农村居民高9.41个百分点。

同期，全国农村居民工资性收入、经营净收入、财产净收入和转移净收入等四大收入构成占比分别为40.71%、35.47%、2.45%和21.37%。广州农村居民人均可支配收入构成中，工资性收入占比较全国高32.72个百分点，经营净收入占比较全国低24.77个百分点，转移净收入占比较全国低15.53个百分点。显然，广州农村居民经营净收入占比严重偏低，不利于促进农民主体的现代化进程。同时，广州农村居民转移净收入偏低，说明来自政府、公共机构和集体经济组织对于农民的转移净收入不高，有必要增加公共财政对于农村地区的反哺力度，增强集体经济实力，提升为集体成员提供公共服务的能力（见表8）。

表8　2020年广州城乡居民收入结构对比

| 指标 | 农村居民 | | 城镇居民 | | 两者比重差距 |
	收入（元）	比重（%）	收入（元）	比重（%）	（个百分点）
人均可支配收入	31266.30	100.00	68304.10	100.00	0.00
1. 工资性收入	22957.42	73.43	44800.66	65.59	7.84
2. 经营净收入	3344.37	10.70	3579.13	5.24	5.46
3. 财产净收入	3136.79	10.03	13278.32	19.44	-9.41
4. 转移净收入	1827.72	5.84	6645.99	9.73	-3.89

资料来源：根据《广州统计年鉴》相关年份数据整理。

（五）农业全产业链发展水平滞后

2020年，广州农业加工业总产值为1360.11亿元，同期农、林、牧、渔业总收入为510.03亿元，两者之比为2.67。[①] 横向比较看，广州农产品

---

① 资料来源：《2021年广州统计年鉴》。

加工业总产值与农业总产值之比落后于杭州（大于6）、南京（大于4.5）[①]的发展水平，表明广州农产品加工业发展水平还相对滞后。这种滞后状况除了表明广州农业资源有限、农产品加工业发展后劲不足，还表明广州农业全产业链发展水平与国内先进地区存在较大差距。多年来，广州现代农业发展重视生产，但对于产品加工、销售及其包装等重视不够，精深加工企业数量不足，农产品加工转化率偏低。2020年，从增加值看，广州休闲观光农业实现增加值3.97亿元，远远落后于北京、上海等先进城市发展水平。从广义都市农业范畴看，农、林、牧、渔生产，农产品加工，农产品运输，农产品批零和休闲观光农业发展的增加值分别占比为29.98%、31.58%、9.45%、28.61%和0.38%[②]，表明都市农业发展明显滞后，农业功能性转换严重不足，现代都市农业发展的农业及其关联产业的横向融合发展水平落后于现实需要。其重要症结是，广州乡村历史文化资源的活化再利用还需大大加强，对于乡村文化价值功能的思考不到位，对于推进现代农业向生态观光的功能性转换实施不够，没有最大限度地发挥融合的乘数倍增效益。

（六）农村人力资源素质和劳动参与率有待提高

2020年末，广州镇村劳动力资源为473.55万人，本地劳动力资源为221.55万人，外来劳动力资源超过一半。其中，全市农村从业人员为423.63万人，农业从业人员为63.4万人[③]。但是，第三次全国农业普查数据显示，广州农业生产经营人员中初中文化程度占比为50.6%，比2006年提高0.8个百分点；高中或中专文化程度占比为15.4%，比2006年提高8.2个百分点；大专及以上文化程度占比为2.8%，比2006年提高2.4个百分点，占比依然较低，远低于其他城市。

由于城乡之间收入的巨大差异，以及广州较发达的城市经济和较多的就

---

① 资料来源：根据相关城市公开报告整理。
② 资料来源：《2021年广州统计年鉴》。
③ 资料来源：《2021年广州统计年鉴》。

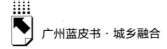

业机会，使得农村劳动力离农、脱农倾向较严重，引致农业人才结构失衡，与广州都市型现代农业发展要求不匹配。从目前七个涉农区农业产业发展情况看，普遍存在农业从业人员匮乏、新型职业农民力量不足、年龄偏大等问题，尤其是在经济作物生产和蔬菜生产领域老龄化问题更为突出，这在一定程度上阻碍了现代新理念、新技术、新模式的推广运用。

第三次全国农业普查数据显示，广州农户（包括普通农户和规模经营农户）从事农业人员中，近3成农业从业人员全年农业生产不足一个月，其中2成农业从业人员全年农业生产不足半个月；农业生产经营单位的农业从业人员中，有35%农业从业人员全年农业生产不足一个月，表明广州农村人力资源劳动参与率并不充分。

受新冠肺炎疫情的影响，大批劳动力返回家乡后没有再返回广州，同时其家乡所在城市近年来城市化加速推进，劳动力重返广州的不确定性因素增加。而且，农村引不来、留不住高素质人才，未形成良性循环机制。科技人员、新型职业农民、高素质的返乡创业者等数量不多；大量有知识、懂技术的农村劳动力选择外出务工，部分没有外出的中年人大多缺技术、少文化，难以推动农业生产获得更大的进步。

（七）农业科技创新的产业引领能力不强

目前，广州在岭南特色水果、花卉、蔬菜、观赏鱼等方面具有较强的科技实力，但农业科技创新引领能力仍需加强。一是农业科技相关研究缺位，引致农业科技自立自强的关键技术发展不足，产前、产中、产后等全产业链技术集成配套需求不够。二是农业领域的科技投入强度严重不足，相较于其他领域科技投入相比，农业科技投入占比严重偏低。三是人才聚集能力有待加强。农业科技高层次人才匮乏，科技人员总量不足，出现中高级人才少、特色农业型人才少、操作型人才少的状况。四是农业与科技融合度不够。目前，广州农业创新要素载体不足、缺乏科技与产业融合发展的大平台，农业产学研一体化的融合不够。

（八）新型农业经营主体竞争力不强

广州农业产业化龙头企业市场影响力弱。2020 年，广州拥有农业产业化龙头企业 374 家，其中国家级龙头企业 12 家、省级产业化龙头企业 124 家，农业产业化龙头企业辐射能力为 35.3%①。广州产业化龙头企业的发展与先进城市相比明显偏弱。以北京为例，其国有骨干企业首农集团已覆盖育种、种植养殖、产品加工、贸易流通、终端销售全产业链，培育出一系列深受消费者青睐的中华老字号和知名品牌，持有 13 个中华老字号、19 个北京老字号、15 个中国驰名商标、24 个北京著名商标。2021 年，首农食品集团营业收入突破 1800 亿元，稳步走向头部企业方阵②。

2020 年，广州农业专业合作社 1601 家，较上年增加 252 家③。但是，广州农业专业合作社的合作带动功能仍然偏弱，带动专业性不强，组织带动功能相对单一，合作社成员间的凝聚力还很不够。

（九）农村居民食物支出结构与中心城市地位不相匹配

2020 年，广州农村居民恩格尔系数为 38.9%，同期全国农村居民恩格尔系数的平均水平为 32.1%④，广州农村居民恩格尔系数较全国平均水平高 6.8 个百分点，表明广州农村居民食品消费支出占比较高。同期，全国重要城市的农村居民恩格尔系数为：北京 28%、天津 30.8%、上海 24%、南京 28%、杭州 24%、重庆 34%⑤，广州与这些重要城市相比明显偏高。造成这种状况的原因是多元的：一是广州农村居民的食品商品性消费习惯偏高，引致食品商品性消费支出占比高；二是可能广州食品价格偏高，提高了农村居民食品消费支出总额；三是广州农村社区农产品基地建设，如农村菜园建设

---

① 资料来源：《2021 年广州统计年鉴》。
② 资料来源：北京首农集团官网，https://www.bjcag.com/。
③ 资料来源：《2021 年广州统计年鉴》。
④ 资料来源：《2021 年广州统计年鉴》。
⑤ 资料来源：根据相关城市统计年鉴数据整理。

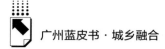

和农村社区建设不相匹配，忽视了农村生产、生活场景的融合化发展。但是，无论什么原因，都需要在广州农业现代化进程中予以高度重视，让农村居民真切地感受到广州改革开放的成果。

（十）农业综合配套改革创新力度有待加强

农业发展一靠政策，二靠科技，三靠投入。近年来，广州围绕全市粮食安全、菜篮子基地建设和城乡融合、乡村振兴等农业现代化的中心议题，不断加强政策创新力度，农村经济社会持续发展。但是，广州农业农村综合配套改革的创新力度，与国内先进城市相比，还有不小的差距。如，上海市围绕新型农业经营体系发展，率先在全国推进家庭农场建设，形成经验向全国推广；上海市在全国率先推出农业科技进步条例，稳步推进上海农业科技应用和推广，成为全国农业科技进步贡献率最高的城市；北京市围绕都市农业发展，自20世纪90年代开始就反复思考首都农业的战略定位，走出了一条都市农业发展的典型路径，北京大兴的西瓜、平谷的桃子等树立了良好的产品形象。新时期，广州农业农村现代化进程，需要落实围绕广州资源禀赋条件和发展基础，在充分发挥广州门户城市、中心市场效应和集体经济发展等优势基础上，合理利用土地资源优先次序，在创新城乡融合发展、大湾区食品保供、集体经济产权开放与公共服务供给、农业科技创新等方面，形成对全国农村改革具有启迪的政策举措，真正发挥中心城市的责任担当和功能价值，并快速推进广州农业农村现代化进程。

四　广州农业现代化发展进程测评

（一）构建广州农业现代化评价指标体系

1.建立原则[①]

本报告借鉴国内外农业现代化评价的前沿理论与方法，紧紧围绕农业现

[①] 关于农业现代化评价指标体系建立的原则，可以参见黄国勤《农业现代化概论》，中国农业出版社，2012。

代化的基本内涵，以广州农业现代化所处阶段的评价为出发点，选取农业投入水平、农业产出水平、农村社会发展水平、农业生态环境水平四个方面的准则为内容，构建一套理论指标体系和有关评价模型进行具体分析和综合评判，在选择指标时，既要全面、系统地反映农业发展的状况，也要简单实用便于操作，设置本套指标体系主要遵循以下原则。

（1）系统性原则。本报告在确定指标时，遵循系统原理，既考虑农业现代化发展各主要方面的内在联系，又考虑农业现代化指标的独立性，实现通过指标体系的系统性设置，达成对农业现代化发展状况的全面、综合和系统反映。同时，系统性原则还要求，在设置指标体系时，将指标体系的层次性与相同层级指标间的互斥性结合起来，进行系统考虑。

（2）易操作性原则。本报告选取的指标，在统计资料中相对成熟，而且指标含义清晰，涉及统计范围明确，便于数据的收集和处理。

（3）重点性原则。在选取指标时应该有所侧重，重点设置体现对农业现代化发展有重要影响的指标，如农业投入水平、农业产出效率，以及农业现代化的社会发展溢出即对农业社会发展的影响和农业生态环境水平。

（4）可获得性原则。评价指标全部数量化，并具备可获得性。在进行指标设计时，不设置难以获得数据的指标，以使具体指标通过标准化处理，达成具体指标数量的可叠加性。

（5）可比性原则。从广州实际出发，突出指标的相对可比性，指标设置既符合实际需要，又体现现代化是一个世界性和历史性的过程。

（6）全面性原则。在设定具体指标时，要求指标体系能综合反映农业现代化的主要方面，包括农业投入水平、农业生产条件、农业产出效率、农业促进区域发展水平以及农业生态产出水平等多个方面。

（7）代表性原则。本着全面、科学和扼要相结合原则，本指标体系紧紧围绕现代化的最核心目标，突出重点，指标个数少而精，力求指标的设置能反映农业现代化的本质特征。一个指标已经反映的内容，原则上不再设置另外的指标，指标之间是相互补充的关系，而不是相互重复或强相关关系。

（8）时序性原则。农业现代化是一个渐进过程，需要经历较长周期才能达成。因此，周期过短的时间序列数据，不能够客观反映农业现代化发展趋势，在进行具体评估、评价时，更不利于进行计量回归和展望预测。因而，在进行指标数据提取时，应该尽量符合计量评价要求，提取足够时长的数据值。根据时序性原则要求，指标体系中选择了 2011～2020 年的历史数据。

（9）导向性原则。本套指标的设置不仅考虑了对过去农业现代化发展检验的需要，也体现了农业现代化建设的基本目标，有利于引导农业和农村工作，推进农业现代化进程。

（10）准确性原则。指标体系中设计的指标，其内涵没有异议，对其数据内涵的解释与运用是唯一的，指标的数值具有高度的准确性。

2. 农业现代化指标体系的确定

课题组依据农业现代化内涵的理解，在对农业现代化基本特征和评价标准进行科学解构与分析的基础上，结合上述农业现代化评价指标体系的设计原则，在借鉴辛岭、蒋和平等的研究基础上，紧扣广州农业现代化的新特征以及广州农业农村发展的阶段性特征，经过反复研究和分层筛选，确定了广州农业现代化发展的指标体系。本报告将广州农业现代化评价指标体系分为三个层次，具体包括：1 项综合指标、4 类主体指标、11 项群体指标（见表9）。

3. 指标解释及计算方法

第一层次：综合指标，反映农业现代化发展最终水平，主要评价农业现代化发展成果。

第二层次：主体指标，反映农业现代化发展的主要维度或者说主要方面，在整个指标体系中起着承上启下的作用，包括农业投入状况、农业产出效率、农村社会发展效应、农业生态环境水平等 4 项指标。

第三层次：群体指标，是各主体指标涵盖的具体内容，用来评价与衡量农业现代化发展水平的具体方面，包括 11 项指标。

表9 广州农业现代化评价指标体系

综合指标	主体指标	群体指标	单位
农业现代化综合评价指数	农业投入状况	劳均农业资金投入	元/人
		农业劳动力受教育水平	%
		单位耕地总动力	千瓦/公顷
		有效灌溉率	%
	农业产出效率	农业人均GDP	元
		劳动生产率	元/人
		土地生产率	元/公顷
		农民人均可支配收入	元
	农村社会发展效应	农村居民家庭恩格尔系数	%
		农业劳动力就业率	%
	农业生态环境水平	森林覆盖率	%

各项指标的具体含义和计算方法解释如下。

（1）**劳均农业资金投入**①：指财政用于每个农业劳动力一年的农业总投入，计算公式为：

劳均农业资金投入＝财政用于农业的支出/第一产业从业人数

（2）**农业劳动力受教育水平**：指农业劳动力中初中以上文化程度比重，反映农村劳动力文化水平，计算公式为：

农业劳动力受教育水平 ＝ 初中以上农业劳动力人数／农业劳动力总数×100%

（3）**单位耕地总动力**：用来评价农业现代化的农业机械化发展水平，计算公式为：

单位耕地总动力 ＝ 农业机械总动力／耕地面积

---

① 农业资金投入按投资主体可分为：农业财政资金、农业信贷资金、农户资金、企业或其他经济组织投入的资金以及国外农业资金。除了农业财政资金的数据可以直接从统计年鉴直接获取外，其他指标目前都没有官方的统计资料可以查询，因此，本报告的指标体系中农业资金投入仅包含农业财政资金投入。

（4）有效灌溉率：用来评价及衡量农业生产中农田水利建设总体水平，反映农业现代化中水利化状况及水利资源的利用状况，计算公式为：

$$有效灌溉率 = 有效灌溉面积／耕地面积 × 100\%$$

（5）农业人均 GDP[①]：指第一产业单位从业人员创造的经济产值，反映农业现代化发展的产出效益，计算公式为：

$$农业人均 GDP = 农林牧渔业增加值／第一产业从业人数$$

（6）劳动生产率：劳动生产率有两个层面的含义，一是单位时间内劳动者产生的价值量，二是生产单位产品所耗费的劳动量。本报告选取单位时间内劳动者生产的农产品价值量，作为农业劳动生产率指标，反映了农业现代化核心要素的产出效率，计算公式为：

$$劳动生产率 = 第一产业产值／第一产业从业人数$$

（7）土地生产率：指单位耕地面积的综合产出效益，是要素生产率的核心指标，计算公式为：

$$土地生产率 = 农林牧渔业总产值／耕地面积$$

（8）农民人均可支配收入：该指标用来反映农业现代化主体的农户，其获得感和收入效应，计算公式为：

$$农民人均可支配收入 = （农村居民家庭总收入 - 家庭经营费用支出$$
$$- 生产性固定资产折旧 - 税费支出 - 财产性支出$$
$$- 转移性支出 - 调查补贴）／农村居民家庭常住人口$$

（9）农村居民家庭恩格尔系数：该指标反映的是农村住户的家庭生活状况，即食品支出在居民家庭支出的比例。一般来说，恩格尔系数越低，即食品支出在总支出中占比越低，生活就越富裕。一般认为，农业现代化对恩格尔系数演化有显著影响，因此有必要将其作为重要的评价指标体系，计算公式为：

----

① 由于《广州统计年鉴（2003-2014）》中农村人口的统计口径发生变化，本报告中的农村人口根据广州城镇化率和总人口近似推算非农人口进行替代。

农村居民家庭恩格尔系数 = 农村居民人均食品消费支出／农村居民人均生活消费总支出
× 100%

（10）农业劳动力就业率：指第一产业从业人员在全社会从业人员的占比，用来衡量农业现代化发展引致的就业结构调整优化程度，计算公式为：

农业劳动力就业率 = 第一产业从业人数／社会从业人数 × 100%

（11）森林覆盖率：指林地面积占土地总面积的比重，用来衡量一个地区森林资源的丰富程度。一般认为，森林覆盖率是农业现代化生态产出效应，同时森林覆盖面积本身对于农业产地环境修复和农业生产条件改善有正面影响，计算公式为：

森林覆盖率 = 森林面积／土地总面积 × 100%

4. 数据标准化处理

显然，农业现代化不同指标体系的原始数据特征各异，有必要对其进行数据标准化。即，一是数据的同趋化处理。有些指标的数值大小与农业现代化呈正向关联即正向指标，有些呈逆向关联即逆向指标。通过同趋化处理，让不同性质或者不同作用力的数据，实现作用力同趋化，并且可以相互间求和。二是去量纲化。不同指标间数据的量纲各异，相互间不可比较。数据标准化就是要实现原始数据的无量纲化，并转化为测评值，让不同指标数据都处在同一个数量级上，可以进行综合测评分析。

一般地，数据标准化可以有不同的方法。如 Min-max 标准化、Z-score 标准化、Decimal Scaling 小数定标标准化，以及 Logistic 模式、模糊量化模式等。本报告采用 Z-score 标准化方法，其逻辑过程是：Z-score 标准化是基于原始数据的均值（mean）和标准差（standard deviation）进行数据标准化处理，其标准化公式为：

新数据 = （原数据 − 均值）／标准差

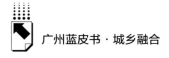

（二）广州农业现代化评价的实证分析

1. 数据提取

根据前面介绍的广州农业现代化指标体系和指标计算方法，通过查阅各年《广州统计年鉴》，得到了广州农业现代化指标 2011～2020 年数值（见表 10）。

2. 标准化处理

经过"SPSS 统计分析软件"（以下简称 SPSS）描述之后，得到广州农业现代化标准化处理后的各指标数值（见表 11）。

3. 指标权重的确定

本报告用聚类分析法、主成分分析法、因子分析法来设置权重，有效克服了层次分析法设置权重时主观性较强的缺陷。

第一步：聚类分析，确立分类。

使用 SPSS 对经过标准化处理的时序数据，运用聚类分析程序模块，采用 K-均值法对 2011～2020 年 11 个指标的时序数据进行聚类分析，根据 11 个指标的经济学意义，将 11 个指标分为五类（见表 12）。

第二步：主成分分析，剔除低效指标。

由聚类分析得到上述结果，分类 2、4 和 5 都只有一个指标，因此只需要对分类 1、3 进行主成分分析。其过程是：计算各指标的相关系数矩阵，获取各指标的特征值、特征值贡献率及特征值累计贡献率，选择其中贡献率小于 99% 的指标作为低效指标，并将其剔除（见表 13、表 14）。

由表 13、表 14 的分析结果得出，由于贡献率过低，土地生产率、单位耕地总动力、农业劳动力受教育水平 3 个指标予以剔除。因此，原 11 个指标变成 8 个指标，分别是劳均农业资金投入、有效灌溉率、农业人均 GDP、劳动生产率、农民人均可支配收入、农村居民家庭恩格尔系数、农业劳动力就业率、森林覆盖率。

第三步：因子分析法，确立指标权重。

采用主成分分析法和因子分析法来设置权重。

表 10 广州农业现代化指标 2011~2020 年数值

年份	劳均农业资金投入（元/人）	农业劳动力受教育水平（%）	单位耕地总动力（千瓦/公顷）	有效灌溉率（%）	农业人均GDP（元）	劳动生产率（元/人）	土地生产率（元/公顷）	农民人均可支配收入（元）	恩格尔系数（%）	农业劳动力就业率（%）	森林覆盖率（%）
2011	8139.29	17.8	20.827	80.61	15560.11	30920.00	352184.3	14817.72	44.71	8.22	41.40
2012	9356.29	17.9	19.75052	80.61	16096.41	31473.80	370173.6	16788.48	44.50	8.13	41.40
2013	10836.72	18.0	19.92898	81.92	17028.09	33595.42	397334.9	18887.04	44.21	7.84	41.80
2014	8193.13	18.1	20.70448	82.57	17476.80	35743.06	413184.4	17662.80	42.89	7.18	42.00
2015	11538.56	18.2	21.10113	82.66	18244.53	37491.41	433342.3	19323.10	39.42	6.78	42.00
2016	11177.02	18.3	17.0511	82.73	19064.04	40103.6	458726.9	21448.60	39.50	6.34	42.03
2017	11358.59	18.4	14.88481	82.28	18461.54	39725.31	470009.8	23483.88	38.80	5.98	42.14
2018	13407.61	18.5	14.09323	83.01	17889.58	39600.00	460503.9	26020.10	38.30	5.47	42.31
2019	14384.01	18.6	13.54106	83.02	19165.66	41560.02	492061.8	28867.90	38.22	5.53	42.31
2020	17540.32	18.7	14.306	83.97	23054.80	49089.22	585247.4	31266.30	38.90	5.04	41.60

资料来源：根据《广州统计年鉴》相关年份数据整理。

表 11 广州农业现代化标准化处理后的各指标数值

年份	劳均农业资金投入（元/人）	农业劳动力受教育水平（%）	单位耕地总动力（千瓦/公顷）	有效灌溉率（%）	农业人均GDP（元）	劳动生产率（元/人）	土地生产率（元/公顷）	农民人均可支配收入（元）	恩格尔系数（%）	农业劳动力就业率（%）	森林覆盖率（%）
2011	-1.19055	-1.4863	1.01649	-1.63595	-1.27499	-1.29673	-1.35722	-1.29497	1.36099	1.35021	-1.47454
2012	-0.77105	-1.15601	0.67541	-1.63595	-1.01638	-1.19429	-1.08919	-0.9324	1.28508	1.27276	-1.47454
2013	-0.26074	-0.82572	0.73196	-0.39573	-0.56711	-0.80184	-0.68450	-0.54632	1.18025	1.0232	-0.29254
2014	-1.17199	-0.49543	0.97766	0.21964	-0.35074	-0.40457	-0.44836	-0.77155	0.70309	0.45523	0.29845
2015	-0.01882	-0.16514	1.10334	0.30485	0.01947	-0.08116	-0.14802	-0.4661	-0.55127	0.11101	0.29845
2016	-0.14344	0.16514	-0.17988	0.37112	0.41464	0.40203	0.23019	-0.07506	-0.52235	-0.26763	0.3871
2017	-0.08085	0.49543	-0.86625	-0.05491	0.12411	0.33206	0.39830	0.29938	-0.77539	-0.57743	0.71215
2018	0.62544	0.82572	-1.11706	0.6362	-0.15169	0.30888	0.25667	0.76598	-0.95613	-1.01631	1.2145
2019	0.96201	1.15601	-1.29201	0.64567	0.46365	0.67144	0.72686	1.2899	-0.98505	-0.96468	1.2145
2020	2.04999	1.4863	-1.04965	1.54506	2.33903	2.06418	2.11526	1.73114	-0.73924	-1.38635	-0.88354

资料来源：根据《广州统计年鉴》相关年份数据整理。

表 12　聚类分析结果

分类	分类 1	分类 2	分类 3	分类 4	分类 5
分布数量	4	1	4	1	1
指标名称	劳均农业资金投入、劳动生产率、农民人均可支配收入、土地生产率	农业人均 GDP	农业劳动力受教育水平、单位耕地总动力、有效灌溉率、森林覆盖率	农村居民恩格尔系数	农业劳动力就业率

表 13　分类 1 主成分分析结果

单位：%

指标名称	特征值	贡献率	累计贡献率	备　注
劳均农业资金投入	3.820	95.488	95.488	保留
劳动生产率	0.132	3.301	98.789	保留
农民人均可支配收入	0.045	1.131	99.920	保留
土地生产率	0.003	0.080	100.000	剔除

表 14　分类 3 主成分分析结果

单位：%

指标名称	特征值	贡献率	累计贡献率	备　注
有效灌溉率	3.098	77.459	77.459	保留
森林覆盖率	0.862	21.554	99.013	保留
单位耕地总动力	0.027	0.670	99.683	剔除
农业劳动力受教育水平	0.013	0.317	100.000	剔除

　　首先，对广州农业现代化指标体系进行因子分析事前检验。利用 SPSS 软件计算得知，指标体系相关系数矩阵与单位矩阵有显著差异，通过 KMO 和 Bartlett 检验（见表 15），所有变量适合做因子分析。

表 15　KMO 和 Bartlett 检验

Kaiser-Meyer-Olkin 度量		0.784
Bartlett 球形度检验	近似卡方	127.777
	df	28
	Sig.	0.000

其次,提取因子。本报告利用未加权最小平方方法提取因子。为使得因子负荷量更易于解释,提取初始因子后,用方差极大正交旋转法对负荷矩阵进行旋转。根据模型因子分析结果(见表16),2个因子共解释了原有变量总方差的94.238%。总体上,2个因子反映了原有变量的大部分信息,因子分析效果较理想。

表16　因子分析结果

单位:%

成分	特征值			因子载荷		
	数值	贡献率	累计贡献率	数值	贡献率	累计贡献率
1	6.501	81.263	81.263	6.501	81.263	81.263
2	1.038	12.975	94.238	1.038	12.975	94.238
3	0.249	3.117	97.355			
4	0.134	1.681	99.036			
5	0.054	0.669	99.705			
6	0.022	0.278	99.983			
7	0.001	0.014	99.997			
8	0.000	0.003	100.000			

最后,进行综合评价。根据各变量因子得分函数系数(见表17),可得到因子得分函数。用2个因子的方差贡献率作为综合评价的权重,可得综合水平计算函数。

表17　各变量因子得分函数系数

指标名称	因子得分函数系数	
	1	2
劳均农业资金投入(X_1)	0.911	0.295
有效灌溉率(X_2)	0.939	-0.053
农业人均GDP(X_3)	0.903	0.369
劳动生产率(X_4)	0.970	0.198
农民人均可支配收入(X_5)	0.956	0.108
农村居民家庭恩格尔系数(X_6)	-0.910	0.309
农业劳动力就业率(X_7)	-0.981	0.106
森林覆盖率(X_8)	0.573	-0.809

$$F_1 = 0.911X_1 + 0.939X_2 + 0.903X_3 + 0.970X_4 + 0.956X_5$$
$$- 0.910X_6 - 0.981X_7 + 0.573X_8 \qquad (1)$$

$$F_2 = 0.295X_1 - 0.053X_2 + 0.369X_3 + 0.198X_4 + 0.108X_5$$
$$+ 0.309X_6 + 0.106X_7 - 0.809X_8 \qquad (2)$$

$$F = 0.81236F_1 + 0.12975F_2 \qquad (3)$$

将 8 个指标的原始数据值代入式（1）至式（3）进行计算，可测算出广州农业现代化 2011~2020 年的综合指数。

4. 农业现代化发展进程的阶段划分

对农业现代化发展进程进行评价的目的，就是对其所处的发展阶段有清晰的把握。从农业投入、农业产出、农村社会发展、农业生态环境等要素出发，以联合国粮农组织相关的研究报告为参考，并结合中国农业科学院将农业现代化发展分为起步阶段、发展阶段、成熟阶段的方法，形成广州农业现代化阶段划分指标标准值（见表 18）。

表 18　广州农业现代化阶段划分指标标准值

主体指标	群体指标	起步阶段	发展阶段	成熟阶段
农业投入状况	劳均农业资金投入(X_1)	<5000	5000~7500	>7500
	有效灌溉率(X_2)	<69	69~85	>85
农业产出效率	农业人均 GDP(X_3)	<12000	12000~25000	>25500
	劳动生产率(X_4)	<9100	9100~13500	>13500
	农民人均可支配收入(X_5)	<4800	4800~9600	>9600
农村社会发展效应	农村居民家庭恩格尔系数(X_6)	>55	55~40	<40
	农业劳动力就业率(X_7)	>45	45~20	<20
农业生态环境水平	森林覆盖率(X_8)	<15	15~25	>25

在确定广州农业现代化阶段划分指标标准值之后，将指标临界值代入式（1）至式（3）进行计算，测算出广州农业现代化起步阶段临界值为

24460.1，发展阶段临界值为44382.65。据此临界值，确定以下广州农业现代化阶段划分综合指数标准值（见表19），可判断广州2011年以来农业现代化所处的阶段。

表19　广州农业现代化阶段划分综合指数标准值

阶段	综合评价分值指数
起步阶段	<24460.1
发展阶段	24460.1～44382.65
成熟阶段	>44382.65

（1）起步阶段。

起步阶段的综合指数小于24460.1。在该阶段，农业生产的典型特征是自给自足，土地生产率不高，现代要素并未有效萌发，更未进入农业经济系统。这时农业生产技术的获得是偶发性的，不是规模性的；农业经营管理是经验性的，并非基于科学性要求。

（2）发展阶段。

发展阶段的综合指数为24460.1～44382.65。在该阶段，其基本特征是现代生产要素开始规模性进入农业经济系统，外在表现为农业生产过程的化学化、良种化，农业生产率出现明显改进，初步具有了农业现代化特征。

（3）成熟阶段。

成熟阶段的综合指数大于44382.65。该阶段的主要特征是，现代农业产业水平和产出效率大幅提升，农业经济系统现代化日益产生溢出效应，引致农村经济社会、农村环境开启协调发展和可持续发展格局，农业现代化呈现蓬勃发展态势。

5. 测算结果

根据上述评价模型以及表2中广州农业现代化指标的原始数值，通过计算，各主体指标项与综合发展水平的不平衡还可通过比较它们各自的均值和标准差反映出来（见表20），得到广州农业现代化2011~2020年的综合指数以及所处的发展阶段（见表21）。

表20　广州农业现代化综合指数与各主体指标平均值、标准差计算结果

主体指标	投入指数	产出指数	社会发展水平指数	可持续发展指数	综合指数
平均值	9088.4850	62388.9270	−33.8460	15.1120	71458.6780
标准差	2259.3649	10064.5300	2.8084	0.1232	12222.7748

表21　2011~2020年广州农业现代化综合评价结果

年份	投入指数	产出指数	社会发展水平指数	可持续发展指数	综合指数	农业现代化发展阶段
2011	6398.06	49049.29	−37.71	14.93	55424.57	成熟阶段
2012	7345.60	51477.91	−37.49	14.93	58800.95	成熟阶段
2013	8499.22	55592.79	−37.06	15.08	64070.03	成熟阶段
2014	6441.46	56723.36	−35.62	15.15	63144.35	成熟阶段
2015	9046.22	60059.64	−32.88	15.15	69088.13	成熟阶段
2016	8764.79	64507.44	−32.59	15.16	73254.80	成熟阶段
2017	8905.81	65338.25	−31.82	15.20	74227.44	成熟阶段
2018	10501.70	66795.03	−31.07	15.26	77280.91	成熟阶段
2019	11261.91	71640.15	−31.06	15.26	82886.26	成熟阶段
2020	13720.08	82705.41	−31.16	15.00	96409.34	成熟阶段

测算结果表明：广州农业现代化水平在2011~2020年均处于成熟阶段。从发展趋势看，广州农业现代化水平处于逐渐上升趋势，由综合发展水平与各主体指标项间的相互关系可以看出（见表22），广州农业现代化水平的上升趋势主要是得益于各主体指标的发展指数的稳步增长，尤其是在指标体系中居重要地位的产出指数，它与综合指数的相关系数高达0.998。

表 22 广州农业现代化综合指数与各主体指标相关系数

主体指标	投入指数	产出指数	社会发展水平指数	可持续发展指数	综合指数
投入指数	1.000	0.944	0.787	0.281	0.962
产出指数	0.944	1.000	0.873	0.397	0.998
社会发展水平指数	0.787	0.873	1.000	0.706	0.865
可持续发展指数	0.281	0.397	0.706	1.000	0.379
综合指数	0.962	0.998	0.865	0.379	1.000

五 农业现代化发展趋势研判

(一)科学技术越来越成为农业现代化革命性动力

农业现代化是一个不断发展的过程。工业革命以来,人类社会经历了数次农业现代化过程,一是以提高土地产出率为要义的化学化进程。二是以提高劳动生产率为代表的石油化、机械化进程。近期正在发生深刻变化的农业现代化进程,以生物技术和信息技术大规模植入农业领域,表现为农业的生物化、良种化、信息化和智能化。现代信息技术和现代生物技术的深刻影响,使得农业越来越呈现知识密集和资本密集的发展特征,成为推动农业产业创新、资源利用方式变革和商业模式塑造的革命性变革因素。特别地,当今世界 AI 技术和现代生物技术风起云涌,智能化农业技术、农业数字技术快速发展,以基因编辑、合成生物学等为重点的农业生物育种技术日新月异,进而推动精准农业、生产可视化、生物种业等现代农业技术蓬勃发展。同时,因应城乡人口结构历史性变化的重大需求,促进劳动生产率和劳动参与率有效提升的新型农业装备技术的发展。应对环境气候变化应运而生的农业风险规避技术等持续涌现,推动未来的农业发展向知识化、科技化方向迈进。广州农业科技创新资源富集,拥有华南农业大学、广东省农业科学院以及中科院水产所、中科院微生物所、华南植物园等创新机构和平台,在促进农业科技创新能力建设和农业科技扩散等方面，具有较好的条件。如果措施得当，有利于形成辐射全国的创新效应。近年来，广州荔博园 5G 数字农业智能化集成应用、艾米农场病虫草害识别的人工智能深度人工网络技术以及壹号蛋鸡产业技术推广应用等，都不断诠释了新时代农业现代化的科技发展取向。

（二）制度创新成为推动农业现代化的核心动力

"一靠政策、二靠科技、三靠投入"，是农业发展变革的经验与规律，政策及其制度变革因素从来都是推动农业现代化发展演化的核心动力。从中国自身经验看，新中国成立后轰轰烈烈的土地改革，让 3 亿农民拥有了 7 亿亩耕地，在中国历史上首次实现了"耕者有其田"的伟大梦想，并且极大迸发了农业生产力。改革开放以来，党在农村实行"统分结合、双层经营"。"包产到户"通过优化农村分配秩序，让广大农户享有农产品剩余使用权，再一次极大地激发了农业发展动力，在中国历史上首次全面解决了温饱问题，"用 9% 的耕地养活了全世界 22% 的人口"。新时期，农业现代化成为其中的重要命题，成为社会主义现代化国家建设新征程中不可逾越的时代主题。如何创新制度设计，让千家万户的农户在解决温饱基础上，迈向共同富裕，成为贯穿新时代农业现代化的重要内容。以重塑利益机制为核心，建构涵盖资本、农户和集体的包容性治理机制和包容性分配秩序，形成小农户和现代农业之间的有效连接机制，逐步提升农村经济发展的内生动力，势必成为新时期推动农业现代化发展演进的制度变革的核心取向。广东是中国开启农业产业化经营的重要策源地，对于推进农业产业化运营及其制度创新产生了重要推动，尤其是以广州为中心的集体经济发展及其实力在全国具有显著影响，同时广州城市经济发达，完全可以在城乡融合发展和城乡共同富裕等领域取得显著的制度效应。

（三）市场化变革力量推动农业现代化跨区域资源配置

统一、竞争、开放、有序的社会主义市场体系深入发展，并且日渐成为资源配置的决定性力量。农业现代化伴随市场深化进程，日益形成全面开放的农产品市场体系，农村要素市场也快速发展，同时农村能力市场日益走上前台。受此影响，农产品市场价格形成机制快速成长，应市场需求体系而推进农业生产体系的重塑，引致农业结构发生深刻变化。在市场化力量推动下，农业企业家群体蓬勃兴起，并日益呼唤农村能力市场快速成长。随着全球开放型市场体系的发展，全球农产品市场体系也快速成长，推动形成全球范围农业资源配置效应。2004 年，中国首次成为全球农产品净进口国，农产品进出口逆差从此一路攀升。2021 年，中国农产品进出口额 3041.7 亿美元，同比增长 23.2%。其中，出口 843.5 亿美元，增长 10.9%；进口 2198.2 亿美元，增长 28.6%；贸易逆差 1354.7 亿美元，增长 42.9%[①]。换言之，在开放经济条件下，市场的深度和广度正在发生深刻变革，中国农业现代化不可避免地置于这种深刻变化的市场环境中。广州是中国诸多农产品的中心市场，一边连着中国重要农产品的产业腹地，另一边又连着全球市场，进而形成现代要素在华南地区大规模聚集。这种要素聚集的深度和密度，不仅为广州本土的农业现代化注入了强大的变革动力，更为广州农业企业家充分发挥中心市场效应，进而引入外部变革力量起到积极作用，从而整体推动国家农业现代化进程。

（四）市场主体创新活力成为衡量农业现代化水平的标尺

企业家精神是推动现代化的能动性变革力量，新型农业经营主体的创新活力，顺理成章地成为衡量农业现代化水平的重要标尺。在效益理性驱使下，新型农业市场主体在市场精神的感召下，在城乡间不断拓展生产经营，并通过组织创新、市场创新和技术创新以及商业模式创新，日益成为农业现代化的主体力量。为了达成这样的组织创新，资本化的市场主体可能与新型农业经营主体，包括农村合作经济组织、农村集体经济组织等形式，在合作制、股份制、定制化农业等推动下，组成利益契约更为紧密的新型主体，其

---

① 资料来源：国家海关总署。

中兼顾多元化主体的利益和行为特点，以利益包容、治理包容为核心的混合所有制新型主体将成为重要形式，并带动小农户和现代农业的有效衔接。广州具有丰厚的企业家精神土壤，企业家创新能动性高，专业化程度强，并引领广州成为中国水产业，荔枝、蝴蝶兰、红掌等特色产业的产业中心。有理由认为，广州丰厚的企业家创新冲动和创新能力，将推动广州农业现代化持续深入发展。

（五）农业现代化推动产业发展融合化、集群化

在农业现代化推动下，现代产业在效率驱使下越来越呈现专业化分工特点，推动要素配置和资源集约利用高效化。其中，以现代农业为例，随着生物技术和信息技术向农业领域的渗透及大规模应用，将逐步形成种业、产区抚育、机械化绿色耕作、产品溯源、产品精选分级、加工贮运、冷链配送、副产物综合利用的全程产业链。然而，单一主体不可能穷尽现代农业产业链所有环节，只能由不同市场化主体组成前后相继、相互衔接的全产业链利益相关者，推动现代农业在城乡间的纵向融合进程。另外，伴随工业化和城市化深入发展，现代农业的功能演化越来越呈现多元化特点，除了传统的产品供给、就业保障、要素贡献等，农业的生态保障、旅游观光、文化传承等非传统功能谱系越来越受到重视。随着我国经济社会主要矛盾的变化，人们在追求美好生活过程中的多层次功能需求也日益凸显，大休闲、大旅游、大健康、大养生应运而生。在这个背景下，随着现代农业专业化分工和区域化布局的增强，其功能外溢趋势不断增强，"农业+文化""农业+旅游""农业+观光"等创意农业范式不断涌现，推动农业现代服务业新型业态蓬勃发展，进一步加快农业产业的融合发展。在这个趋势带动下，农业发展的产业渗透不断加强，进而突破原有产业之间的技术、市场和业务边界，引致产业边界和产业分工融合化，产业的关联度显著增强，从而形成新的产业形态，即新兴产业和交叉产业应运而生，使城乡产业呈现集群化格局。近年来，广州产业集群化发展平台如特色小镇、产业园区、农业公园等蓬勃发展。这些集群化发展平台的涌现，极大

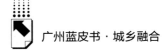

激活了城乡要素的新型配置，持续形成范围经济效应，推动新型产业集群不断涌现。

（六）农业现代化继续成为构建新时期经济循环的枢纽

"构建新发展格局，迫切需要扩大农村需求，畅通城乡经济循环。"中国经济发展实践及其经验表明，推动城乡协调发展，畅通城乡经济循环，其重点在于实现城乡关系的切换。回顾经济社会发展的不同阶段，中国确立全面完善的国民经济体系和工业体系、改革开放全面展开和国家推进城市化进程，以及加入 WTO 后农村富余劳动力进入城市推动世界工厂的确立等，都源于中国城乡关系的有效转换。毫无疑问，新时期农业现代化充分发展，可以促进城乡产业间的协调、融合发展，构建新时期城乡经济循环。农业现代化无疑会成为新时期中国经济形成以国内循环为主体、国际和国内循环相互促进的双循环经济发展格局的枢纽。广州作为国家重要的中心城市和门户城市，处于国内外经济循环的交汇点，广州江南市场连续 18 年在果蔬单品交易中位居全国第一位，芳村茶叶市场成为公认的全国茶叶中心市场，广州有理由成为内外循环和要素聚集的中心城市，成为观察中国城乡循环和内外循环的重要窗口。

（七）农业现代化蓬勃发展要求形成产业治理新机制

农业现代化的发展日益要求建立一体化的产业治理新机制。长期以来，在乡村内部，农业行政管理体制出现部门分割、各自为政的情况，远远不能满足现代化进程中产业融合化发展的要求。为顺应农业现代化、融合化、集群化和全产业链发展趋势，有必要打破产业分割的管理和规制体系，对农业经济系统内部产业进行一体化管理，把政府的产业治理范围扩展到全产业链，形成涵盖产前、产中、产后各环节的管理模式，以促进贸工农、产加销等产业链各环节前后相继以及有序互动和渗透，渐次形成融合化、一体化，持续推动农业现代化进程。对于广州而言，要深入贯彻习近平总书记重要讲话精神，推动"四个出新出彩"，不断增强城市综合功能，有必要契合农业现代化发展和创新趋势，尊重和鼓励企业家精神，扩大科技应用，充分发挥市场机制作用，不断完善促进农业现代化的动力机制。

六 广州农业实现现代化的对策建议

当前，国际形势剧烈波动，经济全球化速度放慢，新冠肺炎疫情广泛影响了世界，各种内外部环境存在不确定性和不稳定性，保障粮食等重要农产品的供给压力凸显，农业现代化是未来食品安全、国家稳定的重要基石，必须大力推进。要想推动广州农业实现现代化，必须加强科技引领，大力发展精细农业，解决目前存在的城乡发展不平衡、农村发展不充分、区域发展不协调等矛盾，加快要素规模化整合，促进农业新型技术的快速扩散，加快培养新型职业农民群体，形成创新驱动的农业发展方式转变，提高农民福利水平。按照多元化经营主体的培育路径，因时因地培育产业组织，进一步优化人地关系，逐步建立新型农业社会化服务体系，逐步形成范围经济，建立更高层次的农业风险规避体系，确保农业可持续发展，实现农业现代化。

（一）技术引领：提升广州农业科技水平

1. 打造国际领先科研平台

现代农业产业要走上规模化、智能化、集约化、生态化的发展道路，需要科技创新加持。要发挥高新技术、现代信息技术在农业科技中的引领作用，激发科技创新活力，推动农业科技进步，构建以国家和省实验室为引领的农业战略科技力量，建成农业领域运行高效、结构合理的创新平台。发挥岭南农业实验室的重大作用，围绕水稻产业、特色水果、岭南中医药和生物菌、水产业等重大优势特色产业转型和高质量发展需求，不断加大丝苗米良种选育、特色水果品种选育和轻简栽培技术熟化推广、岭南中医药功能性研发和菌源保护利用以及水产业良种创制等的研发力度和推广力度，推动广州农业实现高质量发展。围绕农业科技自立自强的中心目标，建设好广州国家现代农业产业科技创新中心，创建高水平农业实验室，塑造产学研深度融合科技创新应用体系，打造成为助推区域经济增长极的加速器和孵化器。围绕产业科技重大需求，开展核心技术攻关，解决"卡脖子"问题，推动农业科技自立自强。着力解决农业科技和农业生产两张皮的问题，促进产业链和创新链紧密协同，推动高等院校、科研院所和农业企业共建农业科技平台，支持有产业主导能力和雄厚科研基础的农业高新技术企业作为实施主体，独立承担省部级、国家级农业科技创新项目和成果转化应用项目，开展科技研发和孵化应用。培育中小型农业科技企业，引导其成为广州农业科技创新应用的扩散载体，成为引领广州农业高质量发展的主力军，稳步形成科技与产业协同发展的新格局。

2.建设科技与产业融合发展的大平台

建设现代农业产业园，不断提升产业园生产技术，不断完善设施，壮大产业园经营主体，加快聚集物流仓储、生产研发、加工等重点环节企业，落实产业园建设的主体责任，突出大品牌、全链条、高科技，着力提升农业科技服务综合集成能力，依托农业科技园区、现代农业产业园等各类载体，建设科技服务综合示范平台，开展科技产业一体化创新转化与推广服务行动，打造农业科技综合集成服务示范样板。充分发挥广州人才、科技、资本等竞争优势，优化创新环境。努力培育企业创新主体，积极开发新产品、推广和应用新技术，创造新技术需求，通过市场诱导机制促进农业科技创新。加强产业科技公共服务平台建设，推动农业基础性科技工作、共性技术研发、大型农业科研装备等共建、共享，不断优化农业科技创新生态。加快农业基础数据体系建设，不断优化大数据系统间的互联架构，提高大数据的预警和预测研判功能。

3.创新高素质科技队伍激励机制

培育壮大农技人才队伍，培育农业领军新秀、科学大师、战略专家和紧缺人才。改革科技立项机制，建立揭榜挂帅科技立项机制，推动产业科技真实需求倒逼科技创新的良性格局。完善成果评价机制，破除唯学历、唯论文、唯奖项和唯项目的人才评价机制，引导农业科研人员将论文写在中国大地上。创新农业成果转化机制，建立农业科技成果转化奖励制度，允许农业科研人员按照贡献大小分享科技成果转化或转让收益，引导科研人员围绕真实农业产业需求推进科技创新。创新农业科技人员科技成果转化的收益权的分配形式，允许农业科技人员以权益分配、兼职兼薪等形式与农业科技型经济主体形成紧密联系。创新农业科技人员激励机制，建立绩效工资动态机制。

（二）结构优化：推动广州农业结构升级

1. 优化广州农业产业结构

实施种养基地配套设施提升工程，支持发展烘干储藏、冷链包装等田头增值产业。引导广州家庭农场、农业龙头企业等各种经营主体为加工、种养等农业企业推出社会化、专业化服务。推广农机农技、施肥除病、种子种源、采摘及收成等租赁服务和专业服务。促进粮油、果蔬、禽畜、水产品等加工业不断发展提升。重点推动粮油加工、保鲜保活以及休闲水产品加工、果蔬产品加工，提升传统风味食品的现代加工工艺水平。完善屠宰加工体系建设，提高供穗肉品屠宰加工自给率。推进农产品精深加工的高技术含量，拓展功能性食品以及保健品新领域。以农资配送、良种供给、市场信息等服务壮大农业生产的前端服务产业。推动农产品加工、市场展贸等产供销环节紧密互动，推广农企、农超、农村电商等多种服务形式的产销互动对接，壮大广州农业生产后端的多种引导性产业。特别是要建立多形式利益联结互动机制，推动合作经营主体之间利益共享、风险共担。发挥龙头企业的带领和引领作用，以"公司+农户""公司+合作社"等多种新模式连接服务企业与农民农企的关系，绑定农民和核心企业的利益，缔结风险共担、利益共享的利益共同体，进一步提高各参与主体经济利益链的持久性和稳定性。

2. 推动数字化产业转型升级

以数字产业化、产业数字化作为农业数字化发展的逻辑主线，建设更加强大的数字生产能力，提升农业管理高效化、经营网络化、服务便捷化、生产智能化水平，推动农业数字化、智能化和现代化。打造农业数字硅谷，建设广州柯木塱数字农业产业园区、增城区 5G 智慧农业试验区、天河区智慧农业示范园等数字农业的示范载体。举办世界数字农业大会，策划开展产品展示、主题分享、项目路演等交流活动，推动农业大数据、人工智能、遥感在农业加工、生产、销售等环节的应用与创新。推动数字技术与农村经济融合，推进广州数字农业产业集群聚集发展，探索可推广、可复制的模式。探索公益性和市场化融合的数字科技服务，培育数字农业科技示范团队。实施农林牧渔数字化改造、政府服务数字化转型项目，谋划实施"互联网+"模式下农产品出村进城等项目，培育新型农业经营主体，推广数字农业农村应用场景。

（三）固本培元：完善广州农业农村基础设施

1. 体系化培育，提升农业机械化水平

广州应率先推进水稻生产全过程的机械化，推进农业机械化上档次，有条件的地方要同步推进数字化和机械化，解决机械化在水稻种植、烘干和机械收割等环节对人力的替代，解决果菜茶药等经济作物在采收、种植和管理等环节的机械化，解决畜禽养殖在环境控制、智能饲喂、粪污处理等环节的机械化，解决水产业在水质监测、饲喂、捕捞等环节的机械化。提升农产品加工机械化、智能化，建设无须人员看管的渔场、农场和智慧果园。研发适合丘陵山区、面向畜禽和水产养殖以及特色经济作物的特色农机装备，有序引进国外先进装备，合资合作引进技术和专利，少走弯路。推进信息技术与农机的融合，推进无人机直播，形成农业机械化全面协同发展新格局。

2. 加大资金投入，恢复和提升农村水利设施

稳步提升广州农业抗风险能力。健全农业安全生产体系，推进开展农业安全生产责任险，开展农业行业安全生产风险预警评估，加大农业安全生产投入力度。建立完善防汛抗旱体系，推进灌区、泵站更新改造建设，实施水源建设工程，保障抗旱应急水源需要。完善气象基础设施和服务，建设农业气象监测网络，提升抗灾防范能力。提倡农业节水立法，落实水资源管理制度，施行农业取水许可管控，实现输水、用水全过程节水。完善水价形成机制和精准补贴机制，奖励节水，配套终端用水管理机制，实现农业用

水计量。鼓励轮作休耕，降低耕地利用强度。管控好渔业资源，保护珍稀濒危物种资源与栖息地，坚持南海伏季休渔、珠江流域禁渔，加大增殖放流，建设人工鱼礁，创建海洋牧场，落实《水生野生动物保护法》《野生植物保护条例》。

3.开展高标准农田建设，发展农业设施

完善基础设施是广州农村产业融合的重要基础。要不断加大农村基础设施投入，搞好农村水电设施、垃圾处理、网络通信等设施建设，推进农村环境治理，缩小城乡的医疗、教育、养老、文化等公共服务的差距。适当调整农村当前的行政区域，适度撤镇并镇，统筹规划农村基础设施，优化资源和实施配置，提升基础设施利用率，优先安排基础设施建设用地。要与村庄改造、美丽乡村建设深度融合，通过村庄环境整治，打造设施完善、生态宜居的美丽乡村。健全农村基础设施维护保养机制，落实责任制，完善农村基础设施维护考核监管指标，降低农村设施维护成本。建设宜机作业、集中连片、节水高效、稳产高产的高标准农田。补齐基础设施短板，完善农田林网、机耕道路、灌排沟渠、土地平整与生态环境保护等设施建设，实施农田宜机化改造，发展高效节水灌溉，增强农田防灾减灾能力。采取以奖代补、财政贴息、投资补助、发行地方债等方式，引导社会资本和金融资本投入高标准农田建设。

（四）实施"农业+"：激发广州乡村各种资源价值倍增

1.发展农产品加工，提升附加值

发展广州农产品深加工业，延伸农业产业链，让农民参与分享农产品深加工与流通的产业增值成果。要利用广州地区高水平的农业科技力量，加速农产品加工业的转型升级，引导农产品加工业进一步向信息化、智能化方向加速发展，提升广州农产品加工科技含量和附加值，推进农产品加工产业与健康产业深度融合，实现广州农产品加工向创新驱动转变，加强产业集群发展。发挥广州市场成熟、商贸发达的优势，以产业链为融合纽带，推进产业链前向或后向一体化多维度发展，以企业为经济主体，形成融合共生抱团式

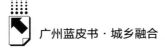

发展新格局。全面发挥广州食品工业体系完整的优势，积极推动细分市场的龙头企业向产业链前后延伸发展，推进龙头企业开展园区集中化管理，推动基础设施、信息服务等公共服务平台建设。

2. 拓展乡村旅游，活化农村历史资源

打造一批集观光农业、创意农业、农事体验、循环农业等于一体的农业项目载体，推动现代农业与现代教育、旅游、康养、文化等各种产业深度融合。将观光采摘、农耕体验、田园风情展示等元素纳入规划，建设具有文化历史地域特点的乡村旅游风景点、网红打卡点。实施"农业+旅游"融合行动，发挥现有各类农业园区作用，融合发展具有生产、体验、观赏等多功能的农旅融合产业。依托山水森林花草自然景观、美丽乡村，以及农村历史文化建筑、特色民俗风情等观光体验资源，规划十大乡村特色旅游线路，推进都市乡情特色旅游。推动农家乐、乡村民宿进一步发展，培育高水平、高创意、高增值的农村休闲度假康养产业。实施现代"农业+文创"行动，全面支持农业主题公园、农史教育基地、农艺工坊建设，培育农文教育、农村文创智库、乡村创新等创意产业。实施"农业+康养"融合行动，结合健康产业城、健康养生养老、农业体验城基地建设，推出特色农产品销售、消费，健全乡村健康养生产业。推广药用原材料种植，扶持特色林下经济发展，推进农林与教育文化、健康养老等产业深度融合。

3. 持续建设好新农村和特色小镇

把新农村和特色小镇建设作为广州农业现代化建设的重要抓手和平台，明确思路，注重特色，稳步推进，努力建设具有岭南农村风格的生产美、生活美、生态美相融合的特色小镇。要进一步巩固已建成特色小镇的成果，提升已建成投入运营的特色小镇的品质，做强做实做大小镇的特色产业，在特色小镇运营管理和服务上下功夫，进一步理顺市场化运作的小镇营运管理机制，避免出现有人建无人管的尴尬局面。增强特色小镇在休闲农业方面的教育、旅游、科技及人文等功能，促进农产品加工、健康养老、休闲观光、农业旅游业等产业互联互通互补，推动休闲观光产业和生产、生态功能深度融合。要逐步完善农村的基础设施，促进农村交通、住宿、餐饮、商业、娱乐等配套设施完善，提升接待能力及吸引力。依托广州本地特色，通过差异化发展休闲观光农业，避免重复建设，发展一批各具特色的观光农业小镇；农业产业必须与小镇休闲观光业相结合，拓展经营模式，延伸休闲农业产业链，提升产业附加值。

（五）制度设计：完善广州农业现代化的政策引领

1. 发展家庭农场，强化农业经营主体

广州应构建复合型现代农业经营体系，促进现代农业体系进入农村山区，推动小农户扩大规模，提升农业经营主体的水平。实施家庭农场提质工程，指导家庭农场规范化管理，采取提供贴息贷款、加强技术服务等方式，培育效益良好的家庭农场。完善家庭农场扶持政策，做好示范家庭农场创建认定工作。通过项目支持、购买服务等方式，建立农民合作社和服务中心，在镇村设置服务站点，开展线上线下服务。通过政策引导、项目支持、交流培训、数字平台建设等措施，促进农民合作社跨区域联合发展，提升农民合作社的综合服务能力，重点推动农村资源要素合作、标准化生产合作、专业化服务合作。鼓励农业经营主体功能互补、利益共享、多元互动。推动小农户批量融入农业产业链。引导龙头企业服务农户，支持专业服务公司发展，为小农户提供专业化、定制化服务。以技术、服务、资金等要素为纽带，发展服务联合体等组织。支持各类服务主体建立紧密的利益分享机制，壮大农村第一、二、三产业融合化主体，带动农户致富。

2. 强化金融创新，拓宽农业现代化的资金渠道

产业的城乡融合离不开资金支持，必须继续优化广州农村金融资金体系。要继续下大力气支持和引导国有大中型银行、股份制村镇银行、小额贷款公司等各类金融机构向农村地区延伸拓展服务网点，鼓励发展多种新型农村基层金融组织，引导各类金融机构进行"三农"金融产品的开发，盘活农民手上闲置资产，扩大农村产业贷款规模；继续鼓励各大保险公司扩大对广州农村涉农保险等方面的支持，创新农村产业和资产保险产品，分散农业经营的风险，扩大农村地区产业保险规模；支持和鼓励农业龙头企业借助资本市场

融资，多方推动农业龙头企业上市或在新三板、股权交易平台等资本平台挂牌，促进龙头企业借助多层次资本市场不断加快发展，提升广州农业企业的辐射力和影响力。支持推进各类新型涉农支农金融组织发展，推动金融机构与广州农村产权交易机构广泛合作，开发涉农支农金融产品，充分发挥本地"农村金融服务站"在金融支农方面的积极作用，完善基层金融支农助农组织的作用，拓宽中小涉农企业的融资渠道。加强农业科技金融服务，深入探索科技与金融服务合作机制，支持"现代种业"重大专项实施和现代农业科技创新体系、现代农业产业园等建设。建设专注服务于科技创新和科技成果转化的特色银行，完善农业技术成果质押融资风险保障机制，扩大知识产权质押贷款发放规模，发挥科技和金融双轮驱动作用，促进农业科技产业链、创新链、资金链协同发展。发挥金融支农的突出作用，推动征信、支付等设施入镇进村，提高普惠金融覆盖面。创新"供银担"合作机制，推广"粤供易贷"等供应链、产业链融资模式。开展养殖圈舍、温室大棚、大型农机等资产的抵押质押贷款业务，盘活资产以扩大农业流动资金规模，建立新型农业经营信用体系，加快建设"农融通"平台，探索贷款全流程管理，开发适合农村特点的信用类贷款产品。促进农业保险升级发展，分散农业保险大灾风险，支持符合条件的企业上市融资。

（六）以人为本：强化农业现代化的保障体系

1. 强化发展用地政策保障，有效盘活农村土地资源

在当前建设用地十分紧张的状况下，广州应想方设法解决农业产业用地问题。按照"市奖区补，以区为主"的原则，对承包经营土地、集体农地流转的适度规模经营予以补助。在城郊接合部等城镇化程度高的片区，支持利用闲置宅基地、闲置农房创建民宿、创意办公、休闲农业、乡村旅游等产业融合发展项目。细化设施农田水利等政策措施，未改变农地功能、用途的，按农地管理，严禁利用产业融合发展名义实施房地产开发。引导和鼓励农户采取租赁、入股等形式，将小规模土地、闲置土地适度向专业大户、家庭农场等新型经营主体集中，推动农业尽快开展产业化、集约化经营，实现农村产业兴旺。

加强农村山、水、田、林、路综合治理，进一步改善村容村貌，广泛吸纳工商资本、社会资本下乡。学习借鉴农村承包地流转的"增城经验"，创新推动土地流转，实现农民增收致富。对符合国家产业政策的重点项目，保障优先用地、优先批准立项。要保障村民住宅用地建设指标需求。推动优先保障农业农村基础设施、农村人居环境整治等用地需求，优先保障农村产业融合项目和农产品初加工、烘干、冷链、机库、仓储等设施建设用地，合理规划、引导设施农业发展。

2.打造农产品销售流通新体系

充分利用广州的千年商都优势，发挥广州农副产品专业批发市场平台的优势，积极打造农产品商贸流通枢纽。实施广州农村电商培育扩容提升工程，以打通乡村交通运输、信息交流、储藏冷链、技术设施、网络通信等设施建设为突破点，促进广州农村电商水平大发展。推动信用、结算、保险、服务管理等制度改革，推广互联网订单交易、远程质量监控和互联网支付，全面深入实施农村电商平台、电商网络、电商企业、电商农户、从业人员培育和支持措施。推广广州岭南农副产品地理标志和标准化加工体系，通过网络平台大力发展直供直配的销售方式。发展农产品互联网供应链管理，发展农产品定制服务、农业众筹等新型业态。以传统专业市场转型升级进入电子商务为契机，全面推进农产品商贸。结合农业总部经济和楼宇经济，培育壮大广州现代农业经营的主体，大力完善农产品全国流通体系。大力推进农产品金融保险、冷链物流、农产品物联网等先进生产方式的培育和建设，进一步促进农产品不断向集约化、专业化、信息化发展，不断提升广州农产品电子商务的竞争力。大力加强广州农产品产地市场的深入宣传、开发、建设等工作，不断开拓周边地区、东亚等地的农产品生产基地，增强广州农产品的影响力，扩大广州现代农业产业和农产品市场体系的影响力。要加强农产品商贸与农产品加工的有机融合，实现农业产业和其他产业间的强强联合，互为促进。推动供销合作社对接农业经营主体，培育农产品规模型流通和加工企业，壮大供销合作社经营网络，创新流通方式和业态，发展电子商务平台。深化改革供销合作社，构建规模化、综合性、可持续的新型助农服务体系，

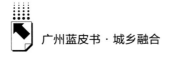

推动供销合作社从流通服务向全程社会化服务转变，成为服务农民生活和生产的综合平台。

3. 加强人才劳动力培训，加快农业人才集聚

开展农民职业教育和农业技术培训，将就业培训、科技研发、"小精尖"企业等的扶持政策向农村地区倾斜，对大中专毕业生、务工返乡人员、科技人员、留学人员、退伍军人等到乡村开展产业融合创业，在证照办理等方面实施系列支持措施。整顿软弱涣散村党组织，形成村务监督委员会、群众、审计机构、上级部门和会计核算机构等多方联网、全程实时的监督体系。开展高素质农民教育培训活动，畅通乡村人才成长通道，加快建立懂技术、善经营、有文化、会管理的高素质农民队伍。创新培训方式，提高培训便利度。拓宽人才服务渠道，开展专项技术培训服务，提升人才驿站作用。以专业技能型、生产经营型和专业服务型等为标准开展农村人才评定工作。开展项目推介、技术指导，组织农民技能大赛。进行农技人员、合作社带头人、农业经理人、家庭农场主、财务人员轮训。完善农村电商人才培养制度以及标准、师资、认证体系。鼓励职校、开放大学推行农学结合和弹性学习制度，提供面向农民和村干部学历提升教育服务，提供保障性住房，统一农民工的医保、低保和养老保险标准。

参考文献

舒尔茨：《改造传统农业》，商务印书馆，1987。

〔日〕速水佑次郎、〔美〕弗农·拉坦：《农业发展的国际分析》（修订扩充版），郭熙保、张进铭、王松茂等译，中国社会科学出版社，2000。

邓启明：《基于循环经济的现代农业研究》，浙江大学出版社，2007。

蒋和平、辛岭等：《中国特色农业现代化建设研究》（第1辑），经济科学出版社，2011。

范晋明：《农村现代化研究的几个理论支点》，《经济问题》1997年第3期。

牛若峰：《要正确理解和全面把握农业现代化》，《农业经济问题》1999年第10期。

顾益康：《沿海地区率先基本实现农业和农村现代化的战略对策》，《农业技术经

济》1999 年第 4 期。

顾益康：《浙江发展高效生态农业的对策研究》，《政策瞭望》2006 年第 2 期。

张仲威：《中国农业现代化若干问题的探讨》，《农业现代化研究》1994 年第 3 期。

梅方权：《农业信息化带动农业现代化的战略分析》，《调研世界》1999 年第 11 期。

祝华军、楼江：《基于"四化"同步视角的农业现代化发展水平评价指数研究》，《农业经济与管理》2017 年第 6 期。

夏四友、文琦、赵媛等：《榆林市农业现代化发展水平与效率的时空演变》，《经济地理》2017 年第 37 期。

杜宇能、潘驰宇、宋淑芳：《中国分地区农业现代化发展程度评价——基于各省份农业统计数据》，《农业技术经济》2018 年第 3 期。

张晓山：《走中国特色的农业现代化道路是历史发展的必然要求》，《农村工作通讯》2007 年第 12 期。

孔祥智、赵昶：《论我国农业农村治理现代化》，《教学与研究》2021 年第 4 期。

陈国生、萧烽、黄鑫：《湖南农村人力资本与农业现代化耦合协调发展》，《经济地理》2020 年第 10 期。

产业振兴篇

Industry Revitalization

B.2

聚焦"六条链"，推动广州乡村产业高质量发展

邹希　左向宇　王阳　彭振*

摘　要： 产业振兴是乡村振兴的基础和关键。本文从五个方面简述了近年来广州推动乡村产业高质量发展的主要做法和成效，通过对比杭州、宁波、重庆等城市，分析了在产业融合发展、经营主体实力、要素保障机制、农业科技支撑、产业富民效果等方面存在的差距，建议广州紧紧抓住"双区"建设、国家城乡融合发展试验区和国际消费中心城市建设等重大战略机遇，充分挖掘广州乡村资源优势，重点在延伸产业链、筑牢生态链、提升价值链、完善利益链、畅通流通链、完善保障链六个方面下功夫，努力构建更高质量的

* 邹希，广州市委政研室（改革办）政治党建研究处二级主任科员，主要研究方向为城市规划与乡村振兴；左向宇，广州市委政研室（改革办）城乡研究处处长，主要研究方向为城乡发展与乡村振兴；王阳，广州市委政研室（改革办）城乡研究处三级主任科员，主要研究方向为城乡发展与规划；彭振，广州市委政研室（改革办）城乡研究处三级主任科员，主要研究方向为城市管理与乡村振兴。左向宇为统筹策划，邹希、王阳、彭振为撰写人员。

都市现代乡村产业发展体系，提升广州乡村产业核心竞争力。

关键词： 乡村产业　城乡融合　全链条

产业振兴是乡村振兴的重要基础。近年来，广州全力推动乡村产业加快发展，乡村创新创业环境不断改善，新产业、新业态大量涌现，乡村产业发展取得了积极成效，但也存在产业链不完整、要素活力不足和质量效益不高等问题，对比杭州、宁波、重庆等城市，广州在产业规模化、精细化、品质化方面还存在较大差距，整体实力与广州的城市地位不相符，亟须加强引导和扶持。

一　广州乡村产业发展主要成效

广州市深入学习贯彻习近平总书记关于"三农"工作重要论述精神，认真贯彻落实党中央、国务院决策部署和省委、省政府工作要求，全力推动乡村产业绿色发展、高质量发展。2021年广州市实现农林牧渔业总产值550.97亿元、同比增长7.1%，连续3年全省乡村振兴实绩考核蝉联珠三角片区第1名。

（一）围绕"稳"字提升粮食生产能力

坚持把保障粮食安全作为发展现代农业的首要任务，稳政策、稳面积、稳产量，坚决守住粮食安全底线。一是粮食产量稳步提升。严守耕地保护红线，严格清理整治"大棚房"、违建别墅、乱占耕地建房等问题，坚决遏制耕地"非农化"、防止"非粮化"，建成高标准农田超过116万亩。2021年，粮食作物播种面积43.8万亩、同比增长3.8%，粮食产量15.08万吨、同比增长6%。棉油糖、果菜鱼、肉蛋奶生产稳定、供应充足。二是绿色发展水平持续提升。化肥、农药使用量持续实现负增长，率先开展池塘养殖水治理

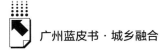

行动，推广测土配方施肥技术覆盖率达到 90% 以上，废旧农膜回收率达到 95% 以上，水肥一体化应用面积超过 10 万亩，认定无公害农产品 369 个。三是技术装备水平加快提升。强化现代农业科技和装备支撑，加强田间管理和农业科技服务，推动农机农艺融合、良种良法配套，主要农作物耕种收综合机械化水平稳步提升，设施农业、畜禽水产养殖、农产品初加工机械化水平位居全省前列。

（二）围绕"强"字推进"菜篮子"工程建设

聚焦"一个标准供湾区"，推动构建以广州为枢纽的粤港澳大湾区"菜篮子"生产及流通服务体系，为大湾区市场提供更多更优农产品。一是构建覆盖全国的生产体系。合作共建的地级以上城市达 138 个，认定"菜篮子"生产基地 1629 个、加工企业 116 家。生猪产能加快恢复，2021 年新改扩建 18 个生猪养殖场，生猪出栏 61.56 万头，同比增长 45.8%。番禺区获批国家级沿海渔港经济区。二是构建畅通快捷的流通服务体系。在全国布局建设梅州、清远、云浮、齐齐哈尔、赣州等 17 个配送中心和分中心，建成大湾区"菜篮子"通关便利区，精准契合市场需求，打通线上线下渠道，推广多元销售模式，形成"生产+平台+销售"大产业体系。三是构建最严格的质量安全监管体系。选取供港澳质量标准和国家标准中的最严指标，发布蔬菜、水果、标识使用规范等 9 项团体标准，溯源登记超过 4500 个农产品，实现溯源监管同步和产品逢出必检、逢进必检。

（三）围绕"优"字丰富乡村产业形态

坚持以农业产业化为核心，依托乡村优质资源和都市大市场，发掘新功能、新价值，培育新产业、新业态。一是特色产业快速发展。入选 8 个全国示范村镇，建有 149 个省级、154 个市级专业村镇，数量居珠三角之首。建成广州荔枝中国特色农产品优势区，培育省级区域公用品牌 24 个，"粤字号"农业品牌 300 个。花都区瑞岭村入选全国乡村特色产业亿元村，增城区获评"中国丝苗米之乡"。二是休闲农业蓬勃发展。番禺区成为国家全域旅游示范区，增城区成为全国休闲农业和乡村旅游示范区。认定省级农业公园 5 家、市级农业公园 111 家，其中从化区、花都区红山村、增城区正果镇分别入选全国休闲农业重点县、中国美丽休闲乡村及省级乡村民宿示范镇，花都"花漾年华"等 13 条精品新乡村示范带初见成效。三是数字农业稳步发展。疫情冲击下，数字经济成为广州乡村经济发展的新动能，从化艾米农场研发 5G 数字农田系统，实现基本农田全要素、全联结的一张图管理。增城区推进建设水稻、蔬果产业全维度预警体系，有效提高了农业生产的规模化、标准化水平。充分发挥广州互联网平台优势，以线上销售为重点推动销售模式创新，组织主播直播带货，自媒体宣传销售，推动广州荔枝出圈吸粉，有效破解疫情下农产品销售困境。

（四）围绕"融"字推动产业转型升级

坚持多主体培育、多要素发力、多产业融合、多举措并用，推进一产强身、二产塑形、三产注魂。一是融合主体不断壮大。2021 年，广州市国家级、省级、市级农业龙头企业分别新增 4 家、24 家、76 家，省级和国家级新增数量居全省第 1，从化区入选农民合作社质量提升整县推进国家试点。二是融合机制不断优化。出台支持发展新型农村集体经济 18 条，完成农村集体产权制度改革试点，农村承包土地流转面积和流转率持续稳定。建立农业投资项目"利益联结"机制，产业园项目带动周边农户增收 20% 以上。三是融合载体不断丰富。强化政策集成、要素集聚、功能集合、企业集中，聚焦培育蔬菜、畜禽、水产、花卉等 7 个百亿级特色产业集群，探索形成了产业链延伸型、农业多功能拓展型等农村产业融合模式。

（五）围绕"实"字强化产业服务保障

以专家、人才、资金及服务体系为重点，为乡村产业高质量发展提供要素保障。一是加大专家引进力度。持续开展"百团千人科技下乡"工程，引进涉农院士团队、组建专家技术服务团参与广州科技兴农强农。加快岭南现代农业科学与技术广东省实验室（广州总部）建设，推进市属农业科研单位改革，整合组建农业农村科学院，吸引在穗高校、研究机构资源力量参与。二是加大人才培育力度。率先在广东省制定高素质农民培育工作方案，37家单位获广东省新型职业农民培育示范基地，"幸福田园"获批设立全国贫困村创业致富带头人实训基地。三是加大金融支持力度。坚持"数字赋能、平台整合、产融对接、服务乡村"理念，成立乡村振兴金融服务平台，通过"平台引领+机构共建"，进一步加大信贷支持力度，积极支持乡村产业和实体经济发展。

二 广州乡村产业高质量发展面临的突出问题

从调研情况看，广州乡村产业振兴取得了明显成效，但对照产业振兴的目标、农民群众的期盼和发达地区的优势看仍有较大差距，还面临不少困难和问题。

（一）产业融合发展不够深入

一是产业规划引领不够。一些区和镇街农业主导产业规划不够科学、定位不够明晰，对当地特色资源挖掘不深，乡村产业发展松散随意，产业链条不完善，经营方式较为粗放，规模化、集约化水平不高，广州仅有从化区花卉产业园纳入国家级产业园管理体系。二是品牌影响力不强。广州市不少农产品具有较高品质，但品牌化建设、市场化运作、多元化发展方面做得不够，导致农产品市场知名度不高、市场竞争力不强。三是流通服务体系不完善。农产品流通设施建设投入不足、布局不够合理，道路、冷链等基础设施陈旧，直接影响农产品品质保障和流通效率，"最后一公里"问题亟待解决。四是乡村价值功能开发滞后。部分乡村产业低水平同质化发展现象普遍，尤其是休闲观光农业基本上处在"田头采摘园、村头农家乐"的"两头"初级阶段，营销能力不足、文化意蕴欠缺、基础配套设施滞后，尚未有体量大、层次高、岭南特色优势明显的田园综合体等项目。

（二）经营主体实力不够雄厚

一是农业龙头企业实力不够强的问题较突出。上规模、善经营、带动能力强的农业龙头企业较为缺乏，目前广州市拥有国家级农业龙头企业 15 家，涉农营业收入 100 亿元以上的有 2 家。二是家庭农场"小散乱"的问题突出。家庭农场经营者生产水平不高，经营效益偏低，2019 年广州家庭农场数量约为上海的 1/10、成都的 1/17、重庆的 1/33；农民专业合作社发展基础薄弱，数量约为上海的 1/2、成都的 1/10、重庆的 1/20，规模化、组织化程度不高，无法适应大田托管、统防统治、烘干储藏、冷链保鲜等市场化和专业化服务需要。三是农业从业人员专业结构不优的问题突出。农业科技高层次人才数量不多，尤其是专业型、实用型、推广型技术人才匮乏，农村大量青壮年外出务工或创业，劳动力老龄化趋势明显，现有农业从业人员多是 50 岁以上的劳动力，绝大多数人文化程度不高、可塑性不强、培训效果欠佳。

（三）要素保障机制不够完善

一是产业用地难。农业产业链中主要盈利点在第二、第三产业，对用地需求较大，但农村产业用地经济效益、税收普遍较低，部分地区更倾向于优先满足工商业用地需求，虽然政策上给予乡村振兴用地指标保障，但受空间指标等因素制约，一些优质农业项目仍难以落地。二是企业融资难。现代乡村产业涉及种养、加工、流通、服务等多个环节，需要大量资金投入，光靠企业自身远远不够，但目前涉农企业贷款难、贷款贵、涉农金融产品少的问题一直没有得到有效破解，乡村金融服务体系仍处在探索阶段，公共财政扶持资金也有限，这些都制约了广州农业产业的做大做强。三是机制保障难。现代乡村产业融合发展特别是休闲观光农业，涉及农业农村、发展改革、规划资源、生态环境、住建、水务、旅游、市场监管等多部门职权，现有的以旅游业管理为主的模式很难兼顾各方面的需求。

（四）农业科技支撑不够有力

一是创新引领能力不强。广州市作为粤港澳大湾区核心城市、华南地区科研教育中心，拥有广东省80%的高校、97%的国家级重点学科、73%的国家重点实验室，科技成果资源丰富，在岭南特色水果、花卉、蔬菜、观赏鱼等方面具有较强的科技实力，但自主创新关键技术成果不多，没有很好突破种业、农产品深加工等"卡脖子"关键技术。二是产学研用衔接不畅。与其他行业相比，农业科技产权市场、技术市场发育迟缓、体系不健全，严重制约产、学、研、用一体化创新机制培育壮大，从农场到市场缺乏有效的反馈机制，农业科研成果转化率低于国内先进城市。三是信息化基础不牢。农业信息化服务体系不健全，数字农业、智慧农业、农业互联网创新创业平台等发展仍然处在初级阶段，农产品种植、生产、加工、储存、运输、销售等环节数字化、智慧化水平有待大幅提升。

（五）产业富民效果不够理想

一是城乡居民收入差距偏大。2021年广州农村居民人均可支配收入为34533元，杭州为42692元，宁波为42946元，与城市居民的差距都在8000元以上；广州城乡居民收入比为2.15，杭州、长沙分别为1.75、1.63，优于广州，通过发展乡村产业带动农民持续稳定增收、缩小贫富差距、实现共同富裕依然任重道远。二是农业产业收益水平偏低。农业产业既要面对自然环境变化的风险，又要面对市场供求的波动，近年来畜禽养殖受动物疫情影响时常出现丰产不丰收、"谷贱伤农"等现象。三是农企利益联结机制偏松。部分农户契约意识不强，违约成本低，不履行合同等情况时有发生，导致企业不敢大规模投资。龙头企业与农户之间大部分是简单的产品购销、劳务雇用、土地流转等关系，企业联农带农动力不足、联结不紧、作用不明显，农民难以充分分享产业链延伸和拓展带来的红利。

三 推动广州乡村产业高质量发展的几点建议

美丽乡村是广州国际大都市的宝贵资源，乡村产业是提升广州产业竞争力的重要抓手。建议紧紧抓住文明富裕的全国全省乡村振兴示范区、全面协调的国家城乡融合发展试验区和国际消费中心城市建设等重大战略机遇，坚持农业农村优先发展，顺应乡村产业发展规律，充分挖掘广州的区位、交通、消费、气候、资源、文化等优势，重点围绕"六条链"下功夫，着力构建更高质量的都市现代乡村产业发展体系，大力发展数字农业、数字乡村，为促进城乡融合发展、推动乡村全面振兴打下坚实的基础。

（一）在延伸产业链上下功夫

一是突出地方特色。深化"一村一品、一镇一业、一区一园"建设，深入挖掘区域资源禀赋优势，精简种植种类，确定特色主导产业，积极发展本地特色鲜明、优势明显的现代乡村产业。二是突出精深加工。顺应城乡居民消费升级大趋势，促进农产品加工业、服务业发展，引导并激励农业和新产业融合发展，注重培育营养、安全、美味、健康、实惠的多元化主食产品，开发功能性的特殊人群膳食产品，向精选精包、冷藏延期、工业加工延伸，努力提高农产品附加值和市场综合竞争能力，努力实现资源优势向经济优势的转变。三是突出产业融合。坚持因地制宜、错位发展，大力推动乡村生态、乡村旅游、精品民宿、健康养老等都市休闲农业新产业、新业态发展，开发提升都市农业的科技教育、文化传承、生态保护等附加功能，全面拓展乡村产业增值增效空间，着力打造一批有规模、有特色、有影响力的现代都市田园综合体。

（二）在筑牢生态链上下功夫

一是守护好绿水青山。树牢"绿水青山就是金山银山"理念，深刻认识良好的生态环境是农村的最大优势和宝贵财富，全面落实河湖长制、林长制，严格生态红线管控，保护好乡村的山林、河流、湖泊等自然资源，保护好古井、古桥、古树、古建筑等历史风貌，使自然和人文景观成为寄托乡愁的载体和乡村旅游的亮点。二是建设好绿色家园。学习借鉴浙江、福建等地的经验，加快补齐农村基础设施和公共服务短板，推动乡村水、电、路、气、通信、广播电视、5G覆盖升级，加强农村垃圾污水治理，深化"厕所"革命，提升村容村貌，高质量建设有形态、有韵味、有温度、有质感的岭南特色美丽宜居乡村，为乡村产业发展夯实生态本底。三是落实好绿色发展。大力发展生态高效农业，积极推广生物农药和可降解薄膜等技术，提高禽畜废弃物、农业副产物等资源化利用水平，构建种植、养殖、农产品生态循环体系，实现经济效益、社会效益和生态效益的统一。

（三）在提升价值链上下功夫

一是向科技要效益。强化广州担当，加强"穗"字种业科研公关，努力攻克一批制约广东省乃至全国现代农业发展的关键共性技术难题和"卡脖子"核心问题，抢占农业科技制高点。支持农业企业加强与高校、科研院所合作，疏通基础研究和产业链联结的快车道，打好"人无我有、人有我优"的科技牌。二是向品牌要效益。强化品牌就是生命力意识，培育扶持一批叫得响、过得硬、有影响力的农业产业品牌，从提升产品档次、丰富销售渠道、改良售后品质、挖掘文化内涵、讲好品牌故事等方面入手，全面提升优质农业产业品牌市场占有率和美誉度，提升乡村产业含金量和影响力。三是向规模要效益。强化产业集聚和政策扶持，大力发展农业总部经济、规模经济，培育一批具有国际竞争力的农业龙头企业，壮大一批集中连片、上下游紧密协作的大型现代农业产业园区、科技创新园区，全面提升科技研发、产业孵化、产业链集聚水平，努力打造成为拉动乡村产业高质量发展的新动能、新引擎。

（四）在完善利益链上下功夫

一是建立更紧密的利益共享机制。因地制宜推进土地入股、土地托管、联耕联种等多种经营模式，通过股份合作、产业化经营、社会化服务等方式，引导小农户与大企业、小产业与大市场有机结合，推动农业企业与农民建立更紧密的利益共同体，让广大农民充分分享产业增值收益。二是推广更丰富的利益分红模式。创新"订单收购+分红""保底收益+按股分红""土地租金+务工工资+返利分红"等多种方式，持续拓宽农民增收渠道，鼓起农民"钱袋子"，提升农民幸福指数。三是发展更富足的集体经济。健全农村集体资产交易管理服务体系，鼓励引导村集体以可支配的土地、林权、资金、技术、产品为依托，探索通过资产租赁、农业开发、生产服务等途径，深度融入都市现代农业体系，增强集体经济发展活力和收益。

（五）在畅通流通链上下功夫

一是在生产端强化大数据应用。强化物联网、大数据、5G 等现代信息技术赋能，建立健全主要农产品生产布局定期监测和动态调整机制，加强对农产品产地、品种、销量、市场渠道、销售价格等信息数据采集、分析、反馈，及时调整农产品生产结构，为精准契合市场需求打下基础。二是在配送端强化冷链物流设施建设。鼓励支持有实力的企业在特色农产品主产区，加快建设产地预冷和冷链加工配送等设施，构建集绿色货运、质量品控、智慧管控等于一体的冷链物流体系，提高流通效率、减少流通损耗、降低流通成本。三是在供应端强化电子商务融合。探索推动现代电子商务与农业种养基地、大型商超、餐饮企业等深度对接，大力构建推广"生产基地+中央厨房+餐饮门店"等产销模式，深化与知名电商平台合作，形成线上线下融合的流通服务新格局。

（六）在完善保障链上下功夫

一是强化组织保障。将广州乡村产业发展作为乡村振兴实绩考核的重要内容，压实各级书记"第一责任人"的责任，强化部门、上下协同配合，发挥市属、区属国有企业投身乡村产业发展的积极性、主动性，为乡村产业发展提供坚实保障。二是强化用地保障。深化农村土地制度改革，着重在集体经营性建设用地入市、土地征收制度改革、宅基地"三权分置"等方面加强创新，探索推广"点状供地"等模式，推动拆旧复垦释放土地资源，积极盘活利用农村留用地和闲置农房、宅基地，提高乡村土地资源配置效率。三是强化资金保障。从财税、保险、信贷等方面完善政策供给，加大对各类新型经营主体的扶持力度，深化"千企兴千村"行动，鼓励引导各类社会资本投身乡村产业发展。引导培育农户强化契约意识、合作意识和诚信精神，加大违约违法惩戒力度。四是强化人才保障。全方位优化乡村创新创业环境，鼓励有志青年农民积极从事乡村产业发展，推动农村大众创业、万众创新。加大基层干部培训力度，提升基层干部开展乡村产业发展的能力和水平。

参考文献

卢新：《乡村产业振兴：困境与突破》，《科技视界》2021 年第 30 期。

李昱霖：《品牌是乡村产业发展的一把金钥匙》，《中国发展观察》2021 年第 18 期。

吴晓曦：《数字经济与乡村产业融合发展研究》，《西南金融》2021 年第 10 期。

张天佐：《乡村产业发展的思路和重点》，《中国乡村发现》2021 年第 1 期。

张岩：《乡村产业高质量发展面临的实践问题与应对策略》，《辽宁省社会主义学院学报》2021 年第 2 期。

B.3
迈向广州国际种业中心：
关键制约与建设路径

张 强*

摘 要： 世界百年未有大变局下，农业安全战略地位不断凸显，种子命脉必须掌控在自己手上。作为国家中心城市，广州承担着种业安全与高质量发展的重大使命。经过五六年的奠基式发展，广州国际种业中心建设取得一定成效，但与预期目标尚有不小差距。调研与分析表明，广州种业发展存在现行科研立项管理模式欠科学、市场主体"小散乱"、知识产权保护不力、资本支持相对薄弱、种业基础保障体系不完善等一系列突出问题与制约。为此，聚焦广州种业安全与国际种业中心建设目标，并结合国家、广东省种业振兴行动方案，本报告着重提出改善科研立项管理、优化科研创新体系、强化市场主体培育、改进政府种业基金管理、促进种业安全等针对性的举措与建议。

关键词： 国际种业中心 种业发展 农业安全

当今世界处于百年未有之大变局，农业安全不断凸显，特别是全球粮食安全面临巨大风险，小麦、玉米等农产品期货价格不断创下新高，给我国农业发展敲响了警钟。国以农为本，农以种为先。种子是农业产业链的最前端，种业技术关乎农业生产的命脉，堪称农业的"芯片"，也是保障国家农业安全的基石。据调查，我国虽为农业大国，但蔬菜、水果、畜牧中的高端

---

* 张强，广州市社会科学院农村研究所副所长，副研究员，主要研究方向为区域经济、产业融合。

品种及种子专利几乎都被外国公司所掌控，在高端蔬菜领域，外国公司控制了50%以上的种子市场，作为中国蔬菜之乡，山东寿光具有强大的种菜能力，但其背后的种子命脉却被牢牢抓在外国公司手里。当今，美国是全球最大的种子出口和技术强国，其种业龙头孟山都一年的销售收入就相当于我国全部本土种子企业（约5800家）的收入。国外的种子不仅占有高额市场份额，其价格也远高于国产种子，且掌控了国内市场的定价权和供货权，严重威胁着国家的农业安全。正是在这一背景下，种业与新能源、硬科技等一道成为国家安全战略布局中不可缺少的一环。2021年，中央全面深化改革委员会审议通过了《种业振兴行动方案》，2022年中央一号文件再次明确强调，大力推进种源等农业关键核心技术攻关，全面实施《种业振兴行动方案》。

在种业振兴战略框架中，国家中心城市应发挥科研资源与综合服务功能优势，成为"种业强国"建设的关键枢纽。在这一背景下，2016年广州市委、市政府做出了建设国际种业中心的决策部署，并列入当年《政府工作报告》及"十三五"规划纲要中，广州市主管部门同步出台《广州国际种业中心建设规划（2016~2025）》，计划分三个阶段及十年时间，将广州发展成为具有全球影响力的种业高端要素吸附器和辐射源，到2025年，打造形成包括种植、畜牧、水产的大种业产业集群和国际种业高地。

一 广州国家种业中心建设初显成效

经过5年不断发展，广州种业中心建设取得一定成效，已逐步形成"三大片区"（北部试验与制种功能片区、中部研发与创新功能片区、南部总部与贸易功能片区）和"五大育繁产业基地"（农作物、渔业种苗、林果花草、埠外种业、畜禽与实验动物）的总体布局，初步奠定了迈向国际种业中心的基础和框架。

（一）种业规模不断扩大，形成一批全国优势领域和知名品牌

"十三五"期间，广州种子、种苗销售收入持续高速增长，到2021年

超 30 亿元，约为 2015 年的 4 倍，广州市拥有许可证的种业企业（机构）为 100 多家，先后培育出优品丝苗米、岭南黄鸡、妃子笑荔枝、增城迟菜心等知名品牌 100 多个。其中，农作物种子生产经营企业逾百家，种子、种苗年贸易额占全省市场的 83%；花卉种苗栽培历史悠久，是全国重要花卉贸易中心，在盆栽植物和岭南特色花卉领域形成了全国影响力，成就了"花城"之美誉；水产种苗优势突出，相关生产经营企业达 130 多家，不仅拥有中国活鲜水产批发市场之最——黄沙水产交易市场，更成为全国观赏鱼市场的风向标，占据全国 70% 的市场份额，花地湾观赏鱼市场成为全国最大市场。

（二）种业功能不断健全，规划建成一批种业发展新平台

为配合推动国际种业中心建设，广州市以政府牵头联合相关专业机构和龙头企业，先后谋划建立了一批具有战略意义的种业发展平台。其中，广州建成种质资源库（圃）17 个，占广东省总量的 32%，其中国家库 6 个，保存农作物种质资源 4 万份以上，是华南地区现存活体种质资源及标本规模较大、系统较完整的城市之一。筹划建立了广州种业研究院，聚力打造特色种业科研平台，打造了一批种业创新团队。发起成立广州种业联盟，逐步组建农作物、畜禽、水产三大领域的联盟分中心，先后开展了种业共性技术科研攻关、技术成果转化应用、风投创投资本对接、政策信息发布、学术交流等系列活动。成功举办广东种业博览会，2021 年以"绿色引领　种业振兴"为主题，设置"1+8+8+N"总体架构，全面展示了绿色农业模式、种业发展成就、优质品种等，推动构建绿色种业体系。近期，广州加快推动隆平院士港、水产王国院士岛等重大种业平台建设，进一步夯实了广州国际种业中心的硬件基础。

（三）资本支持多维推进，专项设立了政府种业发展基金

为破解种业投入"资金难"的问题，市级财政、金融机构、社会资本及各区多管齐下，不断强化对种业发展的资本支持。除鼓励引导种业机构争取中央、广东省等有关支持种业的财政专项资金外，农业银行、农业发展银

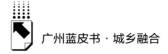

行等金融机构先后开发专门化种业信贷产品，省、市级层面均设立种业发展专项资金，重点支持种业科技创新，种质资源收集鉴评、种业共享发展平台、新品种繁育推广等基础性工作。其中，广州市政府于2017年专项设立了规模为1亿元的种业发展母基金，撬动民间资本进入种业领域，推动现代种业跨越式发展，迄今该母基金已设立三只子基金，共投入8个项目，在助推种业企业壮大做强上取得了一定成效。此外，作为农业大区，增城区在2021年初专门出台《增城区加快推进现代种业发展二十条措施》，对符合产业规划、达到一定规模条件、具有良好发展前景的种业企业或项目，从企业引进、投资经营、科研用地用房、科技创新及成果转化等方面给予全方位财政奖励或补贴。

二 广州建设国际种业中心的优势与主要制约

（一）条件与优势

1. 雄厚经济实力支持

改革开放以来，广州依靠区位优势和良好的政策支持实现了经济崛起，逐步发展成为中国"第三城"，成为我国重要的中心城市和综合门户枢纽城市，并成功步入世界一线城市之列，2021年，广州城市GDP达2.8万亿元，仅次于上海、北京、深圳，居全国第4位，居全球主要城市第15位，雄厚的综合经济实力为广州推动种业技术研发与建设国际种业中心提供了坚实基础。

2. 良好科研条件保障

广州种业发展还拥有强大的农业科技力量作为后盾。广州市属农业科研机构包括广州市农业科学研究院、广州花卉研究中心、广州市果树科学研究所等，是广州农业科技创新的主力军。此外，广州地区还有一大批国家级、省级高校和农业科研机构可以借用，包括颇具实力的华南农业大学、广东省农业科学院、广东农垦热带农业研究院以及仲恺农业工程学院等。这些科研机构已在现代育种技术方面开展了较多研究，搭建了不少育种领域平台，可为广州种业科研创新提供强有力的技术支持。

3. 产业基础实力突出

作为华南地区的中心城市，广州种业发展基础较好，自 20 世纪 80 年代开始，广州种业研究和育种推广即处于全国领先地位。其中，以广州市农科院为龙头，国内外育种专家及种子代理商来粤考察，必先至广州市农科院了解品种选育与推广情况。自"十三五"时期确立建设国际种业中心后，广州作为华南地区重要种子集散地，已发展为国际性种业研发、展示与贸易中心，在我国种业发展中具有不可替代的产业地位。

4. 种质资源丰富多样

广州地处亚热带区域，生物多样性突出，农业物种丰富，在种业发展过程中积累了大量种质资源。地域性特色品种众多，如菜心、丝瓜、节瓜、苦瓜、芥菜、茄子、萝卜等资源主要集中于广州地区。特菜品种多，通过驯化与引进开发，共收集特菜资源近 500 种，开发利用食用价值较高的特菜近 100 种。此外，作为全国三大会展之都，广州搭建了"广东种业博览会""广州蔬菜新品种展示推广会"等国际性种业展示推广平台，为种业创新发展提供了良好的交流平台。

5. 自然资源优势明显

广州地处珠江三角洲重要区位，毗邻港澳。作为粤港澳乃至珠三角区域往来生活与贸易圈，广州地理条件优越，交通运输网络四通八达，科技与人文交流频繁，市场流通量大，是华南地区乃至全国的重要枢纽。广州自然条件好，土地类型多样，水资源丰富，气候温暖，光照充足，尤其适合现代农业发展。在华南地区，在农业方面，无论是农业人才、市场容量，还是产业基础等，广州都居于明显优势地位。

6. 开放领先发展环境

广州是中国"南大门"和四大一线城市之一，在改革开放实践中先试先行，市场发达，对新产品、新品种接纳度高，产业发展具有良好示范与辐射作用。当前，正值国家高度重视农业安全和核心技术研发突破的关键阶

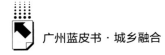

段，这为广州种业升级提供了良好机遇，尤其是粤港澳大湾区战略的落地实施，对于吸纳先进科技与资金、发展种业国际贸易等具有明显的战略支撑优势，为现代种业发展创造了良好的开放环境。

（二）问题与制约

经过五六年奠基式发展，广州国际种业中心建设虽取得一定成效，但从总体上看，与预期规划目标仍存在不小差距。这说明广州种业发展的背后还存在不少问题，主要表现为以下几个方面。

1. 现行科研管理模式与种业创新发展规律不相符，现代商业化育种体系未形成

这主要表现在两个方面。一是种业技术研发缺乏长期稳定投入机制。一般而言，要成功培育农作物、家禽、虾贝等新品种通常需要 8~10 年，成功培育牛、羊、猪、鱼等新品种则需 10~30 年，这就要求对种业新品研发进行长期可持续投入，才能取得突破。然而，目前广州科研立项管理缺乏中长期规划，其涉及种业创新、基础研究和重大科技育种攻关的项目资金多以周期短、见效快、投入少的模式为主，这种"短平快"的科研管理模式违背了种业研发周期长、投入大的客观规律，在实践中要么因缺乏长期连续性支持而导致新品研发夭折，要么就迫使科研人员以低度创新、模仿创新等取巧方式匆匆结项，造成科研原创性不足。二是科研项目管理上没有对育种技术和育种工作两大领域进行有效区分。育种技术属应用基础研究，育种工作则属农业工程，主要是利用已研发出的成熟育种技术手段进行品种选育。育种技术研究是为育种服务的，往往要经过大量投入、长期研发才能产生能有效为育种工作服务的新技术，如分子标记开发、基因编辑等技术成果没有经过大量投入、雄厚科技力量支持和五年以上长期研究是开发不出来的，等把这些技术成果用于选育出新品种至少都要十年以上。实践中，我们科研立项都是把育种技术和育种捆绑立项，一个项目短则一两年，长则三五年，要求用开发的育种技术选育出新品种并推广应用，这一方面背离了种业科研实践规律，同时把很多育种技术研究能力不足的育种工作者浪费在低水平重复、没有应用价值的育种技术研究上，导致更具应用价值的育种工作资源有效投入严重不足，课题组式的育种方式与现代商业化育种方式在效率上的巨大差距是显而易见的。另一方面，管理部门对育种技术和育种项目的绩效评价也欠科学，如育种项目用的大部分技术都是成熟技术，其立项结项应以事后评价为主才更科学合理，但现在却基本上是事前评价。

2. 市场主体亟须培育壮大，缺乏国际标志性种业品牌

当前，广州从事种业研制、生产的各类企业已达数百家之多，持证种企业也不少，但种业企业总体上小而多、小而散，多数企业以代理经营为主，在种业发展中只发挥种子销售功能，完全不参与品种选育、种子生产和良种推广，缺乏具有核心竞争力的领军企业，迄今尚没有一家由农业部认证的"育繁推一体化"种业龙头企业，使广州在商业化育种体系中难以承担主导作用。同时，上游种业与下游农业产业化发展结合也不够紧密，例如，广州杂交水稻和超级水稻育种全国领先，增城丝苗米闻名全国，但由于缺少大型种业企业，加之要素成本较高等，科研优势未能转化为产业发展优势。此外，广州种业缺乏国际标志性品牌，国内外种业发达地区一般都通过种业龙头企业及平台精心塑造国际性品牌，如欧美国家的杜邦、孟山都、先正达等知名品牌。目前北京、深圳等也都在构建国际化的种业"硅谷"等。

3. 资本支持相对薄弱，政府种业发展基金管理有待改善

种业相当于农业的芯片，具有很强的战略性，需要以政府为主导驱动多方资金投入。从初步调查看，几乎所有种业企业都反映存在资金短缺问题。在国内，虽然也有农业银行、农业发展银行等提供政策性信贷支持，但总体上仍是杯水车薪，且育种企业因风险较大、资产质押缺失等难以获得银行信贷，更难获得风投、创投资本的青睐。此外，截至 2022 年 3 月底在国内 A 股上市的 10 多家种业公司中，广州无一家种业公司上市。在这种情况下，政府引导资金就显得极为关键，作为一项重大改革举措，广州市政府成立了种业发展母基金，从成立 5 年的情况来看，该基金设立规模较小，运营管理专业化亟须提升，迄今总共投了 8 个项目，但没能推动一家本土种业企业在国内外资本市场上市，因而总体上发挥作用有限。

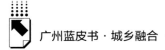

4. 科研体制改革滞后，科研组织结构单一化

经过多年改革与发展，广州农业科研机构虽有所整合优化，但种业领域创新资源仍较分散、割裂，资源共享机制不健全，存在研究同质化、低水平重复、突破性成果少等问题。主要表现在：一是市属农业科研机构改革不到位。市农业科学院事业单位属性久不明确，缺乏稳定的事业费支持，又正值种业"事企脱钩"关键时期，单位运作难以保障，科研人员心态浮动，不利于种业科技创新发展。二是种业育繁推一体化程度低。种业创新力量分散，体制内科研机构与种子企业联系合作少，科研院校及其创办企业有品种，但得到种子产业化项目支持不多，而种子企业长期缺乏育种项目支持，近年虽获得少许项目支持，但由于起步晚、起点低，真正自主创新品种还是很少，却获得大量种子产业化项目，由此造成育繁推相互分离，产业发展受限。三是权益分配机制不完善。现有种业科研投入以政府投资为主，科研人员成果权益分配比例受限，创新动力不足，育种成果市场开发率较低。

5. 种业小镇建设面临诸多难题而举步维艰

作为国际种业中心的重要标志工程，南沙种业小镇于 2017 年设立，规划面积 5.5 平方公里，并已纳入国家现代农业产业科技创新中心总体布局。然而，经过 5 年多的建设与发展，小镇除注册了几家海内外种业企业外，在实体建设和机构导入层面几乎没有太大进展和变化，初步调研获悉，小镇面临着规划调整、土地征用、农户迁补、利益协调、基础设施配套等多重难题。此外，由于种业的战略性、基础性和公益性，小镇前期建设与发展必然面临巨大亏损和投入风险，这就需要市、区政府做出战略决断，给予小镇明确而强有力的政策支持。

6. 种业发展基础保障体系亟须完善

经调研获悉，广州种子繁育生产基础设施条件总体较差，本地基本无原种场，而广东省内外缺乏稳定完善的农作物种子基地，现代种子精深加工设备条件不足，种子储藏加工能力偏弱，种子储备机制有待完善，种子供应保障能力有待提高。其中，最突出的是种业发展用地难以充分保障，部分"两场一基地"多处于禁养区内，未做出妥善安置；不少种子企业反映，现在农用地租期越来越短、租金越来越高、集约越来越难，与育种长周期、大投入的矛盾越来越大，一些企业因农地使用不稳定导致不愿加大投入，甚至被迫结业搬迁。同时，知识产权保护不力，导致种业科研原创性动力较弱。此外，对创新程度不高的"实质性派生品种"认定不足，政策上缺乏明确规定和限制，使其大行天下，也对真正原创性科研成果形成了较大冲击。

三　广州高质量建设国际种业中心的路径与举措

近年来，国内外环境发生深刻变化，发达国家加大对我国的技术封锁，关键核心技术"卡脖子"问题日益凸显，加之大国竞争和地缘冲突加剧，我国转向构建"双循环"发展格局，更加突出"内循环"及产业"补短板"。在此战略背景下，广州未来推动国际种业中心建设的总体思路是：立足市情农情，突出自身特色，按照广州国家中心城市和大湾区核心引擎的城市定位，积极对接国家农业安全战略和种业振兴行动计划，进一步聚焦种业优势领域和关键环节，推动种业产业链、创新链、资金链深度融合，以科技创新提升种业话语权，以金融资本加速潜力企业成长壮大，以龙头企业打造生态化种业集群，以重大平台支撑种业坚实发展，以数字经济赋能种业转型升级，以开放合作拓展种业发展空间，实现广州种业高质量发展。为此，特提出如下举措建议。

（一）强化对种业战略地位的认识

2011年，国务院出台《关于加快推进现代农作物种业发展的意见》，首次明确了种业是国家战略性、基础性核心产业的地位。近年来，国内一线城市都将种业振兴置于城市产业安全和农业现代化的核心地位，如北京提出农业"中关村"计划中的首要内容为种业工程，上海提出种业是农业产业链"芯片"，深圳在国内最早提出建设"生物育种产业城市"。在新的国际环境和形势下，广州未来应进一步强化对种业战略地位的认知和宣传，把种业安全提升到国家安全的战略高度，充分认识到种业不仅关系到农业高质量发展，而且关系到粮食安全、科技自立自强以及产业链"补链""强链"，要将国际种业中心建设放到与广州"三中心"（国际航运中心、物流中心、贸易中心）同等的战略高度上加以谋划。同时，作为政策制定者也要认识到，种业既是农业体系的一个重要组成部分，又是一个独立的极具科技含量与附加值的现代产业，其商业模式和产品运作具有自身独特规律，因而在产业治理上也要有所调整。

（二）实施战略聚焦，突出种业优势领域和特色品牌

与一般中小城市相比，广州农业产业体系较为完整，农、林、牧、渔业发展相对均衡，几乎每个细分领域都培育了一些代表性新品种。由于资源有限，广州推动种业中心建设切勿贪多求全、四面出击，渴望做"全能选手"是不现实的。为此，建议广州进行适当的战略收缩，由主管部门牵头行业协会、科研院所等机构，认真对照国家、广东省种业振兴实施行动方案，对逐个领域进行梳理分析论证，根据广州的资源优势、种业技术基础及龙头企业（项目）状况，明确种业优先发展领域，确立重点培育的特色品种，在此基础上，培植一批具有全国影响力乃至国际知名度的种业品牌和高端品种。

（三）改进种业科研立项管理，集中资源加大支持育种工程

首先，对种业科研投入应进行精准分类，厘清育种和育种技术投入的不同性质。建议设立专门的新品种选育项目，保障 5 年以上的连续性投入，选择区域内企业或科研单位的优势育种团队牵头实施，近期重点是科企联合，远期以企业为主开展工作，最终考核指标以新品种的种子销售量或市场占有率为主，配以种子的抗性和产量、品质等辅助考核指标，杜绝掺和育种技术研究指标，减少科研资源的浪费。其次，对于育种技术研究板块，立项上应强调科研院所和高校联合攻关，有效整合资源，主要瞄准开展分子育种技术研究开发，以开发出的技术应用价值为考核标准，有实际应用的评价得高分，没有实际应用的评价得低分。最后，鉴于育种（新品种选育）用的都是成熟技术，建议在科研立项和结项上应以事后评价为主。

（四）优化科研创新体系，设立核心技术联合育种攻关机制

一是按照新一轮国家科技体制改革方向，明晰各科研院所性质及功能定位，尽快完成广州市农科院改革改制，引导支持公益性科研院所及大学重点开展育种理论、共性技术、种质资源挖掘、育种材料创新等基础性研究和常规作物育种等公益性研究、前沿应用技术研究。二是推动科研院所、高等院校、企业等要素资源集聚、开放，共同组建种业新型研发机构，合作建立农业种质资源数据平台、分子育种平台、分子鉴定平台，参与建设粤港澳大湾区生物育种中心。三是落实中央有关政策精神，鼓励种子企业采取股权激励、期权分配、技术入股等方式激励事业单位骨干科技人员，允许他们在所服务的种子企业领取报酬。四是设立联合育种攻关机制，通过政策引导，优化整合农业高等院校、育种企业、科研院所等种业优质科技资源，重点围绕荔枝、肉鸡、水产等良种开展重大科研联合攻关，培育重大突破性新品种，提高良种选育成功率。

（五）培育壮大企业主体，重点扶植育繁推一体化种业龙头企业

实施企业分类培育计划，着力培育壮大广州种业龙头企业和知名品牌。促进种业企业与科研机构深度融合，加强科企项目对接，加快推动商业化育种资源从科研机构向企业转移，突出企业创新主体地位，引导资源、技术、人才、资本等要素向重点优势企业集聚。推动企业数字化转型，引导种业企业与国内互联网巨头等开展战略合作。制定相关政策鼓励引导本地种子企业之间并购、重组，力争组建更大规模种子企业参与国际市场竞争，重点培育3~5家育种研发能力强、生产加工技术先进、市场网络广泛、技术服务到位、具有核心竞争力的"育繁推一体化"大型现代种业集团。

（六）进一步改善政府种业基金运作管理

进一步扩大基金规模，保障财政资金出资计划，多渠道拓展资金来源，谋划引入国企、金融机构、社会公益机构等多元化资金注入母基金。改革政

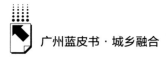

府种业基金管理运营模式，精准把握政策性目标和商业化运作之间的平衡，坚持基金市场化导向，提高基金运营专业化水平。引导基金加大对广州本地种业项目的挖掘与投入，及时跟踪掌握子基金投资方向和动态，尽力将本地优质种业项目优先推荐给子基金，支持有成长潜力的种业企业壮大。对优先投资本地优质项目的子基金，从政策、税收、资金、资源对接等方面为其提供一揽子服务。

（七）加强知识产权保护，促进种业安全发展

优先构建完善特色作物表型库和分子库，健全广州特色作物品种权保护技术支撑体系。建立实质性派生品种（Essentially Derived Variety，简称EDV）保护制度，遏制模仿育种、低水平重复。加快修订和完善品种审定标准，提高门槛，解决低水平、同质化竞争问题，推动与周边省份建立品种审定区域协作机制。严厉打击种业领域各类违法侵权行为，确保农业用种安全。

参考文献

鄢远会、李城辉、朱英明：《广州建设国际种业中心打造大种业产业集群》，《农业经济研究》2017 年第 6 期。

李启华：《加快广州现代种业高质量发展的思路与对策》，《中国种业》2021 年第2 期。

陈建飞：《乡村振兴战略背景下现代农业特色小镇探索——以广州种业小镇为例》，《规划与设计》2018 年第 7 期。

薛江华：《推动广东种业振兴 实施"粤强种芯"工程》，《羊城晚报》2021 年 12 月28 日。

李先锋：《关于农发行支持现代种业发展的几点思考》，《江南时报》2021 年 12 月2 日。

B.4
促进广州花卉产业高质量发展的思路与建议

陈翠兰　莫应安*

摘　要： 加快广州花卉产业发展对于提高广州都市农业经济效益和生态效益，优化农业产业结构有重要的推动作用。广州花卉产业已渐成规模，科技驱动日益显现，区域布局日趋合理，产业集群逐渐形成，市场体系逐步完善，产业融合不断深化，但仍存在生产要素瓶颈突出，科技资源优势未充分发挥，规模化、组织化发展程度不高，新零售模式占比不高，品牌意识薄弱等短板和制约。下一步，应科学统筹规划，完善扶持和保障政策；科技创新赋能，突出花卉产业高质量发展的核心要素；加快建设产业园，打造花卉生产标准化示范区；创新商业模式，打造现代花卉市场流通体系；建设功能平台，完善花卉专业服务体系；营造浓郁氛围，强化"花城文化"品牌推广。

关键词： 花卉产业　高质量发展　标准化生产

花卉产业作为高技术、高产值、高效益的农业，对农业高质量发展和乡村振兴有重要的促进作用。广州素有"花城"美誉，"花"文化底蕴丰富，种植历史悠久，花卉产业一直在广州农业产业结构中占据重要地位。加快广州花卉产业发展对于提高广州都市农业经济效益和生态效益、优化农业产业结构有重要的推动作用，能为乡村振兴注入新动能，成为农业变强、农村变美、农民致富的一大支柱。

---

* 陈翠兰，广州市社会科学院农村研究所助理研究员，主要研究方向为农村经济、服务经济；莫应安，广州市委办公厅综合二处一级主任科员，主要研究方向为农业经济管理。

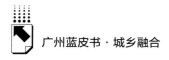

一 广州花卉产业发展现状

广州高度重视花卉产业发展，将花卉产业作为现代都市农业重点项目予以支持，采取了一系列政策和措施，使得花卉产业蓬勃发展，已成为广州都市农业未来发展的新增长点。

（一）花卉产业渐成规模，品种渐具特色

2021 年，广州市花卉总产值达 66.98 亿元，同比增速 27%，约占全市农业总产值的 12.16%，是我国花卉的主产区之一。通过自主培育与国外引进相结合，广州花卉品种逐渐丰富，并形成了以盆栽植物类和观赏苗木为支柱的格局。2020 年盆栽植物类的种植面积约 16.62 万亩，占广州花卉业总面积的 44.6%；观赏苗木种植面积约 13.19 万亩，占花卉业总面积 35.4%；鲜切花类种植面积约 5.83 万亩，占比为 15.6%；种用花卉（含种苗、种球）种植面积约 0.08 万亩，占比为 0.2%；草坪种植面积约 1.56 万亩，占比为 4.2%①。盆栽植物类和观赏苗木种植面积合计达到 80%，是广州花卉产业的主要拳头产品，产品主要出口到欧洲、美国、东南亚等地。广州已成为我国观叶植物和盆花的重要生产基地。

（二）科技驱动日益显现，创新赋能催生"智慧花"

科技创新赋能花卉产业，成为推动广州花卉产业高质量发展的新引擎。广州拥有蝴蝶兰种质资源库、红掌种质资源库、观赏凤梨种质资源库和国家唯一的天南星科花卉种质资源库等，育成具有自主知识产权的红掌花卉新品种达 30 个，居全国首位，其中"小娇"红掌荣获 2020 年度全国盆栽花卉"金花奖"，一年种苗的生产量超过 300 万株，已经完全可以替代相关进口产品。本地生产的白掌花卉种苗，占全国的 60%。广州还研究并完善了红

---

① 资料来源：广州市农业农村局网站。

掌新品种产业化技术体系，红掌种苗和盆花生产新技术得到广泛应用，优质种苗进口替代率达70%，新技术市场占有率达90%[①]。

（三）区域布局日趋合理，产业集群逐渐形成

广州花卉种植、销售主要分布于荔湾、白云、番禺、花都、南沙、黄埔、从化和增城等8个区，并逐渐形成北部从化的红掌、盆栽植物基地，中部白云、花都的精品盆花及出口盆景基地，南部番禺与南沙的观叶植物和绿化苗木生产供应中心，西部荔湾的广州花卉博览园、广州市花卉交易中心、岭南花卉市场等花卉流通交易中心，东部黄埔、增城的宿根球根花卉和乡土苗木基地，初步形成了科学的产业区域布局。花卉生产逐渐向规模化、专业化方向迈进，并逐渐显示出区域优势和集群优势。其中，从化花卉产业园聚集了38家规模以上花卉企业，具有自主知识产权花卉品种58个，斩获世博园奖项72个，科技成果转化率达90%以上[②]，产品远销海外，逐步形成一个完善的花卉产业集群，成为广州市目前唯一通过认定的国家现代农业产业园。

（四）市场体系逐步完善，行业影响力不断扩大

广州已形成发达的花卉流通网络，以广州为主的广东省花卉年交易额达到8亿元，约占全国的1/5[③]，是全国花卉产品重要集散地和进口花卉调运中心。广州市拥有6个大型花卉市场，分别为广州花卉博览园、广州花卉科技园、芳村中南街"波园路"花卉市场、广州岭南花卉市场、广州花卉之都，花卉交易业务辐射全国各地乃至海外，是花卉电商的货源集中采购地，其中90%以上小盆栽植物通过网络平台、订单销往全国各地。广州花卉电商也取得长足发展，广州积极发挥线上线下营销基础扎实的有利条件，积极引进淘宝、天猫、京东等知名电商终端交易平台，已建成电商运营及孵化中心，使网络销售订单与物流系统形成体系。2020年8月，"新开花谷"花卉

---

① 资料来源：广州市农业农村局网站。
② 资料来源：广州市农业农村局网站。
③ 吴波：《花卉文创，让广州更多幸福感》，《广州日报》2020年9月29日。

交易平台及花卉信息港正式投入使用，通过"电商+订单"和"互联网+物流服务"等运营模式，实现各品类花材、园艺一站式采购，年交易额超1亿元。广州花卉的价格同样影响海内外，价格是全国市场的标杆，形成了一定的行业话语权和影响力。

（五）产业融合不断深化，花卉提质增效发展

广州花卉产业已由单一生产逐渐向集生产、观光休闲、旅游于一体的转变，涌现出南沙百万葵园、花都香草世界、从化宝趣玫瑰世界、天适樱花悠乐园等热门花卉观赏旅游景点。通过开发赏花观光、果实采摘、农业科普、精品民宿、花艺培训等旅游活动，逐步建成集生产、销售、科研、观光旅游等多功能于一体的三产深度融合的联农、带农、富农花卉生产模式。此外，花卉的功能还不断向食用、洗护、保健等方面拓展，有效推动了花卉产业链条的延伸和产品加工转化增值。如从化完善花卉园艺产品加工体系，相继研发了花茶、花酒、精油、洗护用品等以花元素为主题的加工产品，还与联合利华等世界500强企业达成供应链合作，提供本地特色花草为主要原材料，制成芦荟、洛神花、玫瑰精油等50多种天然植物提取液，农产品初加工转化率为70%，农产品加工业产值与农业总产值比值达到3.07∶1[①]，有效带动了农民增收。

二 广州花卉产业发展的短板与制约

（一）生产要素瓶颈突出，花卉发展空间受限

土地、劳动力和资本是三种最基本和必需的生产要素。然而随着工业化、城市化的快速推进，广州发展花卉产业的生产要素瓶颈日益凸显。一是土地要素。由于土地要素的不可再生性和不可流动性，城市化的快速发展势

---

① 资料来源：广州市从化区农业农村局网站。

必造成土地要素资源日益紧缺和成本不断上升，花卉产业虽然是高效益农业，但与第二、第三产业相比，特别是与房地产等高收益行业相比，花卉产业在争夺土地要素中并不具备竞争力。加上由于历史原因，花卉种植存在占用耕地、农田的情况，"退林还耕"对花卉行业的发展存在不小影响，花卉经营者越来越难获得一块相对稳定的土地发展花卉产业。二是劳动力要素。虽然近年来在城市打工的劳动力回流农村在一定程度上缓解了农村经济建设的用工问题，但花卉是高技术产业，花卉生产所需的各种专业人才仍相当缺乏，制约着现代花卉产业的快速发展。三是资金要素。花卉产业是资金密集型行业，生产周期长、投入大，但由于缺乏相应抵押物，融资难、担保难、融资周期短等，使花卉生产往往面临资金短缺的状况。与此同时，花卉产业还是高风险行业，针对花卉的涉农保险发展滞后，花卉产业抗风险能力低，缺乏保障，必然影响产业发展后劲，不利于花卉产业持续健康发展。

（二）科技资源优势未充分发挥，自主知识产权品种不多

广州农业科技资源密集，拥有多所农业类高等院校和科研机构，但农业科技与现代花卉产业发展的融合仍不够紧密，农业科技资源的优势在花卉产业发展中未得到充分发挥。广州自主研发的整体实力仍有待增强，在新品种培育、设施栽培、采后处理和包装、花卉保鲜、冷链运输等方面仍有较大提升空间。由于新品种培育投入大、周期长、风险高，研发积极性不高，虽然广州已培育出一些在全国受欢迎的新品种，但总体上自主知识产权品种仍较少，高档花卉品种主要为国外引进，自有知识产权新品种与发达国家尚有较大差距。由于缺乏自主知识产权，广州的花卉产品在国际市场中屡屡受限，花卉贸易多年处于逆差状态，不利于广州花卉国际竞争力的提升。

（三）规模化、组织化发展程度不高，基础设施装备偏弱

虽然近年来广州已涌现出一批较有竞争力的花卉生产企业和花卉产业园区，但花卉龙头企业和产业园区带动能力仍不够强，覆盖面仍有限，经营组织化、规模化程度有待提高。花卉生产仍以个体分散经营和小微企业为主，

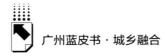

与市场经济要求的大规模集约化生产不相适应，已具规模的花卉种植基地和大型企业较少。2021 年，广州市花卉龙头企业仅 21 家①。由于种植户和企业规模较小，实力偏弱，研发投入往往不足，从业人员整体素质偏低，专业化水平不高，生产设施和技术水平也相对落后。2020 年广州花卉苗木设施农业 7296 公顷②，占花卉总种植面积比例仍较小。这种小而散的状态给政府统筹规划和管理带来一定难度，存在重复投资和低水平竞争的弊端，难以形成具有特色的拳头产品，不利于花卉产业竞争力的提高。

（四）新零售模式占比不高，传统批发市场亟待升级

虽然线上销售模式逐渐被大众所接受，但物流短板、技术短板、质量短板严重制约着广州花卉行业向电子商务跨越，花卉电商、直播带货、社区团购等新零售模式占比仍不高，新零售模式仍有待加快发展，传统销售方式仍占主导。广州是全国花卉产品重要集散地，拥有一批在全国极具竞争力的批发市场。市场商户众多，但规模普遍不大、实力不强，欠缺转型升级，设施不完备、管理方式粗放、配套尚不全，市场内批零兼营，功能较为单一，缺乏良好的环境、购物、服务体验，缺乏现代批发市场应有的规范和效率，而且广州花卉市场的发展还面临着"内忧外患"式的严峻考验。一方面，随着城市化推进，越来越多的土地被用作城市开发，花卉批发市场发展空间受限，用地难以得到保障。另一方面，广州周边南海、顺德和三水的市场为吸引花卉商户进驻，提供免租等一系列优惠政策，使荔湾的花卉市场面临激励竞争。

（五）品牌意识薄弱，营销策划能力有待加强

虽然广州花卉产业发展已达相当规模，但缺乏有市场竞争力的知名品牌和知名企业等，竞争力仍有待加强，这些制约着广州花卉产业的持续发展。

---

① 资料来源：广州市农业农村局网站。
② 资料来源：《2021 年广州市统计年鉴》。

这主要是受传统市场的销售方式的影响，在过去相当长一段时间内，农产品市场交易中只重视交易价格和数量，缺乏品牌经营。部分花农和花卉企业缺乏长远考虑，品牌意识淡薄，品牌策划和品牌注册开展相对滞后，依靠价格战提升销量，造成恶性竞争，严重挤压了花卉利润空间。而且部分花卉经营者缺乏营销策划能力，在花卉生产、包装、展陈、精深加工等方面均有待提升，产品同质化严重，缺乏工艺、文创设计和开发，未能给顾客带来更好的体验，使花卉产品缺乏盈利点和增值点，只能维持在低水平竞争，品牌价值和溢价能力均有待提升。

三　促进广州花卉产业发展的对策建议

（一）科学统筹规划，完善扶持和保障政策

从广州市层面强化花卉产业顶层设计，结合各区花卉产业发展的现状和已有优势，因地制宜确定各地特色拳头产品和主攻方向，科学制定花卉产业长远发展规划。加大花卉产业政策扶持力度，完善相关法规、标准，加强花卉企业用地保障，引导土地规范流转，在不改变土地用途前提下，经相关部门充分论证，可适当提高农业生产设施和附属设施用地比例，满足重点花卉项目落地需求。加强花卉企业在投融资、社保、税收等方面的扶持和保障，通过奖补政策激发企业创新活力，扩大政策性农业保险在花卉产业的覆盖范围。

（二）科技创新赋能，促进花卉产业提质增效

广州应充分发挥农业高等院校和科研机构密集的优势，借鉴北京"京瓦农业科技创新中心"的"金三角"运行体制，推动形成广州各级政府、研究机构和花卉企业、经营者之间"政研企"紧密协同的新型创新格局。重点增强种苗的研发能力，突破技术瓶颈，培育更多具有自主知识产权的优质品种，改变主要名优产品大部分依靠进口的状况。支持花卉种质资源库建

设，加强花卉种质资源的收集和保存利用，强化核心资源发掘和创建，促进育种理论和方法的创新。同时，加强对花卉规模化生产经营、配套设施、产后处理、保鲜储存、包装、冷链运输等关键性、共性问题的研究和技术攻克，提升现代生产设施、设备、技术的推广和应用，促进花卉产业的高质量发展，提升科技创新对花卉产业的贡献度和引领作用。

（三）加快建设产业园，打造花卉生产标准化示范区

广州应围绕花卉的高质、高产、高效发展，以标准化、自动化、规范化、规模化为方向，以科研机构、农业高校为依托，以骨干企业为龙头，以现代化物流、电子商务平台为载体，加快建设一批现代化花卉产业园。打造花卉生产标准化示范区，制定生产技术规范和产品质量等级标准，推行和实施花卉种苗繁育、栽培、销售、包装、储存等的统一标准，建立和完善花卉综合标准体系，实现各个产业链条、关键环节的标准化，将新技术、新设施、新栽培模式、新标准等整合配套，作为全国示范、引导和推广的平台。

（四）创新商业模式，打造现代花卉市场流通体系

积极发展花卉电商、直播带货、社区团购、花艺沙龙等新业态，加快花卉电商平台、网络店铺和手机应用程序的发展，促进花卉企业、经营者与大型平台企业合作，积极拓展网上销售业务，鼓励大型花卉企业开设电商平台旗舰店，培育网络销售品牌。优化提升实体销售模式，特别强化对批发市场整体环境的提升和信息化改造，优化完善配套设施，完善现代物流配送中心和仓储中心，提升现代化管理和服务水平。对有条件的批发市场，进行景区化、场景化改造提升和文化创意赋能，打造成集生产销售、休闲观光、科普展示、文创体验、健康养生等三产融合的现代农业综合体。支持花卉批发市场建设网上交易平台，形成线上与线下交易相结合的多元销售模式。

（五）建设功能平台，完善花卉专业服务体系

花卉产业的高质量持续发展，离不开高端专业服务业的支撑。广州必须加快完善花卉专业服务体系，高起点、高标准建设一批功能型平台。依托人工智能、大数据等现代化信息技术，建立"花卉+"大数据平台，提供市场供需信息、交易数据的发布、分析和预测服务，协调和指导花卉经营者参与生产经营销售。建立花卉科技成果孵化综合平台，提供科技成果鉴定与评价、科技计划申报咨询、知识产权综合服务，推动科技成果转移转化与示范推广。建设花卉现代物流服务中心，依托广州物流体系的优势，从"采后、发运、交付、售后"全链条着手，为花卉经营者提供包装、储存、保鲜、冷链运输和全程大数据溯源跟踪服务，为花卉经营者提供完善的物流配送服务，确保花卉产品运送质量和时效。加快行业协会、专业合作社等花卉社会组织的发展，促进花卉行业内的分工协作与良性有序竞争，协助政府实施相关花卉政策措施和发展规划，组织开展业务咨询、行业调研、教育培训、展览展销、经验推广等活动，促进花卉行业的良性健康发展。

（六）营造浓郁氛围，强化"花城文化"品牌推广

广州应营造浓郁的花文化氛围，通过强化"花城文化"品牌推广，提升广州花卉产业的影响力和竞争力。积极举办各种高层级、大规模的国际园艺展览会、专业展示会、花艺沙龙、花艺大赛等花文化盛事。作为"花城"的广州，必须把争取申办中国花卉界的"奥林匹克"——中国花卉博览会作为重点任务，对于做强广州花卉产业、推广花城品牌具有重大意义。做大做强广州迎春花市品牌，弘扬年宵花市"行花街"的传统文化，通过设置开幕敲钟环节、举办"花王"评选等活动，增加传统美食、趣味游戏等形式丰富多样的活动，提升市民对迎春花市的体验感和仪式感，构筑稳定的文化内涵，永保广州迎春花市的生命力。筹划建设广州花城博物馆，以花城博物馆为载体，凝练花城品牌精髓，彰显广州花文化魅力，传承花文化历史，让市民爱花情结有所依托，提高"花城文化"品牌影响力。

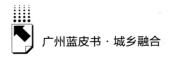

参考文献

陈文君：《广州迎春花市品牌提升对策探讨》，《广州城市职业学院学报》2014 年第 8 卷第 2 期。

范月青：《广州市花卉产业发展现状、问题与对策》，《热带农业工程》2018 年第 4 期。

连青龙：《中国花卉产业的发展现状、趋势和战略》，《温室园艺》2018 年第 5 期。

路覃坦：《中国花卉产业发展问题探讨》，《现代农业科技》2021 年第 6 期。

唐灿：《我国花卉电子商务现状及发展对策研究》，硕士学位论文，华中师范大学，2016。

万春利：《培育和激活"美丽经济"推动上海花卉产业高质量发展》，《上海农村经济》2021 年第 2 期。

王钰：《我国花卉产业现状和发展刍议》，《现代农业研究》2020 年第 7 期。

王智汛、黄颖瑶、朱敏炫：《广州从化搭建花卉产业"上云"新轨道》，《中国花卉园艺》2020 年第 16 期。

吴波：《花卉文创，让广州更多幸福感》，《广州日报》2020 年 9 月 29 日。

B.5
加快广州蔬菜产业发展
促进农业增效农民增收

卢志霞*

摘 要： 广州是广东省蔬菜生产大市，是粤港澳大湾区菜篮子建设枢纽城市。近年来，广州市深入推进农业供给侧结构性改革，大力发展蔬菜产业，努力在更新品种、加强管理、提高生产能力和产业组织形式多元化等方面下功夫，全市蔬菜面积和产量连续多年保持"双增"势头，产出水平不断提高，蔬菜生产活力不断增强，产业化水平和规模化水平显著提升，但是经与其他城市对比发现，仍存在土地资源利用不足、生产要素投入偏低、蔬菜产品竞争优势不高等短板和不足。为促进蔬菜产业高质量发展，广州应统筹规划扩展蔬菜种植空间，积极培育高质量品牌蔬菜产品，加快建设冷链仓储物流设施，打通农产品冷链"最先一公里"，加大新型经营主体培育力度，促进蔬菜全产业链融合，满足合理用地需求，完善土地流转和设施用地政策，助力蔬菜小生产经营主体生产提档升级。

关键词： 蔬菜产业 高质量发展 全产业链 品牌效应

蔬菜产业是广州市农业经济的主要支撑，也是带动农民增收和繁荣农村

---

* 卢志霞，广州市统计局农村处一级主任科员，主要研究方向为农业经济发展、乡村产业振兴。审核：朱展翔，广州市统计局农村处处长。

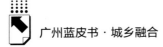

经济的支柱产业,更是全市提升稳产保供能力的重要抓手。近年来,广州市深入推进农业供给侧结构性改革,大力发展蔬菜产业,广州市蔬菜面积和产量连续多年保持"双增"势头,产出水平不断提高,蔬菜生产活力不断增强,特别是疫情以来有效保障了市场供给,稳定了市场菜价,促进了生产经营者增收和市民得到实惠。

一 广州蔬菜产业发展现状

(一)蔬菜生产规模不断扩大,产值比重逐年上升

蔬菜是广州市的第一大种植产业,是广州农业的支柱产业。近年来,广州市把搞好"菜篮子"工程当作民生大事来抓,大力推动蔬菜产业现代化、生产标准化,全市蔬菜生产快速发展,规模不断扩大,为保障"菜篮子"供应打下了坚实基础。

1. 蔬菜生产规模不断扩大

蔬菜播种面积由 2011 年的 13.804 万公顷增加到 2020 年的 15.097 万公顷(见表 1),增幅为 9.4%,产量由 2011 年的 328.71 万吨增加到 2020 年的 403.82 万吨,增幅为 22.8%,单产由 2011 年的 1587.50 千克/亩提高到 2020 年的 1783.18 千克/亩,增幅为 12.3%。

表 1　2011~2020 年广州市蔬菜面积、产量、亩产情况

年份	蔬菜播种面积(万公顷)	蔬菜产量(万吨)	单造亩产(千克/亩)
2011	13.804	328.71	1587.50
2012	13.71	334.90	1628.50
2013	14.003	343.32	1634.44
2014	14.445	357.25	1648.75
2015	14.558	369.10	1690.25
2016	14.585	374.02	1709.63
2017	15.104	383.77	1693.89
2018	14.595	368.79	1684.50
2019	14.806	385.32	1734.97
2020	15.097	403.82	1783.18

资料来源:2012~2021 年《广州市统计年鉴》和《广东农村统计年鉴》。

2.蔬菜产值较快增长,产出水平逐年提高

2020 年蔬菜产值达到 152.75 亿元(见表 2),较 2011 年增长 71.4%(没有剔除价格因素),比同期农业产值增幅(46.6%)快 24.8 个百分点,蔬菜产值占农业产值的比重为 29.7%,比 2011 年提高了 4.3 个百分点,占种植业产值比重为 54.8%,比 2011 年提高了 4.8 个百分点。2020 年单造亩产值为 6745.12 元/亩,比 2011 年每亩增加 2442.05 元,增幅为 56.8%。

表 2　2011~2020 年广州市蔬菜生产平均亩产值、占农业产值和种植业产值比重

年份	蔬菜产值 (亿元)	单造亩产值 (元/亩)	种植业产值 (亿元)	蔬菜产值占种植 业产值比重(%)	农业产值 (亿元)	蔬菜产值占农业 产值比重(%)
2011	89.10	4303.07	178.35	50.0	350.61	25.4
2012	98.99	4813.52	187.24	52.9	366.79	27.0
2013	112.60	5360.53	202.71	55.5	389.98	28.9
2014	118.07	5449.06	214.15	55.1	398.30	29.6
2015	126.36	5786.51	226.05	55.9	413.46	30.6
2016	139.24	6364.62	240.75	57.8	436.65	31.9
2017	136.41	6020.88	240.18	56.8	432.92	31.5
2018	133.86	6114.26	231.69	57.8	416.69	32.1
2019	146.11	6578.86	250.46	58.3	451.99	32.3
2020	152.75	6745.12	278.55	54.8	514.03	29.7

资料来源:2012~2021 年《广州市统计年鉴》和《广东农村统计年鉴》。

3.劳动生产水平持续提升

2020 年平均每户农业户生产蔬菜 10340 千克,比 2011 年增加 1314 千克,年均增速 1.5%,平均每个农业从业人员生产蔬菜 7528 千克,比 2011 年增加 1424 千克,年均增速 2.3%(见表 3)。

(二)蔬菜品种多样,叶菜种植规模最大

广州市生产的蔬菜类型主要是以叶菜为主,其次是瓜菜类和茄果类,2020 年三者产量占全部蔬菜产量的比重为 80.4%,其中,叶菜类占比 53.4%,瓜菜类占比 19.3%,茄果类占比 7.7%。从结构变化趋势看,叶菜

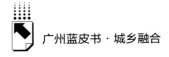

表3 2011～2020年广州市蔬菜劳动生产水平情况

单位：千克

年份	平均每户农业户生产蔬菜	平均每个农业从业人员生产蔬菜
2011	9026	6104
2012	9237	6027
2013	9428	6154
2014	10001	6558
2015	9426	6803
2016	9482	6971
2017	9332	7058
2018	9240	6956
2019	9356	7021
2020	10340	7528

资料来源：2012～2021年《广州市统计年鉴》和《广东农村统计年鉴》。

类产量占比逐年增大，2020年与2011年相比，叶菜类占比提高了3.5个百分点；茄果类占比提高了0.5个百分点，瓜菜类占比下降了2.9个百分点。从生产能力来看，叶菜类单产从2011年的1383.26千克/亩增加至2020年的1653.05千克/亩，瓜菜类单产从2011年的2080.42千克/亩增加至2020年的2227.43千克/亩，茄果类单产从2011年的1938.12千克/亩增加至2020年的1963.48千克/亩。广州市主要蔬菜种类包括菜心、小白菜、芥蓝、苦瓜、丝瓜、节瓜、辣椒、茄子、番茄等，菜心作为广州市的当家菜，播种面积占叶菜类面积的24%，占蔬菜总播种面积的14%。从品牌来看，广州共有广东省名牌产品（蔬菜类）15个、广东省名特优新蔬菜产品区域公用品牌9个、经营专用品牌14个。

（三）蔬菜生产规模化、产业化发展显著

近年来广州市大力培养新型生产经营主体，推动家庭经营、合作经营、企业经营共同发展，探索构建新型利益联合体，丰富主体形式，促进产业创新发展。2020年广州市50亩以上蔬菜规模种植耕地面积占全市蔬菜常年保

持面积的 17.3%，100 亩以上的蔬菜类规模化种植场 114 个，蔬菜专业合作社 125 家，无土栽培生产基地 14 个，省级现代农业园区 3 家，省级"菜篮子"生产基地 23 个、市级以上农业龙头企业 32 家。

（四）蔬菜生产区域化格局凸显

随着"一村一品"乡村振兴战略的深入实施，广州市各地根据市场需求变化，积极开展农业供给侧结构性改革，因地制宜科学布局，建立一批蔬菜生产基地，全市蔬菜生产形成区域化格局。从各区种植蔬菜的播种面积、产量和产值来看（见表 4），白云区和增城区是广州市蔬菜种植主产区，增城区蔬菜播种面积（64.63 万亩）、产量（136.75 万吨）、产值（47.47 亿元）均在广州市排名第 1 位，其次是白云区，播种面积、产量和产值分别为 58.36 万亩、88.20 万吨、37.40 亿元，两区播种面积、产量和产值合计占全市比重均超过 50%；较低的区是从化区和番禺区，其中从化区播种面积、产量和产值分别为 20.57 万亩、31.68 万吨、11.42 亿元；番禺区分别为 12.72 万亩、18.54 万吨、7.77 亿元；从单产和单造亩产值来看，南沙区在全市居首位，单产和单造亩产值分别为 2127.87 千克/亩和 7665.01 元/亩；其次是增城区，单产为 2116.08 千克/亩，单造亩产值为 7345.67 元/亩，番禺区单产最低（1457.71 千克/亩），从化区单造亩产值最低（5555.01 元/亩）。

从蔬菜整体生产空间格局来看，广州市近郊地区仍然是主产区，包括白云、番禺、增城南部、南沙北部，这些地区区位优势好，中心城区市民巨大的消费需求和完善的交易流通市场为其发展蔬菜产业提供较大空间。主要分布特点是：菜品以叶菜类为主，经营模式主要是小规模零散种植。外围地区包括花都、增城北部、从化等北部地区，分布特点是：瓜菜类、根茎类品种占主体，产品品质优良，规模化、产业化种植逐渐显现，例如增城小楼冬瓜、吕田大芥菜、花都文岗芋头等"一镇一品、一村一品"蔬菜特色品种亮点纷呈。据统计，广州市规模化种植场主要分布在增城区（44%）和花都区（25%），蔬菜现代产业园区主要分布在增城区（2 个）和从化区（1 个）。

表4 2020年广州市主要蔬菜产区蔬菜产量及产值情况

	播种面积(万亩)	产量(万吨)	单造亩产(千克/亩)	产值(亿元)	单造亩产值(元/亩)
广州市	226.46	403.82	1783.18	152.75	6745.12
白云区	58.36	88.20	1511.39	37.40	6409.37
番禺区	12.72	18.54	1457.71	7.77	6105.79
花都区	31.27	52.68	1684.73	21.55	6891.56
南沙区	31.75	67.56	2127.87	24.34	7665.01
从化区	20.57	31.68	1540.62	11.42	5555.01
增城区	64.63	136.75	2116.08	47.47	7345.67

注：蔬菜产量较小的产区，没有在表中列出。

资料来源：2021年《广州市统计年鉴》。

二　广州与全省、全国重点城市蔬菜生产情况对比

（一）广州与全省其他城市对比

从广东省情况来看，2018年以前，广州市蔬菜播种面积和产量在全省一直居首位，2020年在全省均排名至第2位（湛江第1）；2020年广州市蔬菜播种面积和产量占全省的比重分别为11.1%和10.9%；单产1783.18千克/亩，低于全省平均水平（1812.36千克/亩），在全省排名第10。

（二）广州与全国重点城市对比

从生产规模来看，2020年，广州市全年蔬菜播种面积15.10万公顷，高于北京、上海和杭州；蔬菜播种面积占农作物总播种面积的比重为70.2%，比北京高32.8个百分点，比上海高38.3个百分点，比杭州高30.2个百分点。从蔬菜产量来看，广州市全年蔬菜产量403.82万吨，是北京的2.9倍，是上海的1.7倍，是杭州的1.2倍。从生产能力来看，广州市蔬菜单产为1783.18千克/亩，低于北京、上海和杭州。从产出收益来看，广州

市蔬菜单造亩产值 6745.12 元/亩，高于杭州和上海，低于北京。从自给率来看，广州市蔬菜供应自给充足，2018~2020 年广州市蔬菜自给率分别为101.0%、105.6%、100.6%，远高于北京和上海（见表5）。

表5　2020 年广州市与北京、上海、杭州蔬菜生产情况对比

城市	农作物总播种面积（万公顷）	蔬菜播种面积（万公顷）	蔬菜产量（万吨）	蔬菜产值（亿元）	单产（千克/亩）	单造亩产值（元/亩）	自给率（%）
广州	21.51	15.10	403.82	152.75	1783.18	6745.12	100.6
北京	10.20	3.81	137.90	51.59	2412.94	9027.12	8.0*
上海	26.43	8.42	244.33	59.20	1934.52	4687.25	47.0**
杭州	24.82	9.93	347.69	87.60	2334.27	5881.17	—

注：*、** 为 2019 年数据。

资料来源：2021 年《广州市统计年鉴》《北京统计年鉴》《上海统计年鉴》《杭州统计年鉴》。

三　广州市蔬菜产业发展优势

（一）自然条件优势

广州市濒临南海，海洋性气候显著，年平均温度 22℃，气候宜人，是全国年平均温差最小的大城市之一，年均降雨量 1982.7 毫米，平均相对湿度 68%，全年温暖多雨，光热充足，空气、水、土壤优质，为蔬菜种植提供了极好的自然条件。特别是广州市冬季蔬菜病虫害少，品质优良，价格和市场较好，是广州市蔬菜生产的重要时节。2020 年，广州市冬种蔬菜播种面积 62.73 万亩，占全年蔬菜播种面积的 27.7%。

（二）产业扶持高位推动

广州市设立了农业产业发展专项资金，通过农业产业化贷款贴息政策对农业经营主体贷款进行利息补助，以"以奖代补"方式对农业生产经营主体设施建设和设施购置予以扶持。此外，广州市还出台了耕地地力补贴、农

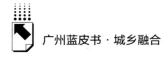

机购置补贴、种植大户补贴、有机肥补贴、农业保险保费补贴、土地流转补贴等各项蔬菜种植补贴项目的惠农政策，稳定了农户种菜收益水平，提升了农户种植优质蔬菜的积极性。

（三）技术支撑产业提效

广州市集聚了广东省 90% 以上的高校、科研院所、重点实验室等科教资源和技术力量，从生物育种技术、蔬菜安全生产技术、蔬菜无公害标准化生产、品质检测等方面形成了较完整的技术体系。另外，广州目前选育通过审定的蔬菜品种超过 200 种，良种覆盖率达 95% 以上。全国最大的种子交流会"广东种业博览会"在广州举办，广州市农科院南沙现代农业示范中心每年举办种子展示会，在岭南和东南亚地区具有较高知名度，广州蔬菜品种展示会成为世界最有影响力的蔬菜品种展示平台。

（四）国家中心城市向蔬菜产业赋能

广州是我国 5 个国家中心城市之一，是华南地区重要的经济中心、科教中心、交通枢纽和粤港澳大湾区菜篮子工程枢纽，具有大市场、大物流、大流通的优势，为广州发展蔬菜产业提供了广阔的市场空间。一是消费潜力巨大。广州作为 1800 多万常住人口的超大城市，庞大的人口规模催生巨大的蔬菜消费市场需求。二是交易市场优势明显。广州拥有全国最大的蔬菜农产品批发市场——江南果菜批发市场，每天的蔬菜成交量达 1000 万千克，其他各类蔬菜批发市场 37 个，为蔬菜产业的发展疏通市场渠道。

四　广州蔬菜产业高质量发展面临的瓶颈

（一）土地资源制约蔬菜产业发展

一是土壤结构受到破坏。外地农户为获得短期效益在过往生产过程中过量使用农药、化肥以及激素导致土壤中有害物质增多，土壤酸化、盐渍化问题突出。二是农地集约化程度不高。目前广州市蔬菜种植仍以小户生产模式为主，广州市菜农约18万户，生产面积多为1~5亩，散户菜田面积占全市蔬菜种植面积的比重约为90%。全市耕地流转率仅约45%，土地流转后的长期性和稳定性不强，特别是白云区等近郊农户为等待土地拆迁只愿短租给租户，土地规模化水平不高，难以形成产业化经营格局，生产效益不高。三是征用土地导致蔬菜种植面积减少。由于城市发展需要，省市重大项目及配套建设工程的推进占用了部分耕地，白云区、番禺区蔬菜种植面积减少，蔬菜产业发展规模受到限制。广州市蔬菜保持面积从2016年的50.53万亩下降至2020年的44.26万亩，年均下降3.2%。四是设施农业用地建设受到制约。受现行土地政策及土地建设指标制约，蔬菜生产基地所需配套的仓库、管理用房、清洗、转运场等设施建设相对滞后，造成生产成本、用工成本增加。

（二）生产要素投入偏低，蔬菜单产有待进一步提高

一是设施种植占比较小。广州市仍以传统的露天生产为主，设施农业规模不大，生产效率不高。2020年广州市设施蔬菜播种面积3.86万亩，产量7.39万吨，占广州市蔬菜播种面积和产量的比重分别为1.7%和1.8%，设施蔬菜种植规模远低于北京（蔬菜播种面积占比64.6%，产量占比62.5%）。制约许多中小型种植企业发展设施农业的主要原因一方面是农业设施建设资金和技术支持力度不够，另一方面是融资困难。二是机械化水平不高。广州市蔬菜种植多以传统模式、人工作业为主，小农户碎片化、土地分散化生产方式下机械化进展缓慢，特别是在播种、施肥、病虫防治、采收等作业中使用机械生产的覆盖率低。三是蔬菜生产单产相对偏低。与北京、上海、杭州等城市相比，广州市蔬菜生产规模虽然较大，但单产和单造亩产值相对较低。2020年广州市蔬菜单产为1783.18千克/亩，低于北京、上海和杭州，低于广东省平均水平，单造亩产值为6745.12元/亩，低于北京。四是蔬菜管理标准化水平不高。广州市高温多雨天气要求菜农对蔬菜种植管理更加精细化，但小农户多是在分散的土地上零星种植蔬菜，对蔬菜生产管

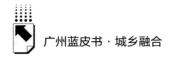

理尤其是防病治虫带有较大的盲目性和随意性，对绿色技术的接受度不高，标准化应用水平不高，标准实施难度大，从而对蔬菜质量影响较大。

（三）蔬菜产品竞争优势不高影响蔬菜生产收益

蔬菜生产是劳动密集型产业，人工成本和土地成本是主要生产成本，其中人工成本占蔬菜生产成本的 60%。近年来蔬菜价格增幅不明显，而人工成本和土地流转成本逐年上升，导致蔬菜利润率持续收窄，蔬菜种植效益下降，农民种菜积极性受到影响。2016~2020 年，广州市蔬菜生产价格年均增幅为 2.0%，比 2011~2015 年年均增幅（6.6%）下降了 4.6 个百分点，蔬菜产量和品种的增加并未与价格实现同步提升。究其原因在于广州市本地蔬菜产品竞争优势不突出，一是蔬菜种植户重生产轻销售，导致蔬菜产品市场竞争力和影响力较弱，附加值较低。二是品牌优势尚未充分显现。广州市蔬菜品牌整合和推广不够，一些优质蔬菜的营销、宣传和推广力度不够，像增城迟菜心这种叫得响、有知名度的品牌不多，市民对本地优质蔬菜的知晓度不高，制约了价值链的延伸和增值。

（四）蔬菜产业全产业链通能力相对较弱

广州市蔬菜产业链条较短，农业生产能力有余，但加工、营销、物流、研发示范、服务等环节发展相对不足，导致产品附加值低，产业收益不高。一是深加工水平不高。2020 年广州市共有蔬菜加工企业 19 家，其中规模以上蔬菜加工企业仅 2 家，经营规模较小，带动辐射能力弱。大多数蔬菜停留在初始产品生产阶段，深加工水平较低，且现有加工产品以晒干、腌制为主，使用传统工艺，缺乏生产标准，包装营销、净菜加工仍处于初级阶段，农产品加工转化率偏低。二是农产品生产与市场销售仍存在脱节现象。广州蔬菜生产以散户经营为主，是典型的小生产、大市场，由于信息不对称，缺乏专业合作组织产业联结和利益保护，农户难以抵御瞬息万变的市场风险，蔬菜质优价低、增产不增收、产品过剩、销售不畅等现象依然存在，菜农利益常在销售时受到损害，特别是北部山区产地市场分布、农田水利基础设施配套、交通物流、现代农业栽培技术等都不够完善，散户田头交易的比重较大。三是冷链配套有待进一步完善。蔬菜田头预冷设施不足，缺乏冷藏库、清洗、分级、包装设备，冷藏保鲜技术和设施的缺位，导致蔬菜只能集中上市，在市场消化能力有限的情况下，容易造成大量蔬菜滞销，在市场稀缺时却无力满足市场需求，高质量发展难以为继。

五　广州蔬菜产业高质量发展建议

广州市蔬菜生产要充分利用粤港澳大湾区菜篮子的市场优势和中心城市的资源优势，整合资源和现有产业基地，充分重视高科技应用、标准安全生产、产业服务体系和蔬菜产业联合机制的建立，立足于可持续发展，以发展高品质蔬菜为核心目标，进一步发展无公害、绿色、有机蔬菜生产，突出抓好蔬菜科研、生产、加工、营销四个环节，结合观光特色旅游一体化发展都市蔬菜产业，使蔬菜产业成为广州市农业领域辐射范围广、科技含量高、竞争能力强、经济效益好的支柱产业，以达到农业增效和农民增收的目标。

（一）统筹规划扩展蔬菜种植空间

一是根据广州各区农业用地面积、区域功能定位、农业发展特点和生态环境状况等情况，加强统筹，优化布局，推进蔬菜生产向优势产区集聚，提升主产区产能，特别是广州北部地区生态环境好，土地租金较低，闲置土地较多，可通过整合弃耕、休耕土地，提高土地流转程度，提高单产等进一步释放北部地区蔬菜生产潜能。二是提高蔬菜生产效益。一方面依据不同气候条件、栽培季节、生产条件和经济基础，选择合适的蔬菜品种，提高产能；另一方面提高设施栽培面积，可通过出台完善相应政策及产业规划，联系科研机构加大对区域性蔬菜种植技术指导力度，鼓励金融机构适度提供对蔬菜大棚等设施初建资金的无息、减息贷款，支持、引导、帮扶农户参与设施蔬菜种植，以提高基地中设施蔬菜比重，带动基地生产能力的有效提升。三是建立农业内部循环链条，以作物秸秆、畜禽粪污资源化处理和高效利用为纽带，发展标准化循环畜牧养殖业，打通种植、养殖、产品加工协调发展通道，形成合理的"菜、经、饲"三元结构。

（二）积极培育高质量品牌蔬菜产品

目前，消费需求端正在发生变化，人们更加关注粮食和蔬菜，特别是广州庞大的人口规模和消费潜力，对高质量蔬菜有巨大的需求。要以市场为导向，积极培育广州品牌蔬菜产品，促进蔬菜提质增效。一是优化品质结构，增加优质农产品供给。实施蔬菜名牌带动战略，大力推动广州市幸福田园蔬菜、增城迟菜心等省级现代蔬菜产业园建设，培育认定一批粤港澳大湾区"菜篮子"生产基地。二是完善蔬菜品质评价以及生产、加工、保鲜储藏标准体系，坚持品质优先，实现数量型向质量型转变。集中打造优质蔬菜品牌，以品牌战略满足市民对优质特色农产品的需求，从"卖蔬菜"向"卖品牌"转变。同时，聚焦绿色农业、品牌农业、科技农业、数字农业发展成果，通过展示、体验、品鉴交流，着力提升优质蔬菜产品在市民消费群体中的影响力。三是提高蔬菜育种"芯动能"。大力扶持建立"育、繁、推"一体化的大型种子企业，通过技术创新推广选育优质、高效蔬菜品种，增加高品质蔬菜的有效供给。

（三）加快建设冷链仓储物流设施，打通农产品冷链"最先一公里"

充分发挥广州交通物流优势，建立"全程温控、标准健全、绿色安全、应用广泛"的农产品全程冷链物流服务体系。一是重点加强农产品产地市场预冷、储藏、保鲜等物流基础设施建设，降低流通损耗。加强农产品产地批发市场和田头市场升级改造，提升清洗、烘干、分级、包装、储藏、冷冻冷藏、查验等设施水平，提高农产品冷链保鲜流通比例。二是支持流通企业拓展产业链，建立健全停靠、装卸、商品化处理、冷链设施，加强适应市场需求的流通型冷库建设，发展多温层冷藏车等，建设具有采购、跨区域配送能力的现代化产地物流集散中心。

（四）加大新型经营主体培育力度，促进蔬菜全产业链融合

1. 加大对新型经营主体的培育力度

一是筑巢引凤，创新招商模式，做大做强蔬菜种植龙头企业。以北部地区为重点，通过充分整合闲置土地，积极建设基础配套设施，优化服务，清晰界定生产准入政策等措施积极吸引农业龙头企业，培育有潜力、有特色的本土龙头企业。二是充分利用"公司+农户""公司+基地+农户""公司+专业合作社+农户""家庭农场"等形式，形成利益联合体，向加工流通、休闲旅游和电子商务拓展，发展集体经营、合作经营和企业经营，扩品种、创品牌，提升蔬菜产品质量。

2. 加强产业融合

一是拓展流通链。在产销一体化建设、基地-商超对接等新型流通业态上下功夫。培育多元化、多层次的蔬菜市场流通渠道，加快推进产地市场建设，形成"产供销"互动型、融合型发展模式。二是拓宽销售链。充分利用地方优势资源，通过开发优质农旅项目，以及蔬博会、丰收节、推介会等宣传活动，推动蔬菜文化建设、品牌建设，加速输出广州蔬菜产品整体品牌形象。三是培育加工链。提升农产品初加工水平，打通融合节点，支持农产品精深加工技术及装备改造升级，努力培育特色农产品加工品牌，建设一批产业规模大、示范作用强、创新能力强的精深加工基地，辐射和带动广州市农产品加工行业的整体发展。

3. 创新"互联网+蔬菜"新模式

加大物联网技术在蔬菜智能管控、电子商务、质量追溯等产前、产中、产后各环节的应用研究和推广，谋划推动"互联网+"农产品储存工程，鼓励小农户和新型农业经营主体与电商平台对接，加快拍卖、电子结算、直供直销、连锁经营等新流通方式的推广应用。积极建设一批蔬菜产销网站、微信公众号等信息化服务平台，及时采集供需信息及蔬菜价格，指导种植户合理安排生产，适时规避风险。

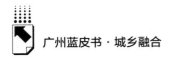

（五）满足合理用地需求，完善土地流转和设施用地政策

一是满足蔬菜产业发展用地需求。划定蔬菜生产保护区，建立退耕土地问责机制，保障蔬菜产业用地需求。统筹安排现代农业项目、农村产业项目、"菜篮子"基地等用地指标；推动拆旧复垦，释放土地资源活力；积极拓展外地基地，进行夏秋季节蔬菜种植，弥补"大城市、小郊区"空间潜力不足的短板。二是保障农业设施用地需求。制定设施农业用地负面清单，简化设施农业项目用地备案管理。三是加快农村土地流转。引导和鼓励农户在自愿的前提下，采取租赁、入股等多种形式，将分散闲置土地、小规模土地向种菜能手、专业大户、家庭农场、龙头企业等农业经营主体集中，推动规模化、产业化经营，提高土地产出率和劳动生产率。

（六）助力蔬菜小生产经营主体生产提档升级

广州蔬菜种植仍以小户生产经营为主，生产小、散、乱现象突出，广大散户从事蔬菜生产将长期存在，要引导、服务、整合好这些散户生产，才能实现蔬菜产业整体提质增效，农户分享到增值收益。一是做好蔬菜质量监管。要在品种优化、化学农药减施增效、污染控制、农作物种植生态循环等各个环节严格把控，保证安全、优质蔬菜的供应。二是构建产业化联合体。鼓励发展企业、合作社和散户组成产业化联合体，发挥各自主体优势，提高农户参与度，形成利益联合机制，共同提升蔬菜产品质量，稳定蔬菜优质供给。三是加强生产指导和服务。积极培育专业化服务组织，扶持发展一批蔬菜集约化育苗中心、植保、农机等专业化服务组织，开展育苗统育统供、病虫统防统治、肥料统配统施、市场营销的社会化生产服务，解决蔬菜种植户办不到、办不好的问题。

参考文献

郑岩松、陈翠兰：《促进广州蔬菜产业高质量发展的实施路径》，载《广州城乡融合发展报告（2021）》，社会科学文献出版社，2021。

陈有联：《乡村振兴背景下农业高质量发展的逻辑必然与实践路径——以赣州蔬菜产业为例》，《安徽农学通报》2021 年第 4 期。

刘钦：《乡村振兴战略背景下我国蔬菜产业发展分析》，《北方园艺》2020 年第 4 期。

周荣：《乡村振兴背景下贵州蔬菜产业高质量发展路径研究——以贵州省毕节市为例》，《贵阳市委党校学报》2020 年第 6 期。

李庆、徐光耀：《江西蔬菜产业发展现状、对策与问题研究》，《江西农业学报》2020 年第 2 期。

B.6
加强科技创新　推动广州
水产业现代化发展

阮晓波*

摘　要： 广州是我国的南方渔业科技中心、水产品流通交易中心，广州养殖渔业占水产品之比将近90%，为全球渔业资源可持续发展提供了样板。在当前国际政治经济局势动荡的形势下，广州应充分利用优势，实施科技引领，政策先导，通过科技创新和资本投入，促进渔业进一步做大做强，克服养殖空间缩小和不足的弊端，建设面向国际的远洋渔港，做大做强南方水产品交易市场，探索新的绿色养殖模式，培育和利用更多的高端种质资源，为广州经济发展和食品供应稳定做出贡献。

关键词： 水产养殖　养殖模式　科技创新

地球表面30%是陆地，70%是海洋，人类对海洋的开发还刚刚开始，大规模水体水面的利用、水产的养殖驯化是人类进化过程中从采摘到种植、从狩猎到畜牧后的第三次革命性改变，海洋是未来养育人类的重要牧场，水产品将成为人类最重要的食物和营养来源，通过发展水产业[1]，不仅要实现吃

---

* 阮晓波，广州市社会科学院农村研究所研究员，主要研究方向为农业农村经济。

[1] 本报告所指水产业，是指以水生生物为经营对象的产业，包括水产捕捞业（包括海洋捕捞业和内陆捕捞业）、水产养殖业（包括海、淡水养殖业）、水产采集业和水产品冷藏保鲜交易加工等服务业。渔业是水产业的一个主要组成部分，是指水产业里面以鱼类为主要经营对象的养殖、捕捞、经营的行为。

鱼自由，也是未来解决世界食品危机的重要路径。广州是我国的水产品流通交易中心、观赏鱼集散地、南方渔业科技中心，广州渔业近年来获得高质量发展，如何通过供给侧结构性改革，加强科技创新和资本投入，谋划渔业扶持政策，加强渔业科技创新，推进渔业产业融合，加快渔业转型升级，进一步做大做强，对于发展现代农业，丰富人民生活，具有较大的实际意义。

一　世界养殖渔业格局以及中国概况

中国是水产养殖第一大国，在世界上率先从以捕捞为主转向以养殖为主，为全球渔业资源可持续发展提供了模板。中国是最大的水产品贸易集散地、最大的水产品出口国和进口国、最完备的水产全产业链中心，拥有最活跃和极具潜力的水产市场。

（一）世界渔业处于以捕捞为主的阶段

根据联合国粮食及农业组织数据，全球养殖水产品自 2015 年起产量超过捕捞，近年来稳步增长。据不完全统计，全球水产品产量十大国为：中国 6500 多万吨/年、印度尼西亚 2000 多万吨/年、印度 1000 多万吨/年、越南 640 多万吨/年、美国 530 多万吨/年、俄罗斯近 500 万吨/年、日本 440 多万吨/年、菲律宾 420 多万吨/年、秘鲁近 400 万吨/年、挪威 350 多万吨/年。其中，中国水产养殖产量占比最高，占 60% 以上，多数国家仍采用以捕为主的发展模式。2021 年，我国水产品出口为 219.1 亿美元，同比增长 15.1%。世界渔业资源总量有限，发达国家已经进行了几百年的商业捕捞，造成了不少鱼类种群的危机，全球渔业资源处于过度捕捞的状态，多数品种濒临灭绝的处境。人类站在食物链顶端，随着技术的进步，理论上没有任何鱼类可以逃避人类的捕捞，竭泽而渔必然不可持续，要处理好资源开发利用与生态环境保护协调发展的关系。

（二）中国养殖渔业处于国际领先地位

水产养殖是在人工设施中，养殖各种鱼类和水产，分为淡水和海水两种

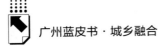
养殖门类。当前我国养殖技术迅速发展,水产养殖的模式也在不断创新,持续多年推进渔业绿色养殖模式,国内渔业生产结构进一步优化,规模化、工厂化养殖以及深水网箱养殖等方式快速发展。通过进一步创新,又形成了稻渔种养结合、智能渔场、休闲渔业、渔菜共生等新的运作模式。当前中国水产养殖种类超300种,连续33年蝉联世界水产养殖冠军。2020年中国渔业的总产量达到6545万吨,同比增长1.0%,养殖水产在其中占比为79.7%,我们消费的水产品主要是从养殖获得,属于可再生的食物来源,养殖水产的产量5200多万吨,同比增长1.3%,中国人均拥有水产量46公斤,比世界平均水平多两倍以上。海水养殖的渔获产量也上升到2135.31万吨。中国人摄取的动物蛋白约有30%来自养殖水产品,其中优良种苗起到巨大的推动和促进作用。水产养殖提升了中国市民的生活质量,提供了多种食物选择,解决了吃鱼难等问题,增加了多种优质动物蛋白供应选项,还提高了中国人的健康水平,夯实了国家食物安全基础。

(三)中国已经形成了水产养殖产业链

中国巨大的水产养殖产业培养了一批水产养殖业关联企业,也吸引了世界企业进入中国市场,美国嘉吉、美国邦基、美国礼蓝、泰国正大、荷兰泰高、比利时英伟、丹麦拜欧码、瑞士布勒、奥地利安德里茨等多国知名企业先后扎堆布局中国水产市场,带来了先进的生产技术,为中国水产业转型升级做出巨大贡献。中国升级改造了传统技术模式,打造了现代化水产可复制、可推广的新养殖模式,形成了从种苗、养殖、饲料、流通加工、冷链物流等一体化的完备全产业链和供应链,规模全球领先。以发展最集中的饲料工业为代表,2020年全球水产饲料产量4939万吨,中国产量2132万吨,占比43.17%,水产饲料产量全球最大,培育了海大、通威、恒兴、粤海、新希望等一批全球领先的企业,这些企业也开始布局全球,输出中国水产养殖技术和中国模式。恒兴集团依靠经验、技术、标准装备走出去,以产业链模式进行整体输出,彰显了大国渔业实力。海大集团加快海外布局速度,除了建饲料厂,海大集团还实现种苗板块的国际化发展,陆续在印度、厄瓜多尔、印度尼西亚、越南、埃及等多个国家或地区投建苗场。海大集团子公司海兴农于 2019 年 10 月在印度尼西亚东爪哇省建成首个海外苗场，当年实现虾苗销量 7000 万尾、2020 年销量接近 7 亿尾。2021 年，海兴农在印度尼西亚又建立了三个苗场。不仅对外输出种苗和技术，中国企业还收购外国种虾企业。2016 年，广东海茂通过收购拥有了南美白对虾等水产的种质资源，是目前唯一掌握国际级别对虾种质资源的中国民营企业。国联水产到美国及印度投资水产品贸易企业，体现我国"全球买，全球卖"的水产品市场控制能力。

（四）养殖技术水平国际领先

我国鼓励发展中国家发展水产养殖，派出专业队伍，指导这些国家的技术人才进行水产养殖，解决贫困问题。从 1981 年开始，我们国家进行了一系列渔业对外培训，对外援助的项目达到 148 个，为很多国家培训了渔业方面的专业技术人才和管理人才。恒兴集团负责培训及指导的埃及国家水产产业园，涵盖了饲料生产、种苗繁育、深水网箱养殖、水产品加工、制冰厂、养殖实验室、污水处理厂等十余项水产内容，历时 18 个月隆重开业，该项目是中国水产界在发展中国家的最大水产工程项目，也是中国水产企业以产业链形式输出的第一次尝试。这种中国专家、中国技术、中国方案的大力推广，让中国水产在国外拥有较大影响力。在《区域全面经济伙伴关系协定》（RCEP）构建新发展格局和双碳绿色发展新趋势下，中国企业由大到强，必将带领我国由水产大国和水产种业大国向水产强国和水产种业强国转变，推进我国水产业高质量发展，引领全球水产业绿色升级，成为我国水产业新的历史使命和责任担当。

二　广州水产养殖稳定发展

广州地处亚热带地区，拥有渔业产业所需的光热气、水土、生物等资源，为渔业的超常发展提供了优越条件。广州是中国水产业最发达的城市之一，养殖水产品产量占比达到 88%，是广州渔业的主导产业。2020 年，全市水产品总产量达到 50.7 万吨，总产值（现行价）118.2 亿元，总产量和总产值同比增幅分别达到 9%、19.8%，是广州渔业快速发展的一年。2020 年，广州市的养殖水域面积共 32.8 万亩，分布于南沙、番禺、花都、白云、增城、从化和黄埔七个行政区，其中南沙 10.4 万亩、花都 7.1 万亩、番禺 5.5 万亩、增城 4.8 万亩、白云 2.2 万亩、从化 2.2 万亩、黄埔 0.5 万亩，其中 97.3% 为鱼塘。

（一）产品结构不断优化，技术水平不断创新

广州多年以来花大力气整治鱼塘和渔业养殖业基础设施，不断改良养殖品种，提升结构和档次，在水产品养殖服务、种苗繁殖服务等方面不断做强做大，引领全国水产养殖行业的发展。在养殖技术领域，新型渔业设施生产不断出现，圆桶溶氧养殖、集装箱养殖、室内养殖、推水养殖等生产模式和技术创新层出不穷，实现了数字化、自动化的现代科学技术植入，显著提高了水产养殖业的经济效益，节省了耕地空间，广州市水产品生产逐步实现高质量发展。

（二）捕捞渔业理性发展，远洋渔业增幅可观

2020 年，广州捕捞渔业国内部分产量 4.3 万吨（占比 8.6%），远洋渔业产量 1.6 万吨（占比 3.1%）。广州市有捕捞渔船 1249 艘（4.18 万千瓦），传统渔村 9 个，传统捕捞渔民 7000 多人。为控制国内捕捞强度，通过"双控"制度即控制渔船数和控制渔船总功率数来规范渔船增长规模。"十三五"期间，广州市国内海洋捕捞产量年递减幅度均大于 5%。近几年，远洋渔船和远洋捕捞产量增幅较大，广州市现有远洋渔业公司 6 家，远洋渔船 55 艘，作业场所包括斐济、东南太平洋、马来西亚、北太平洋、莫桑比克、西北太平洋、文莱、印度洋公海等。与 2016 年比较，2020 年广州远洋渔船从 28 艘增加到 55 艘，增长近 1 倍，远洋捕捞产量从 0.59 万吨增长到 1.57 万吨，增长了 1.66 倍。

（三）不断培植优质品种，提高养殖水平

2020 年，广州市水产养殖优质品种产量占养殖总产量的 68.8%，较上年提高 1 个百分点，养殖品种结构优化效果逐渐显现。广州市拥有水产育种场 64 个，其中国家级 1 个、省级 7 个、市级 25 个。2020 年，全市水产苗种产量 648 亿尾，产值 6.9 亿元[①]。广州市以淡水及咸淡水养殖品种为主，大宗产品包括：草鱼占比 20%、罗非鱼占比 19%、鳊鱼占比 7%、鲫鱼占比 5%、鲢鱼占比 4%、南美白对虾占比 4%、鳜鱼占比 4%，上述品种产量占全市养殖产量的 62%。广州渔业种业资源吸引了全球的关注，2021 年底，第二届中国水产种业博览会在广州举行，展示了 250 多种各地水产品种，300 多家企业参与展示，四位院士、上万名专业观众到场参会，展示了广州发展渔业种业取得的新成就，彰显了我国以及广州渔业的硬核实力。

（四）加快养殖方式调整，推广绿色健康养殖模式

广州大力推广新的绿色健康池塘养殖技术，发展鱼菜共生、池塘工程化循环水养殖、工厂化循环水养殖等应用最新技术集成的新型健康养殖模式。目前广州市已建成 45 个省级和 37 个国家级健康养殖示范场，番禺、南沙、花都和增城等 4 个省级健康水产养殖示范县，4 个示范县的养殖面积占全市总养殖面积的 84%。现代设施渔业面积显著增加。截至 2020 年底，全市已建有工厂化养殖车间 14.1 万平方米、室外设施池 12.1 万平方米、陆基集装箱 53 套、推水槽 62 条以及其他类型养殖设施，每年搭建越冬大棚约 1 万亩，水产养殖设施化已具备一定规模，成为近年来广州水产品产量增长的重要保障。组织开展水产苗种产地检疫和养殖病害测报，全市设立 25 个水产动物养殖疫病预测预报站点，测报品种 22 种，直接测报面积 25980 亩，基本覆盖全市近 33 万亩养殖水面。

---

① 资料来源：广州市农业农村局网站。

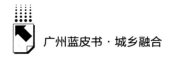

（五）抓好养殖水治理，保护碧水蓝天

广州市大力整治鱼塘水，经过几年的治理，取得了非常好的效果。广州市出台了相关政策方案，重点瞄准连片养殖场、规模养殖场，结合市河长办的行政功能，对全市 1320 个鱼塘开展逐一摸查，对不同类型进行分类治理。划分限制养殖区、禁止养殖区和养殖区三类不同功能区，区别对待。市级财政资金采用先建后补进行补贴。开展全市普查，摸清池塘养殖分布、池塘面积等情况，开展第三方机构对养殖水水质监测普查工作。通过对总磷、总氮水质等数据分析并治理，水质明显改善，两年完成三年计划，保障了广州市民高品质的水产品和洁净的水资源，引领了广东乃至全国的养殖水体修复工作。

（六）科学布局，促进渔业产业集聚发展

广州按照空间地理分布及水产养殖功能划分四大养殖水域区，包括南部珠江河口、东部增江河流域、北部流溪河流域、西部白坭河流域。以传统养殖为依托，充分发挥各区水域养殖滩涂优势，大力发展"育、繁、推"一体化的种业集团企业，推进观光、养生、休闲渔业发展，加快渔业领域的产业融合发展。广州渔业产业园以重点项目带动产业发展，推动乡村振兴向渔业领域拓展，不断整合加工、流通、储藏、物流等产业链融合发展。南沙和番禺区产业园分别拥有刘少军院士专家工作站和麦康森院士工作基地，广州市绿色渔业产业主版块得以确立。

（七）狠抓水产品质，保证质量安全

近年来，把产地水产品质量安全作为水产养殖重点工作之一。根据广东省、广州市有关 2020 年农产品质量安全专项行动方案要求，结合实际，广州制定了《2020 年广州市农产品质量安全专项整治"利剑 3 号"行动方案》，特别针对农家乐养殖产品进行了全覆盖抽样检查。全年国家、省、市级产地水产品检测合格率达到 100%。

三　渔业发展的未来趋势、挑战和机遇

（一）水产业发展的国内外形势

国内外经济形势和宏观政策随着国际政治形势和新冠肺炎疫情而变化，影响着水产品的生产和消费市场。从国际形势看，全球渔业和水产养殖业总体的上升趋势因为新冠肺炎疫情被打断，2020 年全球水产养殖产量和野生渔业捕获量下降，2021 年进一步下滑。2020 年我国提出国内国际双循环的发展新格局，从渔业角度看，意味着渔业生产更多地要在国内消化、国内循环。2021 年初，中共中央、国务院发布相关文件，提出要促进水产健康绿色养殖、加强海洋渔业方面的生物种质资源库建设、进一步加强水生生物资源的养护等问题，重点提升长江流域渔政执法能力，有效落实十年禁渔令，保障退捕渔民生活，指明了水产业未来发展的方向。

（二）未来水产养殖行业发展趋势

当前，水产养殖行业存在的最大问题还是养殖密度过大导致水产品质量下降、水质恶化等问题。由于国家的大力介入和严格监管，多年未发生重大区域性质量安全事件。随着养殖智能化和管理数字化，在水产养殖的过程中，需要密切注意水温、水质、溶解氧等要素，特别是对一些价格较高、对生存条件要求也较高的产品来说，更是需要密切注意各种要素。这些都增加了水产养殖的风险和成本，过去因为科技水平的限制，难以解决这些问题，随着人工智能的迅速普及，大数据在养殖过程中迅速积累，未来可以依靠设备实现自动化管理和控制这些要素，减少水产养殖的风险并降低水产养殖的成本。因此，未来智能化是水产养殖行业发展的重要趋势。

（三）未来水产业面临的挑战

一是当前国际政治形势恶化，贸易摩擦加剧，将影响水产品进出口市

场。此外，在进口环节，进口冷链的防疫工作也经常拉响警报。二是广州渔业养殖面积逐年减少，这是城市化发展不可避免的趋势，如何保障渔业养殖面积，以及渔业生产如何在渔业养殖面积可能继续减少的情况下来保质保供，这是广州面临的发展中的矛盾。渔业养殖面积也亟须通过规划和养殖确权来稳定并给予法律保障。三是疫情以来，水生野生动物经营的政策瓶颈对广州大鲵、鳄鱼、保护龟类和特种鱼类养殖业造成严重打击。水产养殖成本不断上升（近期饲料原料再创新高），加上市场对水产品需求和价格的不确定性，影响着广大水产养殖户的积极性。广州市水产养殖总体设施化率不高，对抗灾害天气的能力较弱，如何培育出大型具有自主创新能力的水产种业企业，是接下来需要解决的问题。四是应对水产品进口可能的快速增长。《区域全面经济伙伴关系协定》（RCEP）签订后，进口水产品成本降低，东盟等中国进口主要来源地的水产品可能会有较快增长，将冲击国内同类水产品的生产和市场。五是面对长江等流域禁捕，现有捕捞渔民转产转业的压力如何疏解。同时，清理海洋非法捕捞渔船仍然是难题。六是国家、广东省已明确水产养殖绿色健康发展总体思路，以及养殖水治理的要求，以高密度、高投入、高污染为主导的养殖模式将逐步被淘汰。如何及时应对国家对野生水生动物的养殖和水生动物进出口政策的变化，以保障生产者利益或提振国内水产品消费市场，需要国家和广东省出台解决方法。

（四）水产行业发展存在的机遇

一是尽管疫情持续，但影响在减弱，全球水产品市场可能逐渐升温，这将拉动中国水产品进出口。其中，共建"一带一路"国家经济的恢复将起到更为积极的正向作用。由于中国疫情控制良好，渔业生产相对全球其他国家和地区已经提前恢复，有利于中国渔业"走出去"。二是国家更加重视以种业为核心的渔业科技创新以及绿色养殖技术，加强渔业科技研究，深入研究水产种业、育种技术、渔业关键装备、资源养护技术、渔业设施研制、渔业生态修复等共性技术研发。基于科技创新的渔业绿色发展模式开始获得青睐，种业以及拥有自主创新能力的苗种企业将获得更好的发展环境。三是加工业、冷链存储及物流业开始发展，包括病毒消杀技术正在开展运用。在缓解生鲜水产品压塘、售难问题上，渔业生产恢复较快省份的做法表明，加工和冷链储存技术对行业的发展起到了关键作用，使水产品临时收储政策能够落到实处。此外，疫情之下的消费者对进口冷冻水产品的需求不断增长。这些产品方便储运、烹饪，也易消毒，并能够助力电商发展，能更有效保障水产品的供给，还有利于提升养殖品种的竞争优势和普及率，顺应了社会发展需求。四是智能化、自动化、物联网技术将在渔业生产链条中获得更广泛的运用。一些设备智能化、自动化程度相对较高的企业能够较好地从疫情中复工复产，将推动智能化技术在渔业中的推广。通过多种现代销售模式实现配送、消费者、供应链、产品的融合，生鲜电商行业将更加欣欣向荣。五是海港经济区建设正在推进。渔业改革创新的一个重点是，建设现代化渔港，推进综合管理改革，发展一批经济与社会效益相互促进的渔港经济区，渔港经济区建设将迎来新的发展机会。

四　发展广州水产业的对策思路

广州要继续以习近平新时代中国特色社会主义思想为指导，深入贯彻落实习近平总书记对广东重要讲话批示指示精神，狠抓渔业产业园建设，实施渔业种业提升工程，启动连片 50 亩以下池塘水治理示范和推广工作，落实绿色养殖"五大行动"，大力推广现代设施渔业，保障"菜篮子"供应，释放观赏鱼产业潜能，加快推动广州渔业发展。

（一）大力推广和发展绿色渔业

践行绿色渔业的理念，吸收现代先进的渔业生产技术和环保手段，大力推广绿色养殖模式，联合金融机构开展广州市智慧渔业管理信息平台建设工作。继续巩固广州已完成连片 50 亩以上池塘水治理工作，进行池塘尾水治理工作，在南沙、增城两区试点的基础上，采取关停、流转、提高的方式加以整治，保证鱼塘排放水质符合国家和广州的治理标准要求，开展全市养殖主产区渔业水域的生态环境和池塘养殖尾水治理后运行情况监测。继续推广现代水产绿色健康养殖模式，提高养殖设施化、机械化、自动化、智能化水平，积极推动出台水产养殖越冬棚补助等设施渔业扶持政策。继续开展国家级、省级健康养殖示范创建活动，支持花都区、番禺区和南沙区申请创建国家级示范县。狠抓产地水产品质量安全，持续开展用药减量行动，健全水生动物疫病防控和疫情预报体系建设，完善水产苗种产地安全检疫检查制度，抽检合格率必须达到98%以上。

（二）落实水生野生动物管理，建设现代渔业产业园

进一步规范水生野生动物人工驯养、经营利用等行政许可管理，争取理顺大鲵、水生龟类等品种经营利用的管理，做好重点水生野生动物品种经营利用标识管理，与林业部门完成交叉管理物种的交接工作。打击使用禁用网具捕鱼以及电毒炸鱼等违法行为，全力维护水域生态环境，保护渔业资源。进一步推动渔业产业园重点项目实施和完善，打造高新养殖技术示范园区的设施基地。加快番禺区名优渔业产业园和花都区现代渔业产业园实施，加大投入力度，尽快解决建设过程中出现的各种问题，推动南沙区和番禺区积极创建国家级产业园。

（三）发展远洋远海渔业，推动渔港建设

要做好发展远洋渔业和缩减近海渔业同步推进，内陆江河捕捞逐步退出，捕捞渔船减船减员安置培训转业，让捕鱼人转化为养鱼人。建议学习外国外地经验，先行先试，争取国家和省市资金投入，开辟深海大型智能网箱养殖新产业。支持打造更大规模的远洋捕捞船队，配套相关设施，开辟国内外水产品市场。升级改造扩建广州两个渔港：莲花山国家级中心渔港和新垦渔港。提升渔港基础设施，扩大公共设施种类和总量，完善渔业综合服务设施和补给设施，为近海远洋渔船提供完善服务，推动形成集休闲渔业、渔业生产、滨海旅游、水产品加工、美食购物等为特色的渔港经济区。

（四）发展优势品种和特色品种，打造水产种业名片

广州水产种业水平要发展 4 个优势品种，即从化流溪娟鱼、增江大刺鳅、花都罗非鱼、南沙鲫鱼。从化区要继续发展壮大流溪娟鱼产业，进一步扩大苗种繁育规模和养殖示范面积。增城区以增江大刺鳅为重点开发品种，着力做好苗种繁育和示范推广，争取打造地方品牌。花都区以脆肉罗非鱼产业联盟为抓手，做好脆肉罗非鱼种苗繁育、产品养殖、加工和销售全产业链融合发展示范模式，打造地方品牌。南沙区充分利用刘少军院士工作站和省级鲫鱼良种场，结合华南师范大学等育种专家团队，打造合方鲫、丰产鲫两个优势新品种，扩大优质鲫鱼养殖规模。从化区和增城区结合优势品种培育，加强建设完善全省独有的两个国家级水产种质资源保护区。在重点发展的 4 个优势品种之外，充分发挥广州市水产种业的基础优势，在加州鲈、卷口鱼、黄唇鱼、三线舌鳎、澳洲淡水小龙虾、马来西亚忘不了、澳洲鳕鲈等一批优质水产品种选育上有所突破。在发展现代渔业的同时，兼具开展珠江及珠江口水生资源的保育及养护的责任和义务。

（五）利用现代技术，发展数字渔业

借助物联网、云计算、大数据以及人工智能等现代信息发展新技术，推动信息新技术和现代渔业的深度融合，推进渔业现代化，推动精准养殖、订单养殖、绿色养殖，全面提高水产品的质量和效益。广泛收集养殖渔业大数据，以此为基础建设广州市渔业大数据平台，采用工具化、流程化、自动化的信息技术手段开展数据采集、处理、分析和综合应用，建设由单品种大数据、质量安全大数据、水产品价格流通大数据、渔业主体信用及保险大数据等构成的渔业大数据综合应用平台。加强数字内容的挖掘以及应用能力建设，强化水产养殖全过程数据采集与模型构建，实现数字化记录和监控，完善水产品市场监测与跟踪制度，加强对水产品市场的分析、预测和研判，实现全产业的安全追溯和精准生产。制定引导性激励政策，鼓励科研机构、企业加大相关软硬件、智能化设备等的研发，将记录数据变得更简单易行，同

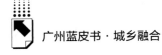

时引导多方投入，降低设备使用费用，发挥一线采集数据的主观能动性。建议搭建南方水产种业大数据中心，汇聚南方各省的优质水产苗种资源和数据，搭建种苗研究、种苗繁育、种苗交易等的数据标准体系，加快"经验育种"向"精准育种"转变，逐步实现定制设计育种。同时，推动建立广东特色水产种苗的繁育标准，探索基于数据的精准选种、育种和育苗规范，打造智慧水产种业繁育示范基地，打通数据鸿沟，建设智能服务平台，引领我国水产种业的发展。推广数字渔场，实现一塘一码，推动鱼塘数字化上云，并建立覆盖全市的水产大数据中心和水产互联网服务中心，实现鱼塘网络化、自动化、智能化的改造，实现基于数据的精准养殖，全面提高养殖效率。补贴具有网络功能的水产养殖机械，鼓励渔业贷款、渔业保险等服务机构参与数字化渔场建设，在评定各类补贴和税收优惠时，都参考大数据中心提供的数据进行评定和核定。

（六）打造交易新业态，提升保险覆盖面

建议以黄沙等水产品交易市场为基地，打造华南水产直播基地，建设水产品直播平台，直通全国买家，打造智慧型线上线下结合的交易平台，建立水产品价格发布机制，建立直通养殖场户的产销对接体系，推动建立订单渔业，多渠道解决水产品供大于求，持续提升养殖户收入。全面扩大水产养殖保险的覆盖范围，推动各大保险公司创新险种，推进"信息科技+水产保险"的结合，充分利用物联网、信息化和大数据等技术，在推动科学养殖和精准养殖的同时，通过数据实现快速理赔和精准理赔，提高理赔效率，并基于数据创新面向水产养殖企业和养殖户的专属金融产品和服务，推动广州渔业产业高效安全发展，探索出可复制可推广模式，向全国输出广州经验。

参考文献

王振忠、任鹏、赵红光等：《中国水产种业发展现状与对策研究》，《中国农业科技

导报》2017年第1期。

农业农村部渔业渔政管理局、全国水产技术推广总站、中国水产学会：《2020年中国渔业统计年鉴》，中国农业出版社，2020。

唐启升、丁晓明、刘世禄等：《我国水产养殖业绿色、可持续发展战略与任务》，《中国渔业经济》2014年第1期。

刘子飞：《中国渔业经济改革逻辑、成效与方向——纪念改革开放40年》，《世界农业》2019年第1期。

李清：《日本渔业资源现状分析》，《世界渔业》2012年第9期。

孙子淇、王传会：《我国海洋渔业资源利用效率研究》，《统计学与应用》2019年第8期。

刘子飞、赵文武：《我国水产养殖40年：改革、成效、问题与对策》（上），《科学养鱼》2018年第12期。

操建华、桑霏儿：《水产养殖业绿色发展理论、模式及评价方法思考》，《生态经济》2020年第8期。

B.7
以农民合作社为抓手，
促进广州乡村民宿集聚发展

邱志军　宋仕友　江彩霞*

摘　要： 在推动乡村民宿高质量发展的过程中，必须充分发挥农民合作社主体作用，为农村集体经济组织与社会资本以及大市场与小农户找到合作共赢的着力点，将政府、村庄、企业、农民和社会资本力量等各方主体有机结合在一起，构建并探索更为紧密的利益联结机制，促进乡村民宿集聚发展。本文通过分析广州市乡村民宿的发展现状，指出存在部门联合监管机制有待加强、民宿经营管理和服务水平有待提高等问题，探讨以农民合作社带动分散民宿集聚发展的重要意义，提出加强顶层设计，完善政策支持体系，加强合作社内部建设，提高运营管理能力，加强标准化管理，提升乡村民宿品牌知名度等对策与建议。

关键词： 农民合作社　乡村民宿　民宿集群

乡村民宿①是乡村产业振兴的重要抓手，是乡村旅游发展的核心推动

---

* 邱志军，广州市社会科学院农村研究所助理研究员，主要研究方向为农村经济；宋仕友，增城区委办信息科一级主任科员，主要研究方向为农村经济；江彩霞，原广州市社会科学院副研究员，主要研究方向为农村经济、城乡融合发展。

① 《广州市关于促进和规范乡村民宿发展的意见》指出："乡村民宿是指利用农村依法建设的宅基地房屋、村集体用房、闲置农房、闲置集体建设用地等资源，加以修缮改造，依托当地自然人文景观、生态环境和生产生活特色，为旅游者体验当地民俗文化提供住宿、餐饮、农副产品展销、休闲度假等服务的小型经营场所。"

力之一，更是推进广州全域旅游的重要支撑和满足新时代人民群众对美好生活向往的重要载体。农民合作社①作为一种独特的农民组织形式，是农户间真正合作的载体，通过农户间的合作与联合，具有带动散户、组织农户、对接企业、联合市场的功能。在乡村民宿发展过程中充分发挥农民合作社主体作用，能够在尊重农民意愿、畅通民意渠道、保障农民合法权益的基础上，协调企业、农民和社会资本等主体的关系，提高专业化、标准化、规范化水平，为农村集体经济组织与社会资本，大市场、大农业与小农户找到合作共赢的着力点，构建并探索更为紧密的利益联结机制，促进乡村民宿的集聚发展。

一　广州市乡村民宿发展现状和特点

近年来，广州市认真贯彻落实中央和广东省关于乡村振兴战略的部署要求，高度重视乡村民宿发展，把发展乡村民宿作为实现农村产业兴旺的突破口和切入点，以满足广大游客日益增长的乡村旅游美好需求为导向，以提高农民收入、改善乡村环境、弘扬岭南文化为重点，努力实现乡村民宿由数量型向质量型、集聚型转变，由低端化向精品化、多元化发展。

（一）民宿需求旺盛，精品民宿标杆引领

广州民宿需求旺盛，精品民宿品牌逐渐形成，成为乡村民宿的标杆。根据小猪民宿统计，2021 年，广州旅行住宿类订单中，周边游占比近六成。2021 年 9 月中秋假期，通过小猪民宿预订中秋期间民宿的订单环比增长近 165%，同比增长约 10%②，2021 年元旦、春节，广州乡村民宿日均开房率达 80% 以上，"一房难求"成为广州乡村精品民宿节假日常态。

2020 年 9 月 27 日，广州市依据《旅游民宿等级划分与评定》等标准要

---

① 《农民专业合作社法》指出："农民专业合作社是指在农村家庭承包经营基础上，农产品的生产经营者或者农业生产经营服务的提供者、利用者，自愿联合、民主管理的互助性经济组织。"
② 资料来源：凤凰网，http://baby.ifeng.com/c/8COu7d5cxIN。

求，按照"小而精、小而美、小而特"的原则，评选出首批十大广州精品民宿（见表1）。其中红棉三星精品民宿2家，红棉二星精品民宿8家，分别位于增城（5家）、从化（2家）、花都区（3家）。增城区吾乡石屋、从化区江埔街菁木山舍民宿分别入选红棉三星级；增城区麦客好客、彼岸云水间酒店、探云田居、麦客和客，从化区西塘田缘花舍民宿、花都区溪云香宿、云山舍、陶舍小隐荣获红棉二星级精品民宿。通过民宿等级评定，有效引导乡村民宿向品牌化、精品化方向发展。另外，从化的"魅力派潭"岭南精品民宿乡韵之旅获2020年"广东魅力乡村精品线路"。

表1 2020年广州首批精品名宿一览

区域	星级	民宿名称	地址
增城区	红棉三星	吾乡石屋	增城区派潭镇邓村村石屋社
从化区	红棉三星	江埔街菁木山舍民宿	从化区江埔上罗村下洞三队33号101铺
增城区	红棉二星	广州市麦客好客精品民宿	增城区正果镇番丰村番丰小学
增城区	红棉二星	彼岸云水间酒店	增城区正果镇九峰路21号
增城区	红棉二星	探云田居	增城区派潭镇汉湖新村一街2号
增城区	红棉二星	麦克和客精品民宿	增城区派潭镇汉湖新村大坝社西二巷2号
从化区	红棉二星	西塘田缘花舍民宿	从化区鳌头镇西塘村一队自编73号首层03
花都区	红棉二星	溪云香宿	花都区花东镇狮前村七溪路1号
花都区	红棉二星	云山舍	花都区梯面镇联民村高百丈路97号
花都区	红棉二星	陶舍小隐	花都区桂花路田美新都花园50栋

资料来源：广州市农业农村局网站。

（二）运营发展模式多样，形式创新

广州民宿的运营发展模式多样化（见表2）。主要有：一是"民宿+度假小镇"集群式打造模式。依托广州从化温泉休闲、旅游度假发展形成的从化温泉民宿属于这种类型。二是整村开发"政引企营"合作模式。广州米埗民宿小镇通过采取政府引导、"公司+农民合作社+村民"的模式，成为从化区首批十大特色小镇。三是"民宿+闲置资源、资产"活化模式。从化菁木山舍民宿将废弃小学改造成精品民宿，激活乡村闲置资产，木匠制作、

乡村美食、稻田游泳、蔬果采摘等丰富的旅游配套产品深受游客欢迎，带动农民就业创收、助力乡村振兴。四是"别墅转化"模式。总部位于广州的"趣墅"品牌，致力于将闲置度假别墅活化利用为休闲度假产品，打造"度假民宿"。截至2021年12月，"趣墅"在广东布局10城30个旅游目的地，活化别墅1200栋。五是"民宿+主题"模式。花都区溪云香宿以"住在芳香里"为主题，选择当地的芳香植物作为客房名称，并将其叶子拓在墙壁上，或者配置相应的香材，让顾客在房间里就能充分感受芳香植物的造型与韵味。

表2　广州乡村民宿创新发展模式一览

序号	民宿发展模式	范例
1	"民宿+度假小镇"集群式打造模式	从化温泉民宿集群
2	整村开发，政引企营合作模式	从化米埗民宿小镇
3	"民宿+闲置资源、资产"活化模式	增城吾乡石屋、从化菁木山舍民宿
4	"别墅转化"模式	广州"趣墅"品牌
5	"民宿+主题"模式	花都溪云香宿、云山舍

资料来源：作者整理所得。

（三）重视产业政策指引

近年来，广州市高度重视乡村民宿发展，将其作为广州乡村旅游高质量发展的新业态。在广州"十四五"规划和2021年政府工作报告中，提出"大力发展乡村旅游、农业旅游、休闲康养、民宿经济等特色产业"、打造"花城人家"民宿品牌等。2018年12月，广州市出台《关于促进和规范乡村民宿发展的意见》，把乡村民宿作为农村产业振兴战略的重要抓手、全域旅游的重要支撑和满足新时代人民群众对美好生活向往的重要载体，将通过一系列资源和政策的支持，让广州乡村民宿旅游发展成为游客心目中岭南文化的代表内容之一。2019年3月，广州市文化广电旅游局印发《广州市民宿旅游发展专项规划（2018—2035）》，提出广州民宿旅游未来将打造3大特色片区、8 大重点发展区以及 20 个标杆示范片区，此外，未来还将形成 50 个最美民宿、100 个网红民宿和 300 个品质民宿等。2020 年 7 月，广州市文化广电旅游局牵头制定的《旅游民宿等级划分与评定》（DB4401/T21—2019）标准成为市级行业标准。另外，从化区、花都区、增城区和番禺区也相继出台了促进民宿业发展的实施意见和开办指引（见表 3）。

表 3　广州市出台的民宿管理政策一览

区域	政策名称	发布/实施时间
广州市	《广州市关于促进和规范乡村民宿发展的意见》	2018 年 12 月 13 日
广州市	《旅游民宿等级划分与评定》（征求意见稿）	2018 年 12 月
广州市	《旅游民宿等级划分与评定》	2020 年 7 月
广州市	《广州市民宿旅游发展专项规划（2018—2035）》	2019 年 3 月
广州市	《广州市关于积极应对疫情影响促进文化旅游产业健康发展的若干措施》	2020 年 3 月 16 日
广州市	《广州市促进文化和旅游产业高质量发展若干措施》	2021 年 7 月 1 日
广州市	《广州市民宿开办指引（试行）》	2021 年 7 月 8 日
从化区	《从化区促进民宿业发展实施意见》	2018 年 9 月 21 日
从化区	《从化区乡村民宿开办指引（试行）》	2020 年 3 月 25 日
花都区	《花都区促进民宿业发展的指导意见》	2018 年 12 月 17 日
增城区	《增城区民宿开办指引（试行）》	2020 年 4 月 1 日
番禺区	《广州市番禺区民宿开办指引（试行）》	2020 年 10 月 29 日

资料来源：作者整理所得。

二　以农民合作社为抓手，促进广州乡村民宿集聚发展的意义

2013 年中央"一号文件"明确了"农民合作社是带动农户进入市场的基本主体，是发展农村集体经济的新型实体，是创新农村社会管理的有效载体"。近年来，广州培育出一批带动能力强、辐射范围广、经营规范的农民合作社。截至 2021 年底，全市共注册登记农民合作社 1597 家，累计培育发

展国家农民合作社示范社 12 家、省级示范社 31 家、市级示范社 65 家。① 广州从化米埗小镇田园生态旅游农民合作社成为全省首家民宿合作社。农民合作社这一农户自发联合与合作的新型组织化载体已成为农业经营领域的一股重要力量，成为国家积极支持和引导、市场接受、农民积极参与的重要农业经营主体之一。在乡村民宿经济发展过程中充分发挥农民合作社主体作用，对于提高村集体经济、农民收入，促进和规范乡村民宿经济发展，实现乡村振兴具有重要意义。

（一）有利于维护农民权益

坚持农民主体地位是经济社会和谐发展的需要，农民合作社是体现农民主体地位的载体，是农民维护自身权益的现实选择。农民合作社可以提升农户（成员）集约化、专业化、组织化、社会化分工协作程度，通过合理有序的农业主体组织化，强化面向农户的组织引领与合作服务，把农户引入集聚发展轨道，使农户不再是"分散"个体而是"统一"有竞争力的整体，进而更好参与市场竞争，提高农户在市场中的话语权，带领广大农民走向共同富裕道路。

（二）有利于统一经营融合互促

农民合作社成员以农民为主体，为成员提供农业生产经营服务，参与经营或提供社会化服务，组织农民"抱团"闯市场。以民宿经营为例，使原本分散的农民不愿干、干不了的事项得以开展，家庭民宿农户个体由分散经营转变为统一经营，形成了家庭分散经营中有集体统一经营参与，集体统一经营中有家庭分散经营贡献的"你中有我、我中有你"的相互融合、渗透和促进的民宿经营新格局。进一步推进规模化、标准化运营，引领农民与乡村开展农事产业做到高质量发展并有机衔接。

---

① 资料来源：广州市农业农村局网站。

（三）有利于构建利益联结机制

农民通过农民合作社参与民宿发展的民主决策和运营，实现收益与社会地位提升。政府通过农民合作社架起沟通各方主体的桥梁，一方面充分了解农户的发展需求，另一方面帮助农户了解国家相关政策，使相关政策得到贯彻落实。企业通过与农民合作社开展合作，与其建立更为紧密的互助互惠关系，让乡村民宿得到专业的经营管理，带动农民就业增收，构建利益联结机制，实现功能互补、共同发展。

（四）有利于规范乡村民宿经营行为

2018 年，中共中央、国务院印发《关于实施乡村振兴战略的意见》，明确鼓励支持乡村民宿，寄望乡村民宿经济在乡村振兴中发挥重要作用[①]。随着乡村民宿增多，经营主体混乱、布局不合理、交通拥堵等问题随之而来，农民合作社可协助各镇政府、街道办事处积极探索，制定简便、有效的实施细则和审批流程，优化服务环境。对区域内乡村民宿的日常运作、餐饮服务、环境保护等方面提出具体管理措施，加强事中事后监管，引导规范经营，促进农民增收和产业发展。

（五）有利于盘活乡村资源要素

乡村民宿是旧有乡愁与新式乡土生活方式相结合的产物，是城市居民充满温馨、眷恋的乡村情感寄托。农民合作社能够在坚持以农民为经营和受益主体的基础上，将乡村民宿与乡村传统村落、农耕乡土文化紧密结合，在满足基本住宿功能、突出自然风光的同时，通过人文情怀的沉淀、积累和提炼，设计历史、文化、研学、亲子游、团建、疗休养等精品旅游

---

① 2017 年 8 月，国家旅游局发布《旅游民宿基本要求与评价》，指出：旅游民宿是指利用当地闲置资源，民宿主人参与接待，为游客提供体验当地自然、文化与生产生活方式的小型住宿设施，包括但不限于客栈、庄园、宅院、驿站、山庄等。其中，根据所处地域的不同可分为城镇民宿和乡村民宿。

产品，让乡村资源要素得到深度开发，实现"全村皆景区、田园是客厅"的美好愿景。

（六）有利于传统村落文化保护

乡村丰富、独特的农耕文化需要像民宿这样的新载体去重新发现、梳理甚至转化、传播，当村落因自身发展日渐凋敝，其文化就没有了可寄托之处。农民合作社作为自愿联合、集体管理的互助性经济组织，在乡村民宿发展中不仅实现了农村集体管理，而且有利于保护好传统古村的独特文化，留住历史记忆。

三　广州乡村民宿发展存在的短板与制约

（一）乡村民宿产业管理体系不完善

一是部门联合监管机制不健全。随着乡村民宿不断发展，部分不法经营者假借互联网新兴业态的概念，将临时性住所冠以民宿、公寓、网约房等名称对外宣传招揽游客，实际上从事的是不规范的旅游经营或出租房屋，并未按照民宿相关规定运营，刻意规避主管部门监管。同时，相关部门对乡村民宿政策和概念的理解不一致，存在规范管理不到位和部门协调难等问题，容易造成执行上的偏差，监管主体对乡村民宿的联合管理机制仍需不断完善。二是政府在产业发展中的补位作用还不到位。政府虽然认识到乡村地区发展乡村民宿的意义，但从目前乡村民宿产业的发展看，仍缺乏科学合理的规划，对其如何发展、实施路径及措施保障等规定都没有进一步明确。三是缺乏行业协会组织引导。由于广州乡村民宿产业起步晚，组织化程度还不高，行业协会组织尚未形成，因而对产业发展中遇到的困难，无法通过行业协会构建起联动的乡村民宿产业市场。

（二）农民合作社运营能力不强

一是管理人才缺乏。农民合作社的牵头人目前大多是一些农村能人和专业户，虽然具有实际经营能力，但视野不够开阔，对与农民合作社有关的法规、政策吃不透，缺少随市场需求而变化的经营管理意识。二是创新能力不强。农民合作社规模小、功能单一、覆盖面窄，项目选择和扩张能力欠缺。品牌意识不强，通过质量认证的农产品合作社较少，缺乏新产品、新技术、新经营模式。三是带动能力不强。部分合作社存在成员少、规模小、低水平发展的情况，部分合作社以"前店后社"的门店形式存在，缺少办公场地，面临经营困难，对农民创收致富的带动与辐射作用不明显。四是内在动力不足。组建合作社的制度设计存在缺陷，最初设计原则是成员自愿入社、自由退社，对成员没有出资或退社的任何约束，可见制度设计不能实现合作社依靠成员出资的紧密利益联结。五是内部管理机制不完善。目前，农民合作社大多是能人带头创立，对财务制度、会计核算规定以及理事会、监事会等机构职责不健全。同时，教育培训机制缺乏创新，还不能通过培训来提高社员技能，使社员真正具备有效履行所应承担的责任的能力。

（三）民宿经营管理和服务水平不高

虽然广州市文化广电旅游局出台了《旅游民宿等级划分与评定》，但除了少数有实力的乡村民宿公司进行整体运营，绝大多数民宿经营者为村民，受制于自身文化水平和服务理念，不能很好执行广州民宿发展地方标准，无论是经营管理能力和服务水平都有待进一步提高。

2020年3月2日，广州市消委会发布了《广州地区民宿行业服务现状调查报告》[1]。根据其2172份样本问卷的网络调查结果，被访者认为广州地区民宿产品与服务存在的问题主要有："设施较简陋，配套不齐全"，占35.7%；"管理不规范，住宿登记有漏洞"，占28.0%；"周边环境差，出行不方便"，占26.4%；"安全防盗不完善，个人隐私性较差"，占26.3%；"服务一般，缺乏特色"，占25.7%（见图1）。可见，广州的乡村民宿需进一步改善配套设施，加强管理规范，提高服务水平。

---

[1] 资料来源：广州市消费者委员会网站。

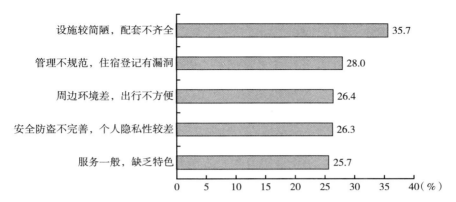

图1　广州地区民宿经营管理与服务水平存在的问题

资料来源：根据《广州地区民宿行业服务现状调查报告》相关数据整理所得。

（四）文化内涵挖掘不够深入

随着传统乡土文化日渐式微，乡村民宿在发展上一味求新、求靓，乡村民宿文化内涵和主题特色不够鲜明，产品体验深度不够，缺乏对具有文化创新性、创造性和创意性元素的深入挖掘，从而导致乡村民宿同质化问题严重，缺乏个性化、特色化产品与服务，建筑风格、服务方式、运营模式等并无明显差异，多地乡村民宿仍存在起点低、重模仿、同质竞争等问题。从目前民宿经营实际状况来看，业态不够丰富，体验感不强，即使是精品民宿也未能摆脱这些弊端，对于农事体验、农业创意、农业生产资源的深度挖掘、整合和利用都明显不足。

（五）集聚化发展程度不高

一是乡村民宿以当地村民"单打独斗式"的开发居多，这些民宿体量较小、呈点状分布，较为分散，集聚化发展程度低、规模小，竞争力不强。二是地方特色不鲜明。除了一些精品民宿，大多数民宿主题不突出、特色不明显，经营内容不丰富。以简单的吃、住、农产品采摘为主，特色餐饮、民宿文化演绎等多业态配套项目不够丰富，同质化问题突出，无法满足游客深层次体验、参与的愿望，品牌形象不突出。

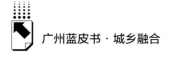

（六）融资能力不强

一是农民合作社自身缺乏市场需求分析、营销策划等市场开拓能力，难以整合产业全链条，创造更多第二、第三产业附加值，盈利能力不足。二是受限经济实力，农户没有更多资金投入合作社，合作社发展无法得到充足的资金保障，只能向金融机构申请贷款，但金融机构贷款需要提交的资料复杂、手续烦琐，加上农民合作社经营规模小、注册资金低、没有实体项目支撑等原因，导致获批的贷款额度低、还款期限短，因而融资能力较为薄弱。

四　广州乡村民宿发展的对策建议

农民合作社和乡村民宿都正处在质量提升的关键时期，广州市政府相关职能部门要按照党中央、国务院决策部署，创新体制机制，加强指导服务，培育壮大农民合作社，充分发挥其在引领乡村民宿产业发展中的积极作用，促进乡村产业振兴。

（一）积极发展多模式乡村民宿，打造乡村民宿集群

通过"农民自愿有偿流转、合作社统一出租、资本下乡办民宿"的模式，走"合作社+农户"的民宿经营路子。积极探索"景区+合作社+乡村民宿""采摘+合作社+乡村民宿""餐饮+合作社+乡村民宿"等发展模式，延伸产业链条，持续拓宽合作社和村民增收渠道。通过合作社与景区及采摘、餐饮等联盟品牌建立战略合作关系，为乡村民宿提供规划、设计、运营、品牌打造等一站式服务，全力提升民宿经营管理水平和品牌影响力，进一步规范管理、抱团发展，打造乡村民宿集群。探索成立乡村民宿农民合作社，建立民宿创客空间，积极引导在外青年劳动力回乡创业就业，催生一批新型经营主体（如农家乐、旅游商品加工等），使农村闲置资源成为壮大农民合作社、促进农民增收的"新源泉"。

（二）以乡村旅游为核心，丰富乡村民宿业态内涵

以民宿产业作为乡村振兴的突破点，拓展"民宿+"，发挥农民合作社带动作用，搭好"民宿+旅游"框架，大力培育特色旅游民宿，打造乡村振兴"产业链"，拉动产业和服务双链条向"游、娱、养、购、吃、住"延伸。以乡村旅游为核心，鼓励发展具有民俗风情、地域或历史价值的农业特色小镇，建设有品、有景、有韵的美丽村庄。挖掘农村乡土文化、青山绿水以及田园风光等资源，发展旅游观光、养生养老、休闲度假、农耕体验、创意农业等不同特色的乡村民宿。策划并打造特色民宿进行典型示范，精心打造一批集生态农业、休闲观光等产业为一体的生态艺术生活社区。打造乡村特色"艺术+"生活社区，融合旅游、文化、教育、康养进行产业布局，打造公益书吧区、艺术酒店区、艺术休闲商业区、特色餐饮区等区域，以民宿为突破点，营造一个新经济、新产业的乡村旅游目的地。

（三）提高乡村民宿组织化程度，构建利益联结机制

建立健全利益联结机制，激发农民在乡村振兴中的主体意识，有效整合资源，推动民宿经营有序引流、资源共享。支持社会各界人士返乡创业开办民宿，鼓励乡村有意愿的组织或者个人改造现有住房或租赁民房开办民宿，村民变管家，与村民形成利益共同体，实现二次创业。构建合理的利益分配机制，实现收益共享、发展共赢。通过组织模式、经营方式和产权关系创新，采取"保底收益+按股分红"等形式，保障农民在民宿发展中的切实利益，让村民成为乡村民宿发展的直接参与者和受益者，探索出一条乡村民宿产业高质量发展的新路径。

（四）完善建设乡村民宿的政策支撑体系

一是落实农业龙头企业、农民合作社等各类市场主体建设乡村民宿的相关税收优惠政策。二是制定乡村民宿发展整体规划，以科学的规划引导乡村

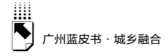

民宿有序发展。三是充分发挥农民合作社主体作用，结合乡村振兴战略，在市场准入、土地利用、手续审批、金融贷款、奖励资金、专业管理人才培养等方面不断创新，统筹推进"放管服"改革，为乡村民宿各方主体提供有利于规范发展的政策保障体系。

（五）创新融资手段，强化金融服务

一是鼓励金融机构支持乡村民宿发展，开发民宿贷等金融产品，在乡村民宿平台建设、专业技术人才引进及培训等方面提供普惠性支持。二是支持合作社承担涉农项目，推动财政项目补助形成资产转交合作社持有和管护，建立健全财政担保基金制度、农业保险机制和预警机制。三是创新形成以奖代补、贷款贴息等多元化的新型资金支持方式，从民宿建设投资额、民宿等级评定、民宿接待量等多维度进行配套资金奖励，加强对补贴资金流向及使用的监管。

参考文献

董亚：《基于管理学的新型农民合作社高质量发展探索》，《中国农业资源与区划》2021年第10期。

廖小静、邓衡山、沈贵银：《农民合作社高质量发展机制研究》，《南京农业大学学报》（社会科学版）2021年第2期。

刘后平、张荣莉、王丽英：《新中国农民合作社70年：政策、功能及演进》，《农村经济》2020年第4期。

尤琳、魏日盛：《"村党支部"＋"合作社"产业扶贫模式：运行成效、实践困境与政策建议》，《中国矿业大学学报》（社会科学版）2020年第1期。

王忠林：《以"空壳社"清理行动为契机 促进农民专业合作社规范化发展》，《农业经济与管理》2019年第4期。

唐丽桂：《农民专业合作社发展中的不规范现象研究》，《重庆社会科学》2019年第2期。

向红霞、杨孝伟：《农民专业合作社在产业链延伸中的地位及发展对策》，《商业经济研究》2018年第8期。

王海南、杜晓山、宁爱照：《农民专业合作社发展与乡村振兴战略研究》，《农村金

融研究》2018 年第 2 期。

赵晓峰：《信任建构、制度变迁与农民合作组织发展——一个农民合作社规范化发展的策略与实践》，《中国农村观察》2018 年第 1 期。

徐旭初、吴彬：《异化抑或创新？——对中国农民合作社特殊性的理论思考》，《中国农村经济》2017 年第 12 期。

黄宗智：《中国农业发展三大模式：行政、放任与合作的利与弊》，《开放时代》2017 年第 1 期。

综合研究篇
Comprehensive Research

B.8
广州农村居民收入比较分析与对策建议

广州市农业农村局调查课题组*

摘　要： 农民问题的核心是收入问题，促进农村居民收入较快增长是解决"三农"问题的根本。2021年，广州农村居民人均可支配收入增幅已经连续14年快于城镇居民。同时，在比较中清楚看到，广州农村居民收入在珠三角城市中不占优，与全国GDP前十城市相比居于前列，在国内一线城市中广州排第二，未来广州要继续保持农村居民收入较快增长面临的压力肯定不小，为此，要坚持改革与创新并举，多谋增收之策。本报告提出加快农村保险市场发展、壮大村集体经济、盘活农村"三块地"、促进农民转移就业、完善联农带农利益联结机制及大力发展富民兴村产业六大政策，全力推进广州农村居民收入长期保持较快增长。

---

* 课题组组长：李世通，广州市委农办主任、市农业农村局党组书记、局长；副组长：李彬，广州市农业农村局副局长。成员：严全文，广州市农业农村局农村社会事业处处长；张立耀，广州市农业农村局农村社会事业处二级调研员；陈嘉杰，广州市农业农村局一级主任科员；李颖杰，广州市农业农村局农村社会事业处四级主任科员。李日红，国家统计局广州调查队农业农村调查处处长。莫应安，广州市委办公厅综合三处一级主任科员。执笔人：严全文、李颖杰。

关键词： 农村居民收入　区域比较　农村保险市场　转移就业

为深入了解广州农民收入现状及存在问题，根据广州农业农村系统乡村振兴"大学习、深调研、真落实"工作安排，2022 年 2 月 12～18 日，由广州市农业农村局主要领导及分管领导带队，会同市有关单位，赴广州市增城、花都、从化、白云、南沙、番禺、黄埔 7 个涉农区开展促进农民增收调研。调研团队通过实地走访、与干部群众座谈、发放问卷等方式，重点对 7 个镇、15 条村、75 名农户代表进行了深度调研，详细了解了当地农民收入现状、存在问题及主要做法等情况，同时书面调研了东莞市、佛山市促进农民增收工作情况，并进行了比较分析①。

一　广州农民收入基本情况

（一）农民收入连年快速增长，水平尚需提高

2021 年，广州农村居民人均可支配收入 34533 元，同比增长 10.4%，连续 14 年快于城镇居民收入增幅（8.9%），继续保持稳定增长势头。但与珠三角八大城市相比，2021 年，广州农村居民人均可支配收入位居广东省第四，比排名最高的东莞低 8655 元；与全国 GDP 前十城市相比，2021 年广州农村居民人均可支配收入排在第四位，与杭州、苏州相比分别相差 8159 元、6954元；再与国内一线城市相比，广州排名第二，与排在首位的上海相差 3988 元。

1. 广州农村居民人均可支配收入在珠三角城市中位居第四

2021 年，珠三角八大城市（深圳无农民，除外）农村居民人均可支配收入从高到低依次为东莞（43188 元）、中山（41750 元）、佛山（37067

---

① 本报告数据（包括图、表）为广州市统计局、广州市农业农村局等网站发布数据以及调研获取数据整理形成。

元）、广州（34533）、珠海（34394 元）、惠州（27580 元）、江门（23376
元）和肇庆（22689 元）。2021 年广州农民人均可支配收入位居全省第四，
比排名最高的东莞低 8655 元、比排在第五的珠海高 139 元（见图 1）。

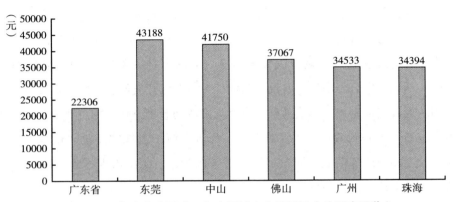

图 1　2021 年广东省及珠三角主要城市农村居民人均可支配收入

从农村居民人均可支配收入的年均增速来看，2015~2021 年，广州农村
居民人均可支配收入年均增长达到 10.2%，比广东省平均增速（8.9%）高
出 1.3 个百分点，在珠三角八大城市（深圳无农民，除外）中居于首位，
高于东莞（10.1%）、惠州（9.7%）、中山（9.4%）、江门（9.2%）、佛山
（9.0%）、珠海（9.0%）和肇庆（8.4%）（见图 2）。

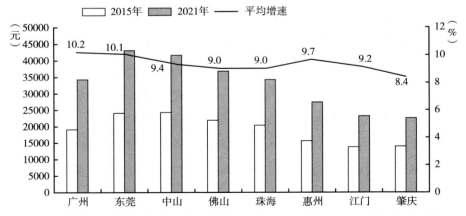

图 2　2015~2021 年珠三角主要城市农村居民人均可支配收入的年均增速比较

2. 广州农村居民人均可支配收入在全国 GDP 前十城市中位居第四

对 2021 年全国 GDP 前十城市农村居民人均可支配收入进行比较，从高到低依次为杭州（42692 元）、苏州（4148 元）、上海（38521 元）、广州（34533 元）、北京（33303 元）、南京（32701 元）、成都（29126 元）、天津（27955 元）、武汉（27209 元）、重庆（18100 元）广州排在第四位，与杭州、苏州、上海分别相差 8159 元、6954 元、3988 元（见图 3）。

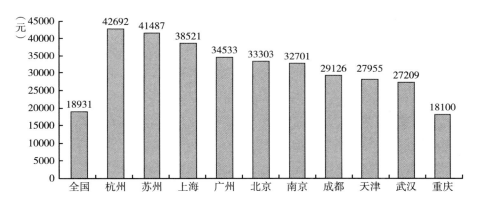

图 3　2021 年全国 GDP 前十城市农村居民人均可支配收入比较

3. 广州农村居民人均可支配收入在国内一线城市中排名第二

与国内一线城市相比较看，2021 年上海、北京、天津和重庆农村居民人均可支配收入分别实现 38521 元、33303 元、27955 元和 18100 元，广州实现 34533 元排名第二，与首位的上海相差 3988 元（见图 4）。

从农村居民人均可支配收入年均增速看，2015～2021 年，广州农村居民人均可支配收入年均增长达到 10.2%，增速居五大城市首位，比天津、北京、上海、重庆分别高出 3.0 个、1.8 个、1.4 个和 0.7 个百分点（见图 5）。

（二）城乡居民收入水平差距明显缩小，但绝对差值在扩大

近年来，广州城乡居民收入差距逐步缩小，城乡居民收入比从 2015 年

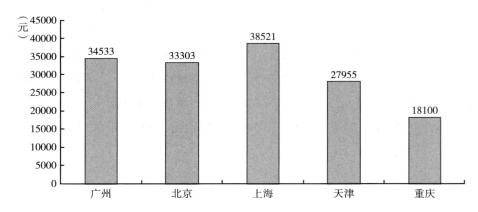

图4 2021年国内一线城市农村居民人均可支配收入情况

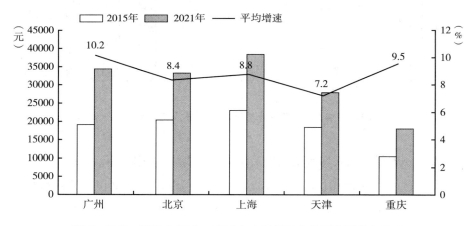

图5 2015~2021年国内一线城市农村居民人均可支配收入情况

的2.42下降到2021年的2.15，但城乡收入绝对值差距进一步拉大，从2015年的相差27411元扩大到2021年的39883元。

2021年，与全国GDP排名前十位城市相比，广州城乡居民收入比（2.15）优于北京（2.45）、重庆（2.40）、南京（2.25），但高于杭州（1.75）、成都（1.81）、天津（1.84）、苏州（1.85）、武汉（2.03），与上海（2.14）基本持平（见表1）。

表 1   2021 年全国 GDP 排名前十位城市城乡居民收入比情况

地区	全国	杭州	成都	苏州	武汉	上海	广州	南京	重庆	北京	天津
城乡居民收入比	2.50	1.75	1.81	1.85	2.03	2.14	2.15	2.25	2.40	2.45	1.84

在珠三角五个主要城市中，广州城乡居民收入差距最大，其城乡居民收入比（2.15）高于中山（1.44）、东莞（1.48）、佛山（1.70）、珠海（1.87），是全省地级以上市中唯一比值高于 2 的城市（见表 2）。

表 2   2021 年广东省及珠三角主要城市城乡居民收入比

地区	广东省	中山	东莞	佛山	珠海	广州
城乡居民收入比	2.46	1.44	1.48	1.70	1.87	2.15

（三）工资性收入是农民收入最主要来源，财产净收入待挖潜

2021 年，广州农村居民收入"四大构成"中，工资性收入 25372 元，占比最重，占 73.47%，是农民收入的主要来源，近年来占比基本稳定在 70% 以上；家庭经营净收入 3926 元，占比第二，占 11.36%；财产净收入 3336 元，占 9.66%；转移净收入 1900 元，占比最低，占 5.5%（见图 6）。截至 2021 年底，广州农村集体资产总量达 2791 亿元，约占广东省的 1/3，体量庞大，资产转化为农民的资金收入还有很大潜力可挖。

（四）区域发展不平衡，"南北"差距大

广州各区中，南部番禺、南沙农民收入分居广州市前两位，北部从化、增城居全市倒数后两位。最低的从化不到最高的番禺的 6 成，差值超过 2 万元。同时，还有相当一部分村集体经济薄弱，造血功能不足。最高的番禺区的村集体经济总收入是最低的从化区的 28 倍；广州村集体经济经常性收入在 50 万元以下的村还有 200 多个，占比 20.63%，绝大部分集中在北部的增城、从化。

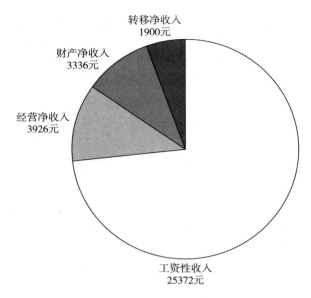

图6 2021年广州农村居民收入构成情况

二 广州促进农民收入持续稳定增长的主要成效

近年来,广州牢固树立以人民为中心的发展思想,把促进农民增收作为"三农"工作的中心任务来抓,围绕农民收入"四大构成",强产业、稳就业、添活力、固基本,多点发力,多措并举,促进农民收入持续稳定增长。

(一)都市现代农业快速发展拉动农民经营净收入持续增长

一是夯实农业基础。2021年,广州农业总产值550亿元,比2016年增长25.85%。现代农业的快速发展为增加农民务农收入奠定了坚实基础。二是厚植产业底盘。截至2021年底,广州累计创建1个国家级、22个省级现代农业产业园,带动农户近7万户,带动周边农户增收20%以上。三是做强联农主体。广州累计培育市级以上农业龙头企业330家、农民合作社1601

家、家庭农场 559 家，通过土地租金、工资报酬等带动农民户均增收 4000 多元。

（二）扩大就业空间是农民最稳定也是最主要收入来源

一是技能培训持续加强，提升农民就业能力。广州深入实施"粤菜师傅""广东技工""南粤家政"三大工程羊城行动，加快推进"乡村工匠"工程。每年培训"粤菜师傅"4500 多人次、"乡村工匠"不少于 1000 人，补贴性职业技能培训 40 万人次以上，建设市级家政服务基地 10 家、区级 30 家。二是美丽经济加快发展，增加农民就业机会。乡村振兴战略实施有力有效，助推乡村美丽经济蓬勃发展，带动农村劳动力就业创业。创建全国休闲农业重点县 1 个、中国美丽休闲乡村 4 个、省级休闲农业与乡村旅游示范镇（点）30 个、省级乡村民宿示范镇 1 个。三是农村新业态方兴未艾，开辟农民就业新渠道。大力发展农村电商、观光休闲旅游等经济新业态，为农民创造新的就业岗位。2021 年，广州共培育建设农村电商基层示范站 135 家、返乡创业基地 2 家、省级农村电商产业园 1 家。

（三）农村改革不断深化激活农民财产收入

一是广州土地流转增加农民租金收益。截至 2021 年底，广州流转农村经营承包地约 100.1 万亩、占农民承包地面积的 65.1%。承包地流转租金及各级补助成为农民重要财产收入来源。二是农房"住"变"营"增加农民房产收益。随着美丽乡村经济迅猛发展，部分农民将闲置房屋出租或自营民宿，带来可观房产收入。三是集体经济壮大增加农民股金收益。2021 年，广州村集体总收入 372 亿元，用于分红 173 亿元，人均分红 4500 元。

（四）惠农政策有效落实保障农民转移收入稳定

一是广州各项农业补贴补偿政策落实到位且力度不断加大。耕地地力保护补贴、种粮大户补贴、生态公益林保护补偿等各类补贴补偿政策有力落实，平均一亩耕地各项补贴补偿合计超过 1000 元，最高可达 2300 元。二是农业保险有效地保障农民务农收入。近年来,广州农业保险实现主要农产品全覆盖,农业保险深度接近 1.1%。三是农村社会保障不断完善。养老保险制度实现城乡居民全覆盖,基础养老金提高到 237 元/月。最低生活保障制度实现城乡一体,保障标准提高到 1120 元/月。

三　广州促进农民收入持续增长存在的问题与深层分析

(一)产业不发达是制约农民增收的主要障碍

一是北部地区产业基础弱。产业振兴是乡村振兴的前提和基础,没有产业,农民就失去了最主要的收入来源。从调研的白云区白土村、从化区珊瑚村、南沙区民兴村情况来看,村民年收入平均不到 21000 元,原因主要是村周边缺乏产业项目,调研的增城区上九陂村有 42.44% 的适龄劳动力无法就业。二是农业产业链条短。农业天然的弱质特性和比较效益劣势,严重局限了农民对产业链增值收益的分享。三是农村高端工作岗位少。从调研的情况来看,在实现转移就业的农民中,绝大部分农民都是到周边酒店、工厂、农家乐从事安保、清洁等工作,这些工作收入不高、稳定性不强。

(二)就业不充分是影响农民增收的关键所在

一是就业渠道窄。2020 年广州农村劳动力资源普查显示,增城区全部农村劳动力中,初中及以下学历占 63.7%,中专高中学历占 27.2%,大专及以上学历仅占 9.1%。农民因自身学历、技能、素质不高等原因,可供选择的就业机会不多,难以实现高质量就业。二是"一老一少问题"牵制。从调研的情况来看,一个典型的农业 6 口之家,4 个劳动力中,通常有 2 个劳动力闲置。主要原因是农村生活性服务业匮乏,婴幼儿托育、老人照料体系不健全,适龄劳动女性中有近 1/3 的人全职在家照顾小孩或老人,无法从事劳动生产。三是创新创业意识不强。受自身能力、资本限制,农民自主创业能力不足。同时还有部分青壮劳动力就业意愿不强,高不成低不就。调研显示在未就业农民中,有高达40%的适龄劳动力宁可赋闲在家、无所事事,也不愿外出就业。

(三)财产权利不完整是束缚农民增收的重要原因

一是农民承包地处分权难落实。根据现行相关法律法规,农民拥有对承包地的占有、使用、收益、流转及承包经营权抵押、担保权能,允许以承包经营权入股发展农业产业化项目。但现实中,农民承包地的抵押、担保权能较难实现。从调研的情况来看,广州承包地流转基本以出租为主,农民仅取得固定租金收入,将承包地流转用于入股、抵押、担保的情况极少。同时,土地目前还是农民赖以为生的重要生活来源,附着在土地上的社会保障功能抑制了土地本身的生产要素属性。二是宅基地用益物权存在制度缺陷。法律规定农民不拥有宅基地的所有权,只能通过出租实现房屋的财产收益,而不能像城市居民一样通过外部流转获取更大收益。三是集体建设用地"入市难"。作为村集体最重要资产,一方面集体留用地存在"欠账"的情况,有指标但落地难。调研中,花都区炭步镇鸭湖村反映村里有部分留用地一直未落实到位,对村集体经济发展存在一定影响。另一方面集体经营性建设用地直接入市在现实中存在多重障碍,从而影响农民财产分红。

(四)农村公共服务不完善是掣肘农民增收的隐性因素

一是农村社会保障水平不高。农村居民养老保险、医疗保险制度虽然实现全覆盖,但保障水平不高,农民因养老、治病开支抵消了收入增加。根据调研掌握的情况,目前农民每月可领退休金集中在400~1000元,与城镇职工养老保险待遇差距巨大,同时还有部分村民未参加养老保险。二是农村教育水平落后。教育是阻断贫困代际传递和防止阶层固化的最有效手段,是影响农民未来增收的重要潜在因子。三是农村医疗、卫生、文化、体育、劳动就业等其他公共服务体系不健全,制约农村社会、经济发展,对促进农民增收构成潜在的不利影响。

四 广州促进农民收入持续增长的对策建议

（一）大力发展富民兴村产业

一是要加快都市现代农业发展。实施"穗农优品""穗农强链"行动，高水平打造"1+6"都市现代农业产业链，壮大农业主导产业；调整优化农业产业结构，依托当地资源优势，大力发展特色种养；推进"一村一品、一镇一业"特色专业镇、村建设，稳住农业"基本盘"，稳定农民农业生产经营收入。二是引导产业有序梯度转移。优先向发展基础好的镇、村布局重大基建、重大民生、重大投资项目，推动新兴产业向镇集聚，提升乡村产业发展能级。三是推进第一、第二、第三产业深度融合发展。挖掘乡村多元价值，拓展农业多种功能，推进农业与加工、文化、旅游、康养等产业深度融合，大力发展田园养生、研学科普、农耕体验、民宿康养等乡村休闲农业新业态，打造绿色生态乡村振兴产业链。

（二）完善联农带农利益联结机制

一是打造联农载体。突出发挥现代农业产业园联农带农作用，探索从财政投入中安排一定比例资金折算为村集体资产入股园区产业化项目参与分红。在认定省级产业园时，把带动农民增收作为评价"硬指标"。二是做强联农主体。做大做强农业龙头企业、农民专业合作社、家庭农场等新型农业经营主体，培育一个，带动一片。三是强化联农导向。鼓励支持农业企业招收本地农民就业，将农业企业吸收本地农民就业、带动农民增收作为评先推优以及安排农业项目与资金的重要评价指标，引导农业经营主体与农民建立紧密、稳定的合作关系。

（三）促进农民转移就业

一是增强农民就业本领。加强农民转移就业培训，持续实施"高素质农民"培育工程，深入推进"粤菜师傅""广东技工""南粤家政"三项羊城行动，加强乡村工匠实用技能人才职业教育，提升农民就业本领和就业质量。二是促进农民充分就业。开展充分就业村创建，确保有劳动能力和就业意愿的农村"零就业"家庭至少有一人获得工资性收入。三是加强公益性岗位供给。加大农村公益性岗位开发力度，结合村庄环境长效保洁、公共设施管理维护、农村社会管理服务等工作，开发一批乡村保洁员、水管员、养老护理员、护路员、生态护林员等公益性岗位，优先安排低收入农户就业。四是拓宽农民就业渠道。发展乡村美丽经济，大力发展乡村旅游、农村电商、网络直播等农业新经济、新业态、新模式，为农民就业创造新岗位、开辟新渠道。

（四）盘活农村"三块地"

一是搞活农村承包地。审慎稳妥推进土地承包经营权担保、抵押试点，在此基础上，探索土地经营权入股，以"折股联营""入股经营""合作经营"等方式，获得农业产业化经营增值收益，改变单纯收取"地租"模式。二是激活农民宅基地。采取直接出租、入股、"出租+入股"等多种方式，开发用好处于"休眠状态"的农民闲置宅基地；试点宅基地有偿退出和跨村交易。三是用活集体建设用地。加快解决留用地历史"欠账"，推动指标落地、项目落实、收益"落袋"。鼓励在园区、人口集聚区等实行异地集中落地。

（五）壮大村集体经济

一是升级改造村级工业园。盘活低效土地厂房，降低物业闲置率，推进集体产业转型升级。二是增强集体经济组织实力。支持农村集体经济组织兴办实体，承接政府购买的基础设施和公共服务项目；优化投资，发展稳健投资型经济，通过信托投资形式参与园区开发、城市更新等优质重点项目建设，提高集体非出租类收入比重。三是深入推进"千企兴千村"工程。优化营商环境，引导工商资本到乡村投资兴办农民参与度高、受益面广的乡村

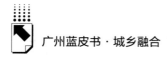

产业，为农民创造更多就近就地就业门路。继续实施市领导挂点实施的"千企兴千村"工程。

（六）加快农村保险市场发展

一是完善城乡居民基本养老保险。持续扩大养老保险参保人群覆盖率，降低农民可享受退休金年龄，不断提高待遇保障水平；鼓励集体经济组织对本经济组织的参保人员给予缴费补助；引导现有劳动年龄段的农村居民尽可能参加城镇职工养老保险。二是创新补贴补偿方式。在发放各类政府补贴补偿金时，引导农民优先将补贴补偿款用于购买各类保障性保险，获得长期稳定收益。三是大力发展农业保险。把农业保险作为支持农业发展和农民增收的重要手段，创新农业保险服务，拓宽涉农保险服务领域，探索农产品完全成本保险和收入保险。进一步完善农业保险政策，加大政策性农业保险保费补贴资金保障力度，推动涉农保险扩大保险覆盖面、增加保险品种、提高保障标准。

参考文献

王通林：《在全面变革中再创三农事业新辉煌》，《农村工作通讯》2021年第18期。

邹一南：《全面小康背景下促进农民持续增收的问题与对策研究》，《农业经济》2021年第1期。

孙良、张颖：《完善创新机制 促进农民增收》，《中国农业会计》2020年第1期。

孙永朋、王美青、于祥龙等：《新时期浙江农民持续增收的若干思考》，《浙江经济》2019年第21期。

王洪波、谢正飞、曹刚：《促进农民持续较快增收路径思考》，《江苏农村经济》2018年第12期。

李伟：《农民增收问题研究综述》，《经济研究参考》2017年第66期。

B.9
发展广州新型集体经济，
推进城乡共同富裕

胡晓群　郭艳华　阮晓波*

摘　要： 新时期以来，以农村集体产权制度改革为突破口，广州市全面推进集体资产量化确权、塑造市场主体地位、建构包容性分配秩序和完善"三资"监管体系等，使集体经济发展摆脱资产沉寂、效率不彰的沉疴，形成以赋权予能、股份合作、市场发展为特点的集体成员治权和合作成员财产权相互兼容的新型集体经济制度模式，产生了广泛的社会经济影响。然而，广州农村集体经济还存在区域不均衡和支持不足并存、集体产权单一和产权瑕疵并存、集体社会事务繁杂和税负高企并存、产业用地难和留用地兑现难并存、集体经济发展渴望和农村能力市场缺乏并存等矛盾，极大束缚了新型集体经济的发展。新时期，广州需要科学界定农村集体经济发展定位，探索集体经济有效实现形式并形成与新型农业经营体系相互促进，切实增强内生能力建设，持续优化集体经济发展环境，并围绕集体经济发展短板，加大创新政策支持力度。

关键词： 新型集体经济　共同致富　农村和社区治理　资源集约利用

---

* 胡晓群，广州市社会科学院农村研究所副所长，研究员，主要研究方向为农业经济；郭艳华，广州市社会科学院农村研究所所长，研究员，主要研究方向为乡村振兴；阮晓波，广州市社会科学院农村研究所研究员，主要研究方向为农村发展。

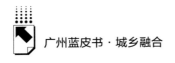

一 广州农村集体经济改革举措：以产权制度改革为突破，全面建立新型治理体系

习近平总书记在党的十九大报告中指出，要深化农村集体产权制度改革，保障农民财产权益，壮大集体经济。2018 年 9 月，习近平总书记在主持中共中央政治局第八次集体学习时强调，要把好乡村振兴战略的政治方向，坚持农村土地集体所有制性质，发展新型集体经济，走共同富裕道路。广州市社会科学院课题组赴天河、增城、番禺、白云区等地对农村集体经济改革发展和集体经济治理体系建设进行了深入调研。

（一）尊重历史、回应关切，确立包容性集体经济产权制度

通过全面清产核资，村民共商共议，广州各村集体核定了集体经济组织成员，实现"确权到人、颁证到户"。特别地，本次改革建立了基于历史继承性的包容性集体股权设计。由于广州许多村集体处于城镇化浪潮中，成员身份快速变化，为厘清集体成员身份，首先，设置"成员股"，即集体经济的基本成员既享有集体股权，又享有集体事务管理权。其次，尊重集体经济发展的历史继承性，在成员股之外设置具有财产权属性的"社会股东"，番禺区大龙街新水坑村即采取这种股权设置。对于已经改制为公司的集体经济组织，其股权设置更为复杂，除了"成员股"，还设置了"合作股""劳动力股"（以下统称"合作股"）等，这种股权结构既照顾城市发展进程中集体成员因身份变化而产生的财产权诉求，又不违反集体经济成员因资格权而派生的治权要求，显示了极大的包容性，与市场化趋势快速变化相耦合。

（二）量化确权、股份合作，建构农村集体经济新型治理结构

在上级党委、政府支持和村民们共同努力下，在民主选举基础上，各村集体均成立了经济社或者联合社，并制定了章程，选举产生了成员代表大会、理事会、监事会等法人治理结构，完善了相关管理制度，形成了集体经

济治理体系，理事会、监事会和社员大会各司其职，为集体经济可持续发展奠定了基础。在某区某镇，通过改革将村集体不同类型的股权量化确权到人，先后建立了 32 个股份经济联合社、231 个股份经济合作社，总共 263 个农村集体股份制经济组织，理事会、监事会和成员大会均确立了议事规则，规定了重大事项决策及其程序①。有些已经改制的村集体，在经济联社基础上组建了经济发展有限公司，形成了以经济联社"人合"属性和市场化公司"资合"属性两类组织相互协调发展的格局。

（三）赋权予能、特殊法人，塑造集体经济市场主体地位

长期以来，农村集体经济组织的法律地位不清晰。2020 年，《中华人民共和国民法典》正式颁布施行，赋予了集体经济组织"特殊法人"地位。为此，在改革过程中，广州各地围绕集体经济组织赋权予能，渐次形成了规范集体经济发展的标准化管理办法。首先由农业管理部门进行了统一的赋码登记，然后由公安部门开刻公章，再由商业银行开设统一的银行账户，并与税务部门协调开具统一的合作经济组织发票，形成了涵盖不同职能部门的一体化、规范化、标准化的管理办法，为其成为平等的市场主体奠定法律基础。

（四）农户集体、分配有序，建设包容性分配机制

在股权量化基础上，集体经济普遍建立了兼顾集体经济成员户、集体和没有表决权的"合作股""劳动力股"股东的利益分配机制，形成包容性分配秩序。一般来说，各地集体经济组织均会计提公积金和公益金，计提比例从其章程规定，比例大致在 30%~40%②。调研也发现，极个别村集体由于分红负担较重，则没有计提。这种包容性分配秩序让村集体具有一定的公共服务能力，既对村集体社会事务发挥了主导作用，又坚持了集体经济属性，

---

① 资料来源：课题组调研数据。
② 资料来源：相关村庄村集体经济章程。

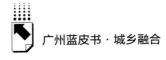

让村集体成员保持对集体经济组织的向心力，同时确保非集体成员股东的财产权，各美其美、美美与共。

（五）财务透明、三资监管，开展农村集体经营活动监管

目前，为了确保财务公开透明，让集体成员对各项支出了然于胸，村集体都建立了公正、透明的财务秩序以及财务报告制度。一些村集体还实行财务托管，如某区某街社区的农村集体经济组织，全部实现"村财务街代管"，由村集体委托街农村集体财务结算中心开展财务会计核算、资金管理工作。为了杜绝内部人员控制和进行内部交易，目前广州市全面推进集体经济"三资"平台建设，大大提升了交易效率。以某区某街为例，所辖12个行政村，从2013年11月至2021年5月共计完成交易2544宗，总成交额达49.49亿元，平均溢价率达到22.34%。类似的，某区某镇交易平台也溢价明显，从2013年1月到2021年5月，经由交易平台的交易总额达42.09亿元，溢价金额为6.42亿元，平均溢价率达到18.0%①。目前，商铺、土地、厂房等集体资产资源租金收入，交易形式均实行了现场公开竞投方式，对于确保集体经济交易的公正、公开，促进集体经济治理体系完善具有重大意义。

二 新时期广州农村集体经济改革的社会经济影响

广州农村集体经济发展壮大产生的社会经济效应广泛而深远，对于新时期促进共同致富、完善农村和社区治理、推进资源集约利用和推动产业创新均具有重大意义。

（一）制度效应：为民生兜底和共同富裕奠定制度基础

习近平总书记强调，现代社会已经进入大经济、大生产的时代，就要更

---

① 资料来源：调研组调研数据。

加重视整体的经济功能效益；一个地方的经济工作，上下左右要形成一个整体；我们应提倡"经济大合唱"。"经济大合唱"得有总指挥，要讲协调，讲配合。① 多年来，全国很多地方乡村经济在大合唱方面做得不够好，"分"的积极性充分体现了，但"统"怎么适应市场经济、规模经济，始终没有得到很好解决。充分发挥市场在资源配置中的决定性作用和更好发挥政府作用，明确农村集体经济组织市场主体地位，完善农民对集体资产股份权能，促进集体经济发展和农民持续增收，成为当前推动农村综合改革、促进农村共同富裕的重要方向。改革中，广州市各村集体以明晰农村集体产权归属、维护集体经济组织成员的权利、推进集体资产集约利用为重点任务，发展多样的、包容的集体经济有效实现形式，既壮大了集体经济，又增加了农民收入，对巩固党的执政基础具有重大意义。广州市某中心区某村，集体成员已经没有了耕地等生产资料，但是村集体年终分红和土地集体所有基础上的房屋出租收入，成为村民们收入的重要来源。特别是村集体收入增加了，经由村集体公共服务的转移支付，对村民再次形成分配效应。又如，某区某村村民医疗支出由村集体报销，村集体经济发展对于村民们享受公共服务，发挥了独特而重要作用。对于未来，村民们都希望集体能发展壮大，带动大家共同富裕。

（二）治理效应：是推进乡村治理创新的重要路径

一是有利于村党支部发挥引领作用。集体经济发展对强化基层党组织的政治功能、服务功能、发展功能，建立以党组织为核心的农村基层治理体系，形成以党组织为引领、各方参与共治的治理新格局，产生了积极影响。增城区新塘镇在本轮农村集体经济改革进程中，提出凡涉及村级重大事务和农民切身利益的重大事项，应提交党组织讨论，并纳入"四议两公开"的决策程序，规定"资金、资源、资产问题必须议""发展关键问题必须议"

---

① 转引自程恩富等《壮大集体经济要处理好"统""分"关系》，《北京日报》2018年4月23日。

"热点难点问题必须议""涉及村民村集体重大利益事项必须议",最后决议公开、实施结果公开。该决策程序取得了良好效果。二是建构了集体经济包容性治理机制。农村集体经济经历了很长的发展过程,集体经济成员变动频繁,各村在坚持集体经济属性、尊重历史、照顾合作股东财产权益的前提下,建构了包容性产权结构和治理结构,契合了新时期市场化发展要求,对于探索新时期集体经济发展形势具有重大意义。三是形成农村公共品和公共服务的供给创新。长期以来,农村地区公共品和公共服务供给不足,其症结在于国家对农村公共品和公共服务供给不充分,集体经济供给能力弱。通过调查发现,村集体有充分发展的村庄,都具有较强的公共服务供给能力,为集体成员提供人居环境、物业服务、医疗报销、防疫安全等多种公共服务,对提升社区和乡村治理绩效产生重要推动作用。

(三)经济效应:促进了资源集约利用、多元化收入和包容性分配秩序的形成

一是推动闲置资源高效集约利用。多年来,集体经济资源躺在山梁上、旷野里无人问津,集体经济资金停留在账本上,只是一个简单的数字。如今,经由集体经济改革,严格界定了资源性资产、经营性资产和公益性资产等资产属性,并对经营性资产加以利用。在产业融合和产业创新带动下,资源利用方式也发生了崭新变化。某区某镇某村在上级党委和政府的支持下,实施"吾乡岭南"精品村工程,在"不征、不迁、不拆"的情况下,使原有空置废弃物业转化为优质高价值物业,实现乡村产业振兴和村民、村集体增收的多重正面绩效。二是形成多元化收入效应。调研发现,集体经济发展充分的村庄,对村民产生了显著的收入财富效应。而且,一般经由几种途径实现:集体经济组织内部公共服务供给各环节就业的工资性收入;集体成员年终分红的转移性收入;集体成员享受集体经济组织公共品供给的转移性收入,如医疗报销等形成多元化收入。三是形成了新型的包容性分配秩序。正确分好蛋糕,是新时期正确处理公平和效率的重要议题。农村集体组织在尊重历史的前提下,正确处理集体、集体成员和合作股东的权益,按照"集

体的归集体、成员的归成员、合作股东的归合作股东"的分配新机制，让农户、集体和合作股东各取所需，既回应集体成员的公平关切，又回应集体经济开放性逐利要求，对实现市场秩序稳定发挥了重要作用。

三 当前广州市农村集体经济发展的结构性矛盾

（一）农村集体经济实力区域不均衡和支持不足并存

广州市农村集体经济资产总值 2700 亿元，约占广东全省的 1/4，平均每个区农村集体资产价值超过 240 亿元，其中天河区农村集体资产价值达 400 多亿元。但是，广州市各区间农村集体经济发展极不均衡，其中从化区农村集体资产总额不足 50 亿元，不足天河区的 1/8①，与全市其他区存在较大差距。这种结构性失衡不仅存在于全市区级层面，在一个区内部也表现突出。以某区为例，经济发达的村集体收入可以达到几千万元/年，低收入的村集体只有几十万元/年②。造成这种状况的原因很多，首要原因在于各村集体地理位置决定的级差地租收益差距，一些地理位置较好的村集体依托良好的地理位置推进土地综合开发，形成数目不菲的租金收入。另外一些村集体只有鱼塘、耕地等农用地流转收益，增收效果较差。近年来，广东省每年均设立专项资金支持全省农村集体经济发展，但是主要辐射粤东西北区域，珠三角地区农村集体经济很少获得支持，进一步加剧了广州市北部地区农村集体经济与城郊地区农村集体经济发展的差距。

（二）农村集体经济资产结构单一与产权瑕疵并存

调研发现，广州市农村集体经济组织资产形式大多为集体物业，集体物业占集体资产比重高达 90% 以上，资产结构高度单一化。由于历史原

---

① 资料来源：主管部门统计数据。
② 资料来源：调研组调研数据。

因，广州市农村集体经济组织物业产权存在瑕疵，即无证物业大面积存在，加剧了集体物业参与市场对接的法律风险。由于产权瑕疵，近年来广州市农村集体资产在交易活动中时常卷入中标后因资产无相关权属权证而产生司法纠纷。经过诉讼后，最后竞得人可以资产权属不完整为由主动违约，且可规避违约损失，由此导致了集体经济损失，甚至因司法诉讼导致物业长时间处于司法封存状态。如2019年8月，某区某村集体物业通过区交易中心以公开方式进行交易，从底价30元/（m²·月）的价格竞投，最终以51元/（m²·月）的价格成交①。事后，竞得人以多种理由要求村集体提供相关权属权证等资料，后来通过司法途径，最终判定为因村集体缺失房屋权证而租赁合同无效，并要求返还合同保证金及相关租金等费用。目前案件还在处理中，因此导致的机会成本对集体经济造成持续损害，因为集体物业产权瑕疵让许多村集体在与市场对接中总处于不利地位。产权瑕疵持续催生竞标人潜在道德风险，对集体经济经营秩序造成负面影响。实践中大部分村干部和村民代表，都倾向于经营业绩好、缴纳租金及时、对村集体贡献大的诚信伙伴中标。然而，在公开竞标时候，此类企业往往成为被围标、串标的对象。目前，这种恶意中标、围标和串标的现象，在广州市各区都不同程度存在。

（三）农村集体经济组织社会性事务繁多与税负高并存

调研发现，农村集体经济组织均承担了大量社会性事务。以某区某村为例，全村成员股东3993户，原居住村民8258人，外来人口约6万人。外来人口剧增导致社会管理压力大，每年在市政道路和村内街巷维修、治安联防、环境卫生、教育事业费、文娱开支、扶贫济困、集体合作医疗报销、消防安保等方面开支持续扩大，2020年该村所有社会性事务的开销2556万元②。该村联合社接税务部门通知，村社集体经济组织2021年不再按照核

---

① 资料来源：课题组调研数据。
② 资料来源：课题组调研数据。

定方式计缴企业所得税，改用查征方式。征收方式的变更，让该村经济联合社大部分社会福利开支不能在税前扣除，联合社压力陡增。再以某区某村为例，2020年村集体物业租金收入1.8亿元左右，用于防疫、人居环境改善、医疗报销、物业管理等方面的社会性事务支出总计超过4300万元，缴纳各种税收5600万元，而全村有8000多户籍人口、4300多股东（其中包括社会股东400多人），在没有进行村集体公积金和公益金计提前提下，村集体的年终分红已然不如传说中丰厚①。显然，由于国家对村集体的公共品和公共服务供给不充分，村集体只有承担较多的本村范围公共服务，并由村集体列支，但同时承担了与其他市场主体相同的税收标准，显失公平。

（四）产业融合化发展用地瓶颈和留用地兑现难并存

近年来，随着城乡融合发展进程加快，许多村集体意识到必须走产业融合化、高级化发展的路子，推动产业上下游间产业链的纵向融合，以及产业功能外溢形成的横向产业间融合，形成集休闲农业、乡村旅游、特色民宿和农村康养等于一体的产业新格局。然而，目前许多村集体产业发展用地受到极大制约，农业企业的初级加工、仓储物流等设施建设受设施农用地指标的限制，农业开发综合体的建设同样面临用地指标的约束。农副产品加工厂房及乡村旅游接待设施等固定建筑不能按设施农用地办理用地手续，用地审批手续麻烦、程序繁杂、等待时间长，进一步制约第一、第二、第三产业融合发展。然而，一些村集体在历史征地过程中，安排的留用地可能没有及时落实，随着辖区土地储备量逐年减少，在用地指标和土地利用规划、城建规划等多种因素约束下，留用地兑现起来更加困难，对村集体下一步发展形成较大隐形约束。

（五）新时期农村集体经济发展渴望与农村能力人才市场缺失并存

经过40多年改革开放，特别是新时期以来的改革推进，广州村集体经济获得了持续发展。但是，村集体经济人力资源素质与新形势的要求有较大

---

① 资料来源：课题组调研数据。

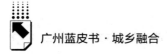

差距。一些村集体干部队伍发展意识不强，缺乏内在发展动力。有部分村干部存在畏难情绪，不愿意去冒风险，思想上有压力和阻力。同时，部分班子缺乏经济人才，缺乏长远谋划，市场意识不强，发展集体经济主动性不够。与此同时，当前乡村人才培训针对性不强，专业性人才缺失，技能型人才不多，新经济应用型人才又严重不足。显然，集体经济要持续良性发展，必须要快速形成农村能力人才市场，让善经营、懂管理的人才走上集体经济管理岗位。农村集体经济能力人才市场的缺乏，为新时期集体经济组织的长远发展带来隐忧。

此外，目前广州市村集体资产大量集中于集体物业，但是村集体物业破旧，只能引进仓储等技术含量低的低端业态。一些集体物业特别是村内工厂用房一直是简易用房，不仅布局分散，而且渗漏严重，并不太契合新时期中国经济走向高质量发展对厂房的需求。而且，一些村集体在早期由于受内部人控制，长期租约、低价租约等合同不同程度存在，均对集体经济发展造成了较大损害，需要在新一轮集体经济改革发展中妥善解决。

四　新时期广州新型农村集体经济改革的重点方向

2017 年底，习近平总书记在中央农村工作会议上强调："要坚持农村土地集体所有，坚持家庭经营基础性地位，坚持稳定土地承包关系，壮大集体经济，建立符合市场经济要求的集体经济运行机制，确保集体资产保值增值，确保农民受益。"集体经济体系拥有漫长的发展历史，它并不专属于特定社会经济制度，集体经济在人类社会经济活动初期便成为一种经济形态①。如何让集体经济在当前社会制度中发挥更好的作用，实现公平和效率的兼顾，需要进行深入的探索。

（一）科学界定集体经济发展定位

从全国各地的改革经验看，以及广州市集体经济发展实践看，集体企业

---

① 〔美〕贾雷德·戴蒙德：《枪炮、病菌与钢铁》，谢延光译，上海译文出版社，2016。

至少呈现四种角色：一是资产管理人。新时代推进乡村全面振兴，需要达成农村资源和要素的高效集约利用，形成具有产权明晰、管理有效的农村资产管理人。集体经济组织无疑具备扮演这种资产管理"守夜人"的身份要求。新的时期，在坚持国家关于农村土地"三权分置"政策基础上，通过村民对集体、集体对新型经营者之间的双重委托代理机制，达成了村民土地的利益契约，实现村集体资产保值增值。目前，这种机制正在四川崇州等地区卓然形成，并具有普遍推广价值。二是资产收益人。集体经济组织因其资产所有者、资产管理者的角色，而必然成为资产收益人。集体经济组织的资产收益人角色，通过集体产权的市场化经营、委托经营，或者产权逐步开放在与新市场主体的合股经营实现。三是服务供给者。在城乡融合发展背景下，村域公共品供给具有典型的公共品属性抑或俱乐部产品属性。当前，需要不断倡导国家在村域公共品的主导地位，适时引入村域公共品的市场供给机制和渠道，积极发展农业生产性服务和其他社会化服务，为域内市场化主体提供生产服务。四是收益分配人。集体经济需要秉持公开、透明和公正的精神，认真做好资产收益人的角色。首先，要按照集体经济组织章程，事先计提村集体公积金、公益金，确保村集体社会事业的永续发展；其次，确定面向集体成员和合作成员的可分配收益；最后，为吸引现代要素向村集体集聚，形成让技术、资金等平等参与集体盈余分配的机制。由于集体承担了至少四项角色，因而村集体与一般意义的企业具有本质区别，事实上具有社会企业属性。为此，若承认集体经济组织为社会企业，即要允许村集体因承担如安全保障、合作医疗等公共服务支出的费用在税前扣除，切实解决集体经济组织的负担。

（二）提高集体产权开放性，探索农村集体经济有效实现形式

从产权属性看，人类历史曾涌现了共有制（按份共有、共同共有）、总有制和合有制等集体产权安排，传统的中国集体产权制度直接沿袭苏联集体经济制度。这些集体所有权理念以及与之相应的制度体系，对不同社会阶段均具有适应性。当前，中国农村经济社会环境与传统时代相比，农村人口结

构、市场深化程度及其社会理念，都发生了深刻变化，固守传统的集体经济产权模式显然不合时宜。新时期以来，旨在提高集体产权开放性和集体经济发展活力的"资源变资产、资金变股金，农民变股东"的"三变"改革试点风起云涌，对集体经济发展起到了重要推动作用。从贵州、重庆等地改革经验看，"三变"改革试点构建了集体经济发展平台，并且实现了集体组织登记赋码，同时在与外部市场对接中组建混合所有制主体，极大增强了集体经济发展活力。因而，新时期广州集体经济发展，有必要立足中央精神和农村社会经济环境变化，通过创新性产权设计，探索资本、技术和现代人力资本等新型要素与集体经济股权的对价机制，丰富和完善集体所有制实现形式，让广州集体经济告别封闭产权结构，切实增强集体经济发展活力，壮大集体经济实力。

（三）推动农村集体经济发展和新型农业经营体系变革相互促进

新时期以来，我国全面探索现代农业产业体系、生产体系和经营体系。从先行开展"三变"集体经济改革试点的重庆等地经验看，经由"三变"改革试点形成了新型农业经营体系与集体经济发展相互协调的新格局。从改革经验看，在"三变"集体经济改革中形成的新型经营体系具有以下特点：一是多层次性，即在坚持农户家庭经营基础上，重塑了农村集体经济发展架构，并形成了新产业单元。二是开放性，组建集体股份合作社并由其与社会资金参股、控股等形式组建新市场主体，形成开放性经营体系。三是市场化，新型农业经营主体优化资产组合方式，形成农户的归农户、集体的归集体、资本的归资本的市场化分配机制。四是共享性，通过建构资源共享、利益共享的经济机制，吸纳社会资本、技术等向乡村回流，极大增强了农村经济活力，并推动乡村气候、环境等资源化利用。更为重要的是，新型集体经济改革推动了农村主体创新。目前看，广州集体经济发展业务结构单一，倚重单一的集体物业租赁，并未推动大规模的主体创新，进而带动农村经济整体活力迸发，因而还需要在新阶段改革进程中予以完善。

（四）既要增强集体经济组织内生能力建设，又要优化发展环境

广州集体经济经由新时期的改革发展，建构了新型的治理结构，让集体经济呈现不同的发展新局面。但是，许多村集体均反映缺乏高水平的职业经理人，同时现有培训体系又不能契合市场要求，集体经济组织呈现能力不足的风险。换言之，新时期集体经济发展需要建构内生性能力，让其在成为平等的市场主体之际，真正直面市场化风险挑战。而且，政府农业和农村投入方式，也需要因应这种需求做出重大变革，不仅塑造和培养集体经济市场化能力，而且逐步优化集体经济发展环境。当前来看，支持农村集体经济能力建设和优化发展环境，应该从基础设施、要素赋能、税收优惠、公共品服务、培训体系改革等方面加大改革、支持的力度，推动集体经济创新发展。

五　新时期广州农村集体经济发展的几点建议

新时期集体经济发展，不是对传统集体经济的简单复归。新时期集体经济发展需要在坚持农户主体基础上，树立全新的集体经济发展定位，形成体系化的支持政策。

（一）设立农村集体经济支持专项

建议市政府有关部门在全面建立"三资"交易平台基础上，尽快建立农村集体经济支持专项，对村集体的能力建设、人才培养等予以支持，将村集体与市场化主体间的土地流转纳入要素保险范畴予以支持，建设村集体成员大数据平台，对集体成员进行甄别，严防一人享有多个村集体成员资格，同时确保外嫁女等特定群体的利益。加强集体资产抵押创新，加快推广农村土地承包经营权、林权贷款，研究农用地设施登记管理与抵押融资，探索农、林、渔等地方特色农产品收益保险，与金融机构合作探索惠农贷、产业链贷等金融产品，建立集体经济风险发展基金。鼓励集体经济联合发展，抱团取暖。

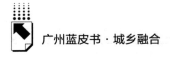

（二）整顿农村集体经济市场秩序

针对当前大量存在的集体产权瑕疵问题，加快房地一体化的改革节奏，对于能够完善相关手续的集体物业，尽快补充完善用地手续，依法依规稳妥推进历史违法用地导致的产权瑕疵，尽力消除集体产权交易和经营活动中因权证缺失导致的经营混乱。目前，许多地方均不同程度存在对优质企业的串标、围标行为，形成"劣币驱逐良币"的逆淘汰机制，同时长期低价合约也造成集体经济的经营损失，这些由道德因素滋生的风险因素，均不利于集体经济的持续健康发展。对于村集体经营中串标、围标等恶劣现象，予以严厉打击。建立大数据甄别机制，对于经常参与串标、围标的企业和个人，实施市场禁入。针对村集体的超长期合同、超低价合同予以科学甄别，全面清理此类合同，为广州集体经营活动正本清源。

（三）探索集体经济参与保障型城乡住房供给机制

《国务院办公厅关于加快发展保障性租赁住房的意见》指出，人口净流入的大城市"在尊重农民集体意愿的基础上，经城市人民政府同意，可探索利用集体经营性建设用地建设保障性租赁住房""农村集体经济组织可通过自建或联营、入股等方式建设运营保障性租赁住房""建设保障性租赁住房的集体经营性建设用地使用权可以办理抵押贷款"，建议广州尽快完善集体经营性建设用地建设保障性住房的政策体系，完善集体经营性建设用地价值评估和抵押贷款程序，积极探索利用集体经营性建设用地建设保障性租赁住房的共享和联营机制，优化城市住房供给体系，增强广州城市吸引力和城市竞争力。同时，统筹考虑广州产业发展情况，允许集体经济组织与市场化主体合作联营发展园区物业，逐步实现农村保障性住房和园区发展的"职住均衡"。

（四）构筑集体经济发展的风险规避机制

2016年4月，习近平总书记在安徽小岗村针对土地流转等土地改革强调了"四条底线"：不管怎么改，都不能把农村土地集体所有制改垮了，不能把耕地改少了，不能把粮食生产能力改弱了，不能把农民利益损害了。农村市场深化带来的风险，不会因为是集体企业就网开一面，发展壮大集体经济依然需要重点防范各种风险。一是防范治理风险。村集体在推进集体治理创新中，要坚守农民自愿、农民主体的改革理念，稳妥推进集体经济成员确认、量化确权等重点工作，防范内部人控制风险。二是防范经营风险。农业经营永远蕴藏自然风险、技术风险和市场风险，目前广州推出的一些农业保险可以有效规避这些风险。但是，调研发现某村物业中有接近 10 万平方米是车库，因为合约问题并不能达到预期收益，对集体经济造成了较大损失。因此，需要推进集体经济发展的能力市场建设，切实提高集体经济组织的市场应变能力，防范经营风险。三是建立市场化合作主体的监督机制。新时期，稳步提升集体产权的开放性，需要引入新的市场化主体。建议进一步强化对相关经营主体在生产经营管理等方面的监督机制，最大限度地实现投资方与承接方的信息共享。同时，加强乡村集体经济组织的监督管理，规范村级集体经济活动，维护入社股东的合法利益。

（五）统筹政策协调，优化农村集体经济管理服务

提高农业农村局经管部门对农村集体经济组织的指导和服务水平。完善集体资产管理制度体系，针对农村集体经济组织股权管理、资产管理、收益分配和信息公开等重点环节，制定相关政策制度。针对集体经济发展规划、发展项目和资产变更等重大事项，严格审批程序。对农村集体经济组织与市场化主体的合作投资和房产开发等重大事项进行重点清查，并进行公示。建立集体资产考核评价机制。建立分层次、分类别的培训机制，提升农村集体经济管理者在土地利用、资本经营、企业管理和大数据等方面的综合能力和整体素养，切实加强能力建设。

切实加强财税部门的管理服务。切实提高村级公益事业补助标准，加快城乡公共服务均等化，减轻村集体经济组织的社会性负担。市政府有关部门与税务部门进行会商，研究新型集体经济组织在产权制度改革后形成的房产

税、交易税等进行减免。健全财政支农制度，鼓励农村集体经济开展农业生产型服务，并对集体经济组织实行财政转移支付。探索建立集体经济发展基金，创新资金运转方式，破除集体经济融资瓶颈。

参考文献

程恩富等：《壮大集体经济要处理好"统""分"关系》，《北京日报》2018 年 4 月 23 日。

贾雷德·戴蒙德：《枪炮、病菌与钢铁》，谢延光译，上海译文出版社，2016。

中共中央、国务院《关于实施乡村振兴战略的意见》，新华网，http：//www. xinhua net. com/politics/2018-02/04/c_ 1122366449. htm。

B.10
"六稳六保"背景下农业发展
提质增效对策研究

喻松涛[*]

摘　要： 做好"六稳六保"工作，稳产保供是基础，而农业的稳产保供
需要依靠农业发展的提质增效。近年来，广州农业提质增效成果
显著，粮食生产稳步提高，蔬菜自给率超100%，渔业养殖设施
化、集约化效果明显，都市农业领跑广东省，农业"底盘"不
断夯实，成为保障广州经济社会持续健康发展的"压舱石"。为
此，当前和今后一个时期，广州农业发展提质增效仍须守好
"三农"这个战略后院，把握发展主动权，探索一套适合自己的
发展策略：全力保障农产品有效供给、加大科技推广提升农业生
产科技水平、提升信息技术在农业全产业链中的应用水平、布局
好发展好优质高效农业、继续深化农村土地流转制度改革以及不
断提高农业生产集约化水平。

关键词： 粮食安全　企业科技推广　企业信息化

近年来，广州市坚决贯彻落实习近平总书记指示精神和党中央、国务院
统一的决策部署，将疫情防控和"六稳六保"作为首要工作任务，有效应
对各种风险挑战，全力以赴做好粮食及"菜篮子"产品稳产保供工作，农
业经济运行良好，有力支撑社会大局稳定。2020年，广州实现农林牧渔业

---

　　* 喻松涛，华南农业大学经济管理学院副教授，主要研究方向为农业经济。

总产值突破500亿元大关，达到514.03亿元，同比增长11.3%，创26年来新高。

一 农林牧渔业生产主要成效[*]

（一）农林牧渔业总产值增幅逐季提高，渔业生产势头最猛

2020年，广州农林牧渔业总产值一到四季度增速分别为3.0%、5.6%、10.1%和17.4%，呈逐步提高趋势。渔业、种植业和农林牧渔专业及辅助性活动产值分别增长19.8%、10.4%和8.0%。其中，渔业生产发展迅猛，增速为24年来最高；农业和农林牧渔专业及辅助性活动次之，均实现高速增长，分别是14年和12年来最高年份；畜牧业快速恢复，增速从上半年下降18.1%提升至增长0.8%（见表1）。同时，广州大力推进"花园城市"和"森林城市"建设，造林面积快速增长，带动林业产值增长79.8%。

表1 2020年广州市农业产业结构

单位：亿元，%

指标名称	总量	增幅	占比
农林牧渔业总产值	514.03	11.3	100.0
（1）农业产值	278.55	10.4	54.2
（2）林业产值	4.28	79.8	0.8
（3）牧业产值	46.10	0.8	9.0
（4）渔业产值	118.16	19.8	23.0
（5）农林牧渔专业及辅助性活动产值	66.95	8.0	13.0

（二）10个区农业实现正增长，4个农业主产区增速超10%

2020年，广州有10个区农业实现正增长，6个农业主产区农林牧渔业

---

[*] 本报告数据（包括图、表）为广州市统计局、广州市农业农村局等网站发布数据以及调研获取数据整理形成。

总产值均较快增长（见表2），4个区增速超10%，其中花都区增速达到19.5%为最高，增城区、从化区和番禺区增速分别达到12.8%、10.7%和10.2%，南沙区和白云区也实现了8.8%和7.9%的增速。同时，4个农业小区农业生产也实现不同程度增长，其中荔湾区花卉和观赏鱼产销两旺，增速达15.9%在4个农业小区中最高，海珠区和天河区平稳增长，增速分别为9.3%和5.8%。

表2　2020年广州市分区农林牧渔业总产值及其增速

单位：亿元，%

地区	农林牧渔业总产值	农林牧渔业总产值增速
广州市	514.03	11.3
荔湾区	7.57	15.9
海珠区	2.67	9.3
天河区	8.50	5.8
白云区	68.30	7.9
黄埔区	7.99	7.9
番禺区	60.73	10.2
花都区	79.11	19.5
南沙区	111.70	8.8
从化区	56.60	10.7
增城区	110.86	12.8

（三）粮食播种面积和产量保持稳定，蔬菜自给率超过100%

广州始终坚守粮食安全的底线，积极采取各种措施，着力推动藏粮于地、藏粮于技，确保广州粮食播种面积和产量的稳定。2020年，广州粮食播种面积42.24万亩，同比增长6.5%，粮食产量14.22万吨，同比增长7.7%，圆满完成省政府下达的粮食考核任务。

2020年，广州蔬菜播种面积226.45万亩，同比增长2.0%，产量403.63万吨，同比增长4.8%，圆满完成年初市政府制定的蔬菜自给率保持在100%以上的目标。其中：叶菜类产量175.57万吨，同比增长7.6%；瓜菜类产量77.99万吨，同比增长4.5%；茄果类产量30.88万吨，同比增长

6.6%；根茎类产量23.39万吨，同比增长7.0%（见表3）。全年实现蔬菜产值152.75亿元，同比增长5.0%，占农林牧渔业总产值的29.7%，拉动农林牧渔业总产值增长1.6个百分点。

表3　2020年广州市蔬菜播种面积和产量

	播种面积（万亩）		总产量（万吨）	
	数值	增速（%）	数值	增速（%）
蔬菜及食用菌	226.45	2.0	403.63	4.8
1. 叶菜类	106.21	3.8	175.57	7.6
2. 白菜类	18.00	−5.0	29.12	−3.4
3. 甘蓝类	5.67	−1.4	10.74	2.8
4. 根茎类	11.52	3.5	23.39	7.0
5. 瓜菜类	35.01	2.1	77.99	4.5
6. 豆类（菜用）	12.10	−1.3	21.70	−0.7
7. 茄果类	15.73	3.7	30.88	6.6
8. 葱蒜类	10.93	6.0	16.43	9.3
9. 水生菜类	3.13	13.3	5.24	18.1
10. 其他蔬菜	8.15	−10.7	12.57	−15.0

（四）园林水果喜获丰收，荔枝适逢大年量价齐升

2020年，广州园林水果实有面积105.63万亩，同比增长10.4%，产量79.25万吨，增长23.3%。主要水果品种产量均实现较快增长，柑橘橙和番石榴产量增势强劲。其中：香（大）蕉产量28.49万吨，同比增长4.4%；番石榴产量12.40万吨，同比增长20.2%；柑橘橙产量7.73万吨，同比增长21.7%；龙眼产量3.70万吨，同比增长12.6%；荔枝生产全年产量10.12万吨，增长1.5倍（见表4）。荔枝量增价优，得益于市委、市政府提早谋划，积极拓宽荔枝销售渠道，销售价格打破大年价低的常规，网络线上销售成为亮点，平均田头交易价格达到16元/公斤左右，提高了荔枝种植户的收益。

表4　2020年广州市园林水果种植面积和产量

	面积		总产量	
	数值(万亩)	增速(%)	数值(万吨)	增速(%)
园林水果	105.63	10.4	79.25	23.3
其中:香(大)蕉	8.85	-2.5	28.49	4.4
番石榴	3.60	15.0	12.40	20.2
荔枝	53.53	17.6	10.12	154.6
柑橘橙	6.09	10.7	7.73	21.7
龙眼	12.33	3.2	3.70	12.6
火龙果	1.26	4.9	2.01	17.0

（五）生猪补给加快，畜牧业产值增速由负转正

2020年，广州生猪出栏42.22万头，同比增长2.5%，扭转了生猪生产下滑趋势，全年拉动整个畜牧业下降幅度比上半年收窄0.7个百分点。随着广州生猪18个高新项目建设的大力推进，生猪生产动能强劲恢复，生猪存栏20.72万头，同比大幅增长24.3%，其中能繁殖母猪存栏3.39万头，增长7.7%。生猪的生产模式也发生了巨大的变革，由原来平地散养或集中养殖发展为标准化养殖、楼层养殖、工厂化养殖。如广州增城区已建成投产的广州金农现代生态农牧一体化产业基地，不但实现高度集约化、规模化、标准化养殖，还将数字化技术运用到整个生产管理中去，实现了产前、产中、产后一体化生产进程。

（六）渔业产值突破百亿元大关，增速为24年来最高

从总量上看，2020年广州渔业产值突破100亿元，达到118.35亿元，同比增长20.0%；水产品产量50.67万吨，创历史新高。从结构上看，经过多年来鱼塘整治和改造，广州渔业品种不断改良，产业、产品结构进一步优化。虾蟹类、高档鱼类等养殖量增加，新型水产品种推陈出新，水产种苗和繁殖类服务产业做大做旺，在全国乃至国际上处于引领地位。从生产模式

看，新型渔业设施生产不断推广，推水养殖、室内养殖、集装箱养殖、圆筒融氧养殖等生产模式如雨后春笋般涌现，实现自动化、数字化科学养殖，不仅大大提高了渔业生产的单产和效益，又节省了耕地资源，广州市的渔业生产在迈向高质量发展方面走在了行业前列。

（七）农林牧渔专业及辅助性活动产值快速增长，有效推动乡村产业振兴

2020 年，广州农林牧渔专业及辅助性活动产值 66.95 亿元，同比增长 8.5%，总量在广东省 21 个地市中排名第 1。首先，农业种子种苗产值 23 亿元，同比增长 12.5%，占比达 34.4%，成为广州农业辅助性活动的支柱。其次，农产品初加工，如净化、分拣、去皮、包装等辅助性活动，在提高农产品质量的同时，还增加了产品附加值，成为农业辅助性活动产值构成的第二大来源。随着社会分工越来越细，农业生产专业化程度不断细化，衍生了农业机械服务、灌溉服务、兽医服务、病虫防治服务、养护服务等一系列产业，成为农业辅助性活动的第三大来源。

（八）农业增加值增速居国内六大城市首位，农林牧渔业及辅助性活动显优势

2020 年，从总量看，广州农业增加值总量 288 亿元，高于北京（108 亿元）和上海（104 亿元），低于重庆（1803 亿元）、成都（655 亿元）和杭州（326 亿元），位居第 4。从增速看，六大城市农业增加值增速呈现三升三降格局，广州农业增加值增速为 10.2%，大幅领先重庆 5.5 个百分点和成都 6.9 个百分点。从农业增加值占地区生产总值比重看，广州为 1.2%，高于北京（0.3%）和上海（0.3%），低于重庆（7.2%）、成都（3.7%）和杭州（2.0%），广州农业呈现较为明显的大都市农业特征。广州农林牧渔业及辅助性活动产值优势明显，产值总量为 66.95 亿元，相当于成都（34.2 亿元）和杭州（20.62 亿元）的 1.96 倍和 3.2 倍。广州林牧渔业及辅助性活动产值占农林牧渔业产值的比重高达 13.0%，远高于成都（3.2%）和杭

州（4.1%）（见表5）。应充分发挥广州在农业种子种苗方面的优势，全力支持全国打好种业翻身仗，为全国农业高质量发展做出更大贡献。

表5　2020年国内六大城市农业产业增加值

单位：亿元，%

地区	农业产业增加值	农业产业增加值增速	地区生产总值	农业产业增加值占地区生产总值比重
广州	288	10.2	25019	1.2
北京	108	-8.5	36103	0.3
上海	104	-8.2	38701	0.3
杭州	326	-1.1	16106	2.0
重庆	1803	4.7	25003	7.2
成都	655	3.3	17717	3.7

二　广州实现农业生产扩量、提质增效的对策建议

（一）全力保障农产品有效供给，确保国家粮食安全

保障重要农产品有效供给。粮食稳产保供是稳经济、稳全局的压舱石，"菜篮子"产品保供稳价，是稳预期、稳民心的基本盘。2020年广州市粮食产量14.22万吨，人均粮食产量9.29千克，广州人均粮食产量不足全国平均水平的2%。当前国际疫情尚未平息，全世界新冠肺炎感染人数持续攀升，贸易保护主义和种族主义思潮抬头，国际粮价持续上涨，国内疫情进入常态化防控的关键阶段，确保农产品有效供给对于维护社会经济大局稳定具有极其重要的意义。

稳定面积和提高地力。大规模建设旱涝保收、高产稳产的高标准农田，大幅度提升耕地质量，将粮食产能落实到田头地块，实现"藏粮于地"。提高单产和提升品质，加快新品种繁育，健全农业科技创新、农技推广的激励机制，力争在种业等关键领域取得突破，实现"藏粮于技"。积极调动农民种粮储粮积极

性和提升农民素质，保证农民种粮合理收益，加快培育新型农业经营主体，造就一支适应现代农业发展的高素质职业农民队伍，实现"藏粮于民"。

（二）增强农业防灾减灾意识，提高灾害防范能力

2020年底以来，广州农业灾害有增多的趋势。华南地区降水与往年同期相比明显偏少，南方多地山火时有发生。2020年底，一场寒潮给广州农作物带来一定程度的冻灾，荔枝树受灾较为严重，影响了2021年荔枝产量。2022年我国旱涝极端天气事件发生概率增大，旱涝灾害可能南北连发重发，自然灾害风险形势严峻复杂，农业防灾减灾任务繁重。为此，广州必须增强农业防灾减灾避灾意识，落实好农业农村部关于防灾减灾各项部署，为奋力夺取全年农业丰收做好充足准备。

一要加强农业气象灾害监测、预报、预警和评估，实现重大农业气象灾害的灾前及时预警、灾中跟踪服务、灾后影响评估，为农业防灾减灾、趋利避害提供科学指导。二要加大农业防灾减灾宣传力度，充分利用互联网、短信息平台、电视、广播等多种渠道广泛开展防灾减灾宣传，努力营造全社会关注灾害预警信息氛围，提高全社会防灾减灾意识。三要加强防灾减灾物资生产、储备和调度管理，统筹协调物资生产、储备、使用等相关部门，实现防灾救灾物资生产高质高效、储备安全适度、调度科学精准，全力保障防灾救灾需要。四要加强农田水利疏浚维护，为农业增产增收提供强大的水利保障。加快实施重要水源工程建设，逐步建成布局科学、配置合理的水资源保障体系。建设大中小型水源调蓄工程，实行调水引流、多源互补、丰枯调剂、以清释污，实现水资源优化配置。五要加强小型水源工程建设，对小水库、小塘坝等蓄水工程进行清淤扩容、整修加固，积极兴修山丘地区水源工程，发展小水窖、小水池、小塘坝、小泵站、小水渠"五小"水利工程，全面提高水利工程抵御大旱、减轻灾害、防范风险的能力。

（三）加大农业科技推广力度，提升农业生产科技水平

广州农业科研院所众多，农业科研成果丰硕，在推进农业现代化进程中

发挥了十分重要的作用。推进乡村振兴迫切需要加强农业科技支撑，以满足乡村振兴和农业现代化对新品种、新装备、新产品、新技术和新模式等科技成果有效供给的需求，推动形成乡村振兴科技供给新体系。

加快农业技术推广体系改革和建设，积极探索对公益性职能与经营性服务实行分类管理的办法，完善农技推广的社会化服务机制，鼓励各类农业科研机构和社会力量参与多元化的农技推广服务，大力促进农业新品种、新技术的推广应用。完善科技指导直接到户、良种良法直接到田、技术要领直接到人的农技推广机制，大力培育科技示范户，增强辐射带动能力，扩大主导品种、主推技术和主体培训实施范围，着力推广适应广州农情的农业技术。

（四）深化信息技术在农业全产业链中的应用，全面提升农业信息化水平

现代社会信息资源日益成为重要的生产要素和社会财富。信息化与经济全球化相互交织，推动全球产业分工深化和经济结构调整，重塑全球经济竞争格局。信息化为中华民族带来了千载难逢的机遇，为农业现代化和乡村振兴提供了强大的智力支持。2019 年县域社会经济基本情况调查显示，广州所有行政村已经通宽带互联网，信息基础设施网络已经成型。因此，要充分利用信息化优势助力农业现代化，推动乡村振兴。

一要应用农业信息化技术全面改造传统农业，努力实现农业现代化。大力推进广州农业自动化生产、精准化生产、标准化生产，将信息化融入农业生产各环节，实现农业生产精准布局、精准控制、精准预测，努力降低农业生产成本，全力提高农业生产效率。

二要应用农业信息化技术规避农业生产和销售风险。进一步深化气象预警信息在精准指导农业生产中的应用，拓展气象预警信息精准推送的广度和深度，帮助广大农民和农业生产企业精准规避气象风险。应用农业信息化技术精准预测农产品市场需求，提升农产品价格监测水平，精准帮扶农业生产规避农产品价格风险，助力农业增产、农民增收。

三要以农业信息化技术实现农产品供应链全链条追踪，努力打造广州特

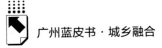

有农产品品牌，提高农产品消费市场对广州农产品的认可度和美誉度。以农业信息化技术打通农业生产资料生产与使用的信息化链条，实现农业生产资料精准调度，使信息化和市场化在农业生产资料的配置中充分发挥基础性作用。

（五）优化农业产业布局，大力发展优质高效农业

优化农业产业布局是一项长期任务，要在综合考虑自然条件、经济发展水平、市场需求等因素的基础上，以农业资源环境承载力为基准，花、菜、果、粮、林、牧、渔，因地制宜，构建优势区域布局和专业生产格局，提高农业生产与资源环境匹配度。一直以来，广州高度重视"三农"工作，农业现代化稳步推进，农业产业布局不断优化，农业生产效率持续提升。

加快发展循环农业。根据资源承载力和农业废弃物消纳半径，合理布局规模化养殖场，配套建设有机肥生产设施，积极发展资源利用节约化、生产过程清洁化、废弃物利用资源化等生态循环农业模式，大力推广绿肥种植，因地制宜推广稻田养鱼、鱼菜共生等技术。

促进农业各产业链条深度融合。促进农业产业化发展，培育壮大龙头企业，推进龙头企业集群集聚，拓展农业多功能，依托龙头企业将产业链、价值链与现代产业发展理念和组织方式引入农业，延伸产业链、打造供应链、形成全产业链，促进第一、第二、第三产业融合互动。

延长农产品加工产业链条。加快发展农产品加工业，大力开展加工业示范园区、示范企业创建活动，引导农产品加工业向优势产区、特色产区及关键物流节点梯度转移，打造农业产业集群，形成加工引导生产、加工促进消费的格局。

（六）深化农村土地流转制度改革，提升农业生产集约化水平

农业生产的专业化、标准化和规模化是提高农业生产效率、确保农产品品质、打造农产品品牌优势的有力举措。截至2020年底，广州流转耕地79.96万亩，占广州全部耕地的比重为51.9%，从数字上看，土地流转实现

规模化经营还有非常广阔的空间。要深化广州农村土地流转制度改革，探索农村土地所有权、承包权和经营权的"三权分置"新路径，着力破解农户土地流转意愿不强的难题，依法依规推进土地流转，切实保障土地流转农户合法权益，大力提升广州土地流转规模，不断提高广州农业生产规模化、专业化水平，使有限的土地资源创造出更大的经济效益和社会效益。

参考文献

广州市统计局、广州市发展和改革委员会联合课题组：《持续推进广州农业生产高质量发展的对策研究》，载《广州城乡融合发展报告（2021）》，社会科学文献出版社，2021。

国晖：《农村产业融合发展问题研究》，《农业经济》2021 年第 11 期。

杨睿：《乡村循环经济模式下农业信息化发展中存在的问题及其对策》，《南方农业》2021 年第 35 期。

赵建华、欧阳浩宇、李钰涵：《多功能农业理论下广州乡村振兴策略研究》，《现代农业科技》2021 年第 23 期。

李东生：《城乡融合发展视野下超大城市推进乡村振兴战略的路径研究——以广州市为例》，《中国集体经济》2020 年第 21 期。

罗光洁、王焱：《以农业高质量发展助推云南"六稳六保"》，《社会主义论坛》2020 年第 9 期。

B.11
发挥高速公路服务网点共享优势
畅通国内大循环

周晓津*

摘　要： 形成国内大循环为主体、国内国际双循环相互促进的新发展格局，既是中华民族伟大复兴必经之路，也是应对世界百年未有之大变局之战略对策。交通运输是国民经济的基础性、服务性产业，是合理配置资源、提高经济运行质量和效率的重要基础，是构建双循环的实体纽带。高速公路在运输能力、速度和安全性方面具有突出优势，对实现国土均衡开发、建立全国统一大市场、提高现代物流效率和公众生活质量等具有重要作用。构建以国内大循环为主体的新发展格局，需要进一步发挥高速公路对沿线乡镇和广大农村经济社会发展的支撑和放大作用，建设数以万计的高速公路服务网点，为沿线乡村输送高品质消费客源，促使自给自足的乡村经济转向成为全国大市场的生产、交换和消费单元，从而大幅度提升双循环的绩效和能级。

关键词： 国内大循环　双循环　新发展格局　高速公路

一　影响网络型基础设施共享优势发挥的堵点分析

无论是虚拟网络还是实体网络，其经济社会价值取决于网络规模大小。

---

* 周晓津，广州市社会科学院农村研究所研究员，主要研究方向为人口大数据、高铁经济。

实体网络规模越大，设计覆盖范围越广，其初始投资成本就越高；投入使用后，网络用户规模越大，覆盖的经济社会领域越广，就会吸引更多不同类型用户加入，从而进一步形成社会经济效益更大的价值网络。2019 年底，我国高速路总里程已达 14.96 万公里，是全世界最大的跨区域基础设施网络。高速公路网络价值大小取决于高速出入端口数量及其有效服务区域。

（一）网络型基础设施效能提升的关键因素

我国的高速公路网和铁路网是极为典型的超大网络型基础设施，就网络本身而言，高速公路服务网点数量（含高速出入口）和铁路车站的数量是两者网络增值效应强弱的关键因素。例如，2006 年中印两国铁路网运营里程分别为 7.7 万公里和 6.3 万公里，我国胡焕庸线以东地区的面积、人口总量和铁路运营里程与印度大致相等，但同期印度铁路客运量高达 89 亿人次（日均 2438 万人次），而同期中国铁路客运量仅 12.5 亿人次（日均 344 万人次），铁路运效为印度的 14.12%。2019 年我国铁路运营里程上升到 13.9 万公里（高铁 3.5 万公里），全国铁路完成客运量 36.6 亿人，换算成日均客运量仍旧只相当于 2006 年印度的 41.1%。无论是经济总量、人均收入、人口流动性还是路网规模，我国铁路客运量都应该早就超过印度。研究发现，我国铁路客运效能远低于印度的根源在于火车站数量不足：2006 年印度有超过 7000 个火车站，而 2012 年我国铁路只有 2117 个客运车站，胡焕庸线以东地区客运车站密度不到印度的 30%，铁路网络客运效能远未得到发挥。

（二）网络共享终端不足导致高速虹吸效应

高铁虹吸效应是指高铁通车后，沿线中小城市非但没有出现高铁聚集效应，反而导致沿线低能级城市人口加速外流到人口更多、经济更强、基础更好的中心城市。与高铁的虹吸效应相对应，高速公路开通也会导致沿线小镇的高速虹吸效应。我国的高速公路通常沿原有的国道线进行建设。在胡焕庸线以东、京津以南的平原和丘陵地区，国道沿线一般每 5~10 公里就有一个

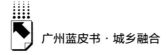

小镇。例如，320 国道湖南邵阳-隆回段，由岩口铺（乡）至雨山铺（乡）15 公里的路程上分布了岩口、周旺、高田、雨山等 4 个乡镇，每个乡镇距离仅 5 公里。沪昆高速开通之后，过往客流飞跃而过，320 国道沿线乡镇迅速衰落，2010 年前后最为严重，大量餐饮及相关服务商铺几乎全部倒闭。普通公路沿线小镇因高速通车而衰落，与高铁通车后沿线三四线低能级城市衰落原因大致类似，都是因为过往客流对当地外输性消费推动效应消失所导致。我国高速公路出口之间距离过大，相当于一个县才有一个出入口，即在人口密度较大地区 5~10 个乡镇共享一个端口。

高速公路出入口数量不足，与铁路车站数量过少导致网络客运效能受限的原理是相同的。高速公路出入口数量不足，既会导致沿线中短程出行和物流需求难以得到满足，也阻断了过路旅客需求对沿线乡村的消费支撑。目前，我国公路旅客平均出行距离是印度市郊旅客的 2 倍左右，若有更多的旅客上下站点，将平均出行距离下降到印度市郊旅客相同的程度，依据引力客流模型，可使旅客总运量为先前的 4 倍。现有高速公路出入设计对客流的影响还表现在旅客上下成本太高。理论上，汽车客运公司可以在每个出入口上下旅客来提升客运效能，但上下一次的时间就在 20 分钟以上，上下三五次就会使旅客的出行成本成倍地增加。因此，要发挥跨区域交通基础设施的共享优势，关键在于设置更多的服务站点，以此来连通沿线更多的人口和更广大的区域。如果在高速公路沿线每 5~10 公里建设一个高速服务站，在过往旅客消费需求推动下，高速公路沿线小镇将再次繁荣，这对于畅通国内大循环、构建新发展格局而言具有四两拨千斤的效用。

（三）地铁客流网络正效应与高铁高速的虹吸效应分析

与高铁、高速公路虹吸效应相比，城市地铁一旦成网络，地铁站对周边区域发展就会形成较强的推动效应。三者对比，高铁虹吸效应源于大城市车站多、运行线路多且停靠频率大；高速公路虹吸效应则是截断了过路客流对小镇经济的消费性拉动，人口和货物进出不便；而地铁则是站站停靠且车次密集。高速公路、高铁和地铁都属于网络型基础设施，高速公路出入口、铁路车站和地铁站是网络正效应发挥的基础，只有这些直接服务于沿线人口与产业的站点数量达到一定规模且近似于均匀分布时，网络正效应才开始显现。例如，地铁客流理论模型推算和实证结果表明，在人口分布均匀区域内，地铁双线正交线客流量是单一线路客流量的 4 倍，而三线圆形正交地铁网客流量是双线正交网的 2 倍。高速公路、高铁的虹吸效应根源在于服务站点不足，无法有效集聚更多的客源和货源；而地铁站间距离基本上处于人们步行舒适范围内，以便尽可能地吸引人们选择地铁出行。

二　高速高铁效能提升和建设全国性高速服务网点的战略意义

（一）我国高速公路和高铁效能提升空间极为巨大

客流模型理论推算结果表明（周晓津，2015），我国经济活动年龄人口短距离出行乘坐地铁的概率为 0.943~0.958。我国 10 亿经济活动人口（15~64 岁）每天跨乡镇出行次数为 8320 万人次（理论推算高值为 11400 万人次），相当于年客运量 303.68 亿人次（理论推算可信任高值为 416.1 亿人次）。若高铁、高速公路按四六分担，则我国"普通铁路－城际轨道－高速铁路"网络可承运的日均客流量变动区间为 3328 万~4560 万人次，全国铁路网年有效客流量为 121.47 亿人次（理论高值166.44 亿人次），即依靠增加车站数量就可提升铁路旅客运输效能 2.33 倍。理论推算高速客流增加 52.2 亿人次以上。在理论推算模型中，高速公路服务站点和普通铁路站间平均距离为 10 公里，城际轨道站间平均距离为 6 公里，高速铁路站间平均距离为 30 公里；全国普速铁路站点应在8000 个左右，营运里程 8 万公里；高速铁路站点 2000 个左右，营运里程6 万公里；城际轨道站点 5000 个左右，营运里程 3 万公里。理论推算模型的铁路网总里程 17 万公里，与 2016 年版的《中长期铁路网规划》中2025 年的目标相当。据测算，公路旅客平均出行距离将下降到 25 公里左

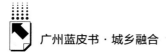

右，珠三角地区则会下降到 15～20 公里左右。若我国高速公路、城际轨道、普速客车通过大规模增加车站数量，则高铁和高速公路两大交通网络可实现每天承运 8000 万人次的超级客流。在现有票价制度下，我国铁路网投资收益平衡点在日均客流 3500 万人次，即仅靠客流就可实现铁路系统的投资运营盈利。

与客流受限相对应，乡镇物流因服务网点数量稀缺而导致高昂的物流成本，其中快递成本更高。例如，笔者最近经手由湖南省隆回县分别发往广东中山、广州番禺和广州越秀的三个顺丰农产品特产快件，其价格分别为 101元、42 元和 53 元。其中，因武冈机场至广州白云机场到广州番禺基本上算是直达而运费最低；越秀需市内转运居次；中山最贵，原因是先经武冈飞杭州，再由杭州转珠海机场，最后才到达中山。若高速公路每 10 公里设服务网点，仅靠汽车货班运输即可达到同样的效果，且到中山和越秀两地价格会大致相等。若能在高速公路沿线每 5～10 公里建设高速公路服务网点，则乡镇实现与全国直达快件的人口将增加 4 亿左右，仅农特产品快件预计增量就在 200 亿件以上，并将催生大量乡镇小微企业和个体；农村家庭依靠 5～10亩地经营快件产品即可实现小康。因此，高速公路服务网点建设对村村通快递和农村脱贫极为重要，可将自给自足的农村家庭转变成为面向全国大市场的生产单元和消费单元。

（二）建设全国性高速服务网点具有六大重要战略意义

新形势下，构建国内大循环为主体、国内国际双循环相互促进的新发展格局，需要深化改革，尽快疏通影响国内大循环的堵点，促进国内经济高质量发展。跨区域网络型基础设施市场端服务网点不足是国内大循环最大的堵点。建设全国性高速服务网点，将极大地补齐畅通国内大循环短板，大幅提升双循环的绩效和能级，对于构建双循环新发展格局具有全国性的战略意义。

一是形成全国扶贫脱困的新堡垒。全国 15 万公里的高速公路沿线有不少贫困山区，由于缺乏停靠站点，农民外出只能望路兴叹，把农产品销售给过往客流亦只能成为妄想，快递进村更是非常困难。若在高速沿线建设服务网点，将大大方便农民工外出和返乡，农产品更是可以就地对外销售，快递进村便捷度与城市居民相差无几。过往客流为沿线镇、街、村提供外输性消费动力，甚至可能形成新的街铺。

二是将网点周边的农村纳入全国大循环体系，推动自给自足的农村消费向市场生产单元转变。目前，中国农村仍然有3亿多人口，农村留守人口的生产仍然处于自给自足状态。在农产品成熟季节，大量产品只能用来养自家禽畜。据报道，2021年河南农村西瓜大熟季节，由于销路不畅，每公斤价格低至 0.05~0.15 元，农村几乎血本无归，而大城市平均售价是产地的 10 倍以上。若在高速沿线建设服务网点，更多农产品可纳入全国大循环体系。

三是直接扩大有效投资。我国现有高速公路至少可以建成3万个服务网点，以每个网点平均投资1亿元计算，全国直接有效投资在3万亿元以上。2019年，广东高速公路里程达9495公里，稳居全国第一名。以每10公里建设双向站计算，全省可建设近2000个服务站点，直接投资可超过2000亿元。

四是在每个服务网点直接设旅客上下站点，全国网络共享效应可新增高速公路客流 52.2 亿人次（日客流量 1430 万人次）。若整合无人驾驶、北斗导航和多车型电动等全国联运模式，将产生年客运服务高达 40 亿人次、年运营收入高达 1000 亿元的超级客运公司，其运量和效能相当于现有高铁客运系统。

五是强大的网络物流效应，可直接在站台完成快件交换，村村通快递成为可能，小农产品可畅达全国。国内大循环的关键是促消费，消费的关键是提升农村收入。在网点网络效应的推动下，农村以往的自给自足生产模式向市场生产和消费单元转变，物流因网点成网使得成本大为降低，农村生产和消费大大畅通，又将推动物流成本进一步降低，从而大幅度提升国内大循环体系的自我优化功能。

六是在服务站点设置充电区域，可大力推动我国电动车产业发展。电动化、网联化、智能化、共享化正在成为汽车产业的发展潮流和趋势。新能源汽车融汇新能源、新材料和互联网、大数据、人工智能等多种变革性技术，推动汽车从单纯交通工具向移动智能终端、储能单元和数字空间转变，带动能源交通、信息通信基础设施改造跃升，有效促进能源消费结构优化、智能交通体系和智慧城市建设，具有广阔市场前景和巨大增长潜力。

三 高速公路服务网点将强化网络增值效应三大功能

（一）客运功能

近年来，汽车客运站客运量持续下降，2014~2018 年，广州市客运站客运量分别为 7979 万人次、7137 万人次、6874 万人次、5860 万人次、5200 万人次。下降的主要原因是以高铁、城际轨道为核心的轨道交通体系迅猛发展，给客运班车行业带来了直接冲击。再有，随着社会经济的发展、人民收入及消费水平的提高，家用轿车已替代了部分客运班车需求。另外，不断完善的地铁、公交服务以及预约、定制公交的出现，占据了短途客流的主要市场。还有就是，网约车等新业态快速发展给传统道路客运带来巨大的压力。由此导致城区多个客运站相继关闭。越秀南汽车站、黄埔客运站、永泰客运站、番禺客运站都在 2019 年停止发班；2020 年，广州汽车客运站正式和市民告别。

客运站歇业并非客流不足，客流下降的真正原因是点对点的客班运输不能满足出行需求。2019 年，我国公路旅客的平均出行距离是 68 公里，是印度铁路市郊平均运距 33 公里的 2 倍多，基本属于县级或地级市之间的出行，镇乡级出行则因停靠不便而不能满足。例如，乘坐到深圳福田的班车，旅客想在深圳宝安下就不可能；从化到南沙直达的客流本来就少，沿途又不能连续补充客流，这类客运最先歇业停运。珠三角以外县市如韶关、河源等地人员流动量较少，如单独开通至广州、深圳等珠三角核心城市的客车，则往往因客流量的原因而导致成本高昂，如果在这些县市建立公交服务网点，则沿途各县市完全可以通过联营而实现多赢的局面，同时杜绝拉客、甩客现象。在旅客集散方面，经济发达区域可以考虑沿高速公路平行方向开通城际或镇际普通公交，并使这些普通公交连接城市地铁站、轨道交通站、普通公交站，实现地铁、轨道交通、普通公交互联互通，形成综合交通体系。

（二）快件物流功能

我国国家高速公路网将连接所有目前城镇人口超过 20 万的城市，因此依托高速公路的服务网点群将形成每一个网点所在地的快速物流配送中心，进而形成高速快件物流网络。2005 年，广东全省快递实际总量仅为 5000 万件左右，年人均不到 0.5 件，而 2019 年广东实际人均快递量超过 13 件。2020 年新冠肺炎疫情催生快递业务高速增长。例如，自 2020 年 3 月 15 日以来，拼多多日均在途物流包裹数已经稳定在 5000 万件以上，较 2019 年同期增长 60%。整个 3 月，拼多多平台的实物快递包裹总数超过了 15 亿件。因此高速公路服务网点群将成为快递公司布局首选之地。网络是物流业的生命，如宅急送快件公司开通经（湘）潭邵（阳）高速向湘西运送快件的线路，由于缺乏高速公交站台这样的中途物流平台，每到地处，车辆必须下高速，因而浪费了不少时间，同时人力及车辆费用支出亦十分昂贵。很少有物流公司在我国的中西部开展业务，高速公路服务网点群将有助于加强内陆与沿海地区的联系，同时吸引更多的公司到中西部发展。

（三）综合市场交易功能

高速公路服务网点的市场交易功能有两大类，一是单一网点交易功能，二是网络增值。高速公路服务站点可灵活设置为多种类型。在人口密集的珠三角城市，建设足球场的用地成本极为昂贵，但在离人口密集的较远区域，如广州从化、增城等适宜区域建设高速公路沿线足球场，其用地成本则大大降低。除了高速公路外，遍布珠三角的城际铁路沿线也可以建立专门的足球场站或多功能综合服务站点，以满足城市人民日益增长的文化健康服务需求。

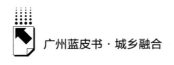

四 建设全国性服务网络，畅通国内大循环

高速公路服务站点网络的形成，将大大提高国内经济的供给质量，大力提升和挖掘高速公路沿线地区的消费潜力，进一步畅通国内经济循环，使国内外产业更加依赖中国的供应链和产业链，更加依赖中国的巨大消费市场，在提高经济自我循环能力的同时，促进更高水平的对外开放，形成国内国际双循环新发展格局。为推进全国性高速公路服务网点建设，本报告提出以下建议。

一是新建全国性的公司负责服务网点的基础设施建设，主要业务为网点及周边的道路、给水、供电、排水、热力、电信、燃气及土地平整等的基础投资和建设（即"七通一平"）。全国现有15万公里高速公路服务网点建设，预计投资规模3万亿元左右。此外，若将50余万公里的二级以上公路服务网点纳入建设规划，预计总基建投资规模将超过6万亿元。

二是对全国服务网点进行统一规划。设置与高速公路平行的误入车道；在市郊及农村区域设置扶贫工作站；设置方便地摊交易和农特产品等简易交易区（地摊）；设置简易下客点、快件点和充电区。在城市群区域可单独设置某一品类或单一服务的网点，如将城市客运站改设到高速服务网点；农业县域可设置单一的农产品交易市场；大城市环城高速公路沿线，既可设置快件交换中心或城市战略物资储备库，也可以设置成集农产品交易、快件物流、客流、停车场及商贸一体化的大型综合服务区，甚至可以建设足球场等以体育活动为目的的城市休闲服务区。

三是着眼培育全球500强公司，每个网点预留物流、商贸、电动车产业等用地。伴随全国性高速公路服务网点的建成，预计至少在客运、快件物流、战略物资储运、农产品供销、无人驾驶、电动车产业、旅游休闲等领域产生7~10家全球500强公司。除七通一平外的服务区基础建设完全可以吸引民营企业进入，预计投资将大大超过国有投资。

五　建设粤港澳大湾区服务网，畅通广东双循环

（一）将服务网点纳入"十四五"规划

2019 年，广东高速通车里程达 9495 公里，稳居全国第一名。到 2035 年底，全省高速公路通车里程约 15000 公里，比 2020 年底增加 5000 公里左右。其中，珠江三角洲地区约 7100 公里，粤东西北地区约 7900 公里。建议将服务网点直接纳入全省新建高速公路建设规划。

（二）服务网点建设直接有效投资效应明显

大规模投资和推动长期性消费是构建双循环新发展格局的关键。以每 10 公里建设双向站计算，广东可建设 2000 个以上服务站点，直接投资 2000 亿元以上；单个网点预计投资 1 亿~2 亿元，珠三角地区网点可加密到每 5 公里一个。凭借全国经济实力排名第一的水平，广东应增设新的国有投资集团负责网点七通一平建设；网点地上附属物则引进社会资本进行投资，相应投资规模是直接投资的 1~2 倍。在网络效应推动下，广州可形成集生产、批发、零售、消费于一体的网络共享化超级大市场，加快广州城乡融合发展步伐，使北部农村更紧密、更直接地融入大湾区。

（三）聚焦培育世界级大公司，助力广东高质量发展

高速公路现有服务区对沿线而言基本上处于封闭状态，且没有引入市场化竞争和运营。新建高速公路服务网点则既对高速公路运行车辆和过往人口开放，也对高速公路以外特别是沿线乡镇甚至个体农户开放，重点实现网点旅客上下、快件物流和市场交易功能，尽可能地将沿线更多的人口和产业通过高速路网与全国乃至全世界连接，从而形成多家世界级大公司。首先，高速公路客运公司重生，广东 15~64 岁的经济活动人口占全国 10%以上，每年仅春运期间就有近 6000 万人跨省往返，服务网点建设等于将客运站直接放到高

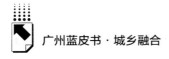

速公路上。其次，形成多个高速公路快递物流公司，将会加速现有快递物流布局和重组，在战略物资储运、救险救灾快速响应等领域形成新的大型公司。最后，农产品供销、无人驾驶、电动车产业、旅游休闲等领域也将形成大型公司。

（四）珠三角地区服务网点以满足城市居民消费为主

就广州市这样的大湾区核心城市而言，环城高速公路上的服务网点主要供上下客、快件物流和城市应急使用；关闭环城高速公路区域内的外发客运站场，业务全部迁至服务网点；外地来穗客车不进环城高速公路以内城区，上下客全部在环城高速公路服务站点完成；延伸地铁线和BRT线至环城网点并设置旅客换乘通道；单独设置类似BRT的快件物流线路。环城高速公路服务网点主要承担旅客上下、快件收发、充电区（加油）、餐饮、停车、批发、零售、展销等综合功能。

除广深两大核心城市外，珠三角区域服务网点以便捷城市居民消费为主。市郊区域网点功能除客流、快件物流等基本功能外，应特别设置战略物资储备点。在珠三角外围郊区，旅游休闲、农产品展销（农家乐、农业生产体验）是设点的主要驱动力。广州城区足球场地昂贵，中心城区应在北部山区甚至到清远等地建设足球场及其他综合体育设施，以满足学生体育及人们健康运动需求。

（五）非珠地区服务网点面向过路消费和本地产品输出

在广大粤东西北地区，农业县区必须建设大型农产品展销网点；在高速公路过境的镇、乡设置中小型网点；偏远山村可设置微型网点，也可依据成片发展规模设置成中型网点；在农村或山区，应设置特别扶贫站点。在旅游资源较丰富的区域，以近距离为原则设置网点。

参考文献

周晓津：《高速铁路、城际轨道与城市地铁融资租赁研究》，经济科学出版社，2015。

周晓津:《基于大数据的人口流动流量、流向新变化研究》,经济管理出版社,2020。

周晓津:《中国城市地铁建设准入标准研究》,《中国软科学》2013年第9期。

周晓津:《高质量打通全国高速公路服务网点,服务国内大循环》,《广东省信息通报》2020年第10期。

周晓津:《关于建设高速公路多功能服务区　构建国内大循环新发展格局的对策建议》,《南方智库专报》2020年第347期。

周晓津:《构建"多机场+快速轨道"体系,建设广州国际综合交通枢纽》,《领导参阅》2017年第8期。

周晓津等:《基于大数据的中国人口流动研究报告》(上\下册),北京经济科学出版社,2020。

张强、刘江华、周晓津:《增强城市综合服务功能研究:理论、实证与广州策略》,中国经济出版社,2012。

B.12
广州特色农业支撑平台发展的现状、问题与对策

黄骋东　万俊毅*

摘　要： 发展特色农业产业是推进乡村振兴的重要路径。围绕广州特色农业资源，广州创建了以"一村一品"示范村镇、现代农业产业园和特色农产品优势区为代表的各类特色农业支撑平台。但是，相较于北京和上海，广州创建的国家级特色农业支撑平台较少、优势主导产业品类单一、打造的特色农业品牌知名度不高。这可能是源于广州乡镇特色农业产业规模化水平有限、特色资源优势化利用程度不足、特色农业品牌创建机制不完善等原因。对此，广州应着力加大乡镇支撑平台建设力度、培育多元优势主导产业、拓展支撑平台品牌创建服务功能，以此促进广州特色农业产业发展提质增效。

关键词： 特色农业　乡村振兴　联农带农

一　引言

特色农业是地方独特自然资源和社会资源优势化利用的适应性农业（万俊毅和徐静，2021）。相较于一般农业，特色农业被赋予了品种、地域、

---

* 黄骋东，华南农业大学经济管理学院研究生，主要研究方向为乡村振兴、企业管理；万俊毅，华南农业大学经济管理学院教授、博导，主要研究方向为农业经济管理。

文化特色，承载了深厚的文化含义。正因为特色农业与适宜的资源环境、独特的种养农艺或地方文化不可分割，与农民的社会再生产活动紧密相连（郭景福和田宇，2020）。发展特色农业产业被认为可以涵养自然生态、传承农业文化、改善农民生活，被视为是拓展农业多种功能的有效途径、挖掘乡村多元价值的关键抓手和促进农民持续增收的重要推力。在经济社会发展的不同阶段，特色农业服务于不同政策诉求，承担着差异化的发展目标。接续以往政策，2022年"中央一号文件"指出，要巩固提升脱贫地区特色产业，完善联农带农机制；要推进现代农业产业园和农业产业强镇建设，培育优势特色产业集群，聚焦产业促进乡村发展。这再次凸显了发展特色农业产业对推进乡村振兴的重要作用。

乡村是广州城市综合功能不可或缺的承载地，乡村振兴是广州高质量发展的题中应有之义。相对北京和上海，广州涉农人员占比不小，涉农从业者收入不高，推动乡村振兴的任务较重。第七次全国人口普查公报显示，广州乡村常住人口占全市常住人口的13.81%，高于北京的12.5%和上海的10.7%。2021年广州农村居民人均可支配收入为34533元，略高于北京的33303元，低于上海的38521①。不过，如古文所言"广州诸大县中，往往弃肥田以为基，以树果木，荔枝最多，茶桑次之，柑、橙次之，龙眼多树宅旁，亦树于基"，广州有丰富的特色农业资源和悠久的岭南农耕文化。这为广州发展特色农业产业助力乡村振兴提供了深厚基础。围绕发展特色农业的目标，广州大力建设特色农业支撑平台，取得了丰厚成效。

二 广州特色农业支撑平台发展现状

特色农业的发展有赖于政策引导，通过搭建特色农业支撑平台可以推动特色农业产业聚集。从中央政府到各级地方政府都积极创建特色农

---

① 资料来源：各市2021年国民经济和社会发展统计公报、第七次全国人口普查公报。

业支撑平台，引导特色农业产业集群化发展。聚焦广府特色优势农业资源，广州布局市内各区域，以"一村一品"专业村镇、现代农业产业园和特色农产品优势区为主要抓手，围绕荔枝、丝苗米和休闲农业等优势主导产业，创建了一批特色农业支撑平台，打造了特色农业产业体系，推动了市内多区域的乡镇产业发展。

（一）各类型支撑平台发展现状

广州构建了"一村一品"示范村镇、现代农业产业园、特色农产品优势区等多类型的支撑平台。首先，聚焦乡镇特色农业产业。一方面，广州在国家级和省级"一村一品"示范村镇的评选中争先争优，截至2022年3月，共入选国家级"一村一品"示范村6个、示范镇2个；入选广东省"一村一品、一镇一业"专业村134个、专业镇15个。另一方面，广州也积极创建市级"一村一品"示范村镇，加大投入以支持乡村特色产业发展。自2019年始，广州分四个批次创建市级"一村一品、一镇一业"专业村140个、分两个批次创建专业镇15个。其次，着力于现代农业产业园。广州共创建1个国家现代农业产业园、29个省级现代农业产业园①。最后，广州由点及面地推动特色农产品优势区的建设。广州围绕特色优势主导产业，打造国家级特优区1个，省级特优区8个②（见表1）。

表1 广州各类型支撑平台创建情况

单位：个

名称	国家级	省级	市级
专业村	6	134	140
专业镇	2	15	15
现代农业产业园	1	29	4
特色农产品优势区	1	8	0

① 此处统计的现代农业产业园数量包括2021年公布的功能性现代农业产业园。
② 如果没有特别说明，下文中所涉及的数据均整理自农业农村部、广东省农业农村厅、广州市农业农村局网站相关文件。

分区域看，广州各区域涉农程度不同，特色农业资源有差异，特色农业产业发展现状不一致。从特色农产品优势区的创建看，广州"从化区、增城区荔枝"创建了国家级特色农产品优势区；8 个省级特色农产品优势区中，增城区 5 个、从化区 2 个、花都区 1 个。从全国"一村一品"示范村镇的建设看，从化区入选 4 个、增城区入选 2 个、花都区入选 2 个。从省级"一村一品、一镇一业"专业村镇的建设看，从化区数量远多于其他区，占比高达 32.9%；增城区、白云区、花都区三者占比都在 20% 上下，仅以上四个区占比已接近总数的 80%。由此可见，从化区、增城区、花都区不仅在特色农业产业建设的数量上遥遥领先，且在特色产业的发展质量上也非常突出（见表 2）。

表 2　广州市各区域专业村镇创建情况

单位：个，%

地区	国家级	省级						
		专业村		专业镇				
		第一批	第二批	第一批	第二批	第三批	总数	占比
从化	4	38	5	1	4	1	49	32.9
增城	2	14	14	1	1	1	31	21.0
花都	2	16	8	0	2	1	27	18.0
白云	0	23	2	0	1	0	26	17.4
番禺	0	6	1	0	1	0	8	5.3
南沙	0	4	1	0	1	0	6	4.0
黄埔	0	1	1	0	0	0	2	1.4

（二）支撑平台主导产业分布情况

特色农业的发展围绕主导优势产业。广州以本土特色优势资源为依托，推动多种主导产业的特色优势农业产业集群发展。分大类看，广州特色农业优势产业有以下几个特征。第一，广州特色农业优势产业以种植业为主，8

个省级特色农产品优势区中有 7 个为种植业；134 个省级专业村中，主导产业为种植业的有 104 个，占比 78%；省级专业镇中种植业类占比达 60%。第二，省级专业村镇中占比次多的为休闲旅游类，再之后为水产品养殖类和家禽牲畜养殖类，两者相差不大。第三，以农产品加工为主导产业的专业村镇数量极少（见表3）。

表3 广州市专业村镇主导产业分布情况

单位：个

名称	批次	种植业	家禽牲畜养殖	水产养殖	休闲旅游	加工
专业村	一	83	4	5	8	2
	二	21	2	3	6	0
专业镇	一	2	0	0	0	0
	二	6	0	1	2	1
	三	1	1	0	1	0

从主导产业所属的具体品类看，截至 2022 年 3 月，广州主要在以下几类专业村镇的建设中取得了亮眼成绩。首先，广州围绕丰富的果类资源，推动建设了大量以各类果品为主导产业的专业村镇，共有 3 个国家级、49 个省级“一村一品”专业村镇以特色水果为主导产业。其中，以荔枝为主导产业的村镇最多，有国家级专业村 2 个、专业镇 1 个；省级专业村 13 个、专业镇 4 个。其次，依托珠三角庞大的人口总量，广州打造了一批以休闲旅游为主导产业的专业村镇。广东省共认定了 14 个休闲旅游类型的省级专业村以及 3 个专业镇，这些村镇全部位于广州市。再次，广州一贯以丝苗米作为稻米类主推的优势特色品种，共认定了 11 个稻米类省级“一村一品”专业村，其中有 5 个以丝苗米为主导产业。最后，广州的花卉产业具有较好的产业基础，从化花卉产业园通过了国家级现代农业产业园的认定。广州共推动建设了 18 个以花卉或盆景苗木为主导产业的省级“一村一品”专业村和 2 个专业镇（见表4）。

表4 广州市主要品类专业村镇创建数量

单位：个

专业村		荔枝	丝苗米	花卉盆景	休闲旅游	总数
第一批	广州	11	3	14	8	102
	广东	61	35	32	8	1322
第二批	广州	3	2	4	6	32
	广东	47	22	32	6	956

专业镇		荔枝	丝苗米	花卉盆景	休闲旅游	总数
第一批	广州	0	0	1	0	2
	广东	5	3	6	0	100
第二批	广州	3	0	1	2	10
	广东	14	4	2	2	100
第三批	广州	1	0	0	1	3
	广东	6	2	3	1	100

从广州各区域的主导产业来看，不同区域各有优势。以省级专业村镇的建设为例，第一，从化区和增城区创新了大批以水果为主导产业的专业村镇，市内以荔枝为主导产业的村镇也大多集中于此。第二，花都区的优势体现在休闲旅游类和花卉盆景类。广州17个休闲旅游类省级专业村镇中，花都区有11个，占比64.7%；20个花卉盆景类专业村镇中，花都区有8个，占比40%。第三，白云区共创建蔬菜类省级专业村镇10个，相对其他区域，蔬菜产业的优势较为明显（见表5）。

表5 广州市各区域分品类专业村镇创建情况

单位：个

地区	荔枝	水果	水产	蔬菜	丝苗米	休闲旅游	花卉盆景	家禽牲畜
增城	6	14	1	2	5	0	2	1
从化	11	25	0	2	0	5	2	3
花都	0	3	2	1	0	11	8	0
白云	0	6	2	10	0	1	6	1

（三）特色农业品牌建设情况

以品牌示范基地和其他各类特色农业示范平台为支撑，广州在省内打响了一批特色农业品牌。以荔枝为例，广州从化、增城区围绕荔枝主导产业，创建 2 个广东省荔枝品牌示范基地；以 1 个国家级特色农产品优势区，3 个国家级、17 个省级专业村镇和 2 个省级现代农业产业园为支撑，培育了 2 个全国名特优新农产品和 2 个全省前 6 的区域公用品牌，2021 年增城荔枝品牌价值 24.8 亿元、从化荔枝品牌价值高达 68.1 亿元。

从广州的特色农业品牌总数看。截至 2022 年 3 月，第一，广州培育了 343 个"粤字号"农业品牌，数量为广东省第一，占总数的 15.1%，培育数量超第二名的韶关 110 个。第二，广州培育了 24 个广东省名特优新农产品，占总数的 7.1%。第三，2019 年"粤字号"县域区域公共品牌百强中，广州入选 5 个，表现最优的增城丝苗米以 18.4 亿元的品牌价值位列第 18 名（见表 6）。

表 6 广州市省级农业品牌创建情况

单位：个

地区	粤字号	省名特优新	地区	粤字号	省名特优新
广州	343	24	揭阳	50	5
深圳	76	1	潮州	46	5
珠海	65	1	清远	101	25
汕头	42	7	肇庆	71	37
佛山	101	4	茂名	134	34
韶关	233	28	湛江	165	10
河源	104	16	阳江	82	13
梅州	217	17	江门	130	45
惠州	132	15	中山	43	4
云浮	43	10	东莞	53	2
汕尾	35	36			

三 广州特色农业支撑平台存在的问题及原因

(一)存在的问题

国家级"一村一品"示范村镇相对较少。广州创建的各类支撑平台在省级层面均取得了亮眼成绩,但是在国家级支撑平台的创建上,"一村一品"示范村镇的数量远落后于北京和上海。一方面,在广东省内,第一,广州获批广东省特色农产品优势区 8 个,占比 7.69%,获批数量在 21 个地级市中排名第 5。第二,广州共 149 个村镇入选广东省"一村一品"专业村镇,占比 5.78%,获批数量在省内各地级市中名列第 6。第三,广州创建的省级现代农业产业园全省最多,共 22 个,占比 12.5%。另一方面,与北京和上海对比,第一,在中国特色农产品优势区中,广州获批 1 个,北京和上海分别获批 2个、3 个。第二,三个城市均创建了 1 个农业现代化示范区。第三,北京创建了 2 个国家级现代农业产业园,上海和广州均创建了 1 个。第四,广州全国"一村一品"示范村镇的创建数量远落后于北京和上海(见表 7)。

表 7 京沪穗特色农业发展情况对比

单位:个

地区	中国特色农产品优势区	农业现代化示范区	国家级现代农业产业园	"一村一品"示范村镇
北京	2	1	2	91
上海	3	1	1	36
广州	1	1	1	8

优势主导产业品类单一。广州有独特而丰富的水果资源,但是仅有 3 个水果种植类的国家级示范村镇,且均以荔枝为主导产业。相比之下,京沪却分别有 36 个、16 个水果种植类的"一村一品"国家级示范村镇(见表 8)。从具体品类来看,北京获批的品类自开始便较为均衡,主要集中在苹果、樱

桃、梨、西瓜等。上海则相对多元，包括草莓、葡萄、多品种桃、多品种梨、雪瓜、甜瓜、枇杷等各类型水果。

表8 京沪穗全国"一村一品"示范村镇主要品类分布情况

单位：个

地区	休闲旅游	蔬菜、食用菌及园艺作物种植	水果种植	牲畜、家禽、水产饲养	其他种植类
北京	5	31	36	4	9
上海	0	10	16	4	3
广州	1	3	3	1	0

品牌知名度不高。广州特色农业品牌还有较大提升空间。首先，全国知名的农业品牌数量相对较少。第一，全国名特优新农产品中广州市入选9个，京沪各有40个、29个。第二，2020年发布的中国农业品牌目录展示了全国知名的企业品牌，京沪穗各入选1个。第三，在2019年度发布的全国农产品区域公用品牌中，广州仅入选1个，落后于北京的5个和上海的4个（见表9）。其次，广州的优势区域公用品牌与同品类的最优品牌仍有差距。以荔枝品牌为例，2021年高州荔枝品牌价值已达到122.2亿元，茂名电白荔枝也达78亿元，远超从化、增城荔枝的品牌价值。

表9 京沪穗国家级农业品牌创建情况

单位：个

地区	全国名特优新农产品	中国农业品牌目录农产品品牌	中国农业品牌目录农产品区域公用品牌
北京	40	1	5
上海	29	1	4
广州	9	1	1

（二）原因探析

乡镇特色产业规模化水平有限。国家级"一村一品"示范村镇评选标准中始终规定着主导产业产值占专业村、镇总产值的比重。且自第十批始，评选标准中增加了主导产业总产值的规定，村主导产业总产值要超过1000万元，镇主导产业总产值要超过5000万元。广州"一村一品"示范村镇建设落后于北京和上海的原因之一便是广州乡镇特色产业规模化水平与京沪差距较大。这从全国乡村特色产业十亿元镇、亿元村的推介中可以看出：截至2021年底，全国共推介两批十亿元镇和亿元村，广州仅有1个亿元村上榜。相比之下，北京有7个特色产业亿元村，上海有6个特色产业亿元村和1个十亿元镇，显示了京沪穗乡镇特色产业规模化水平的差距（见表10）。

表10　京沪穗全国乡村特色产业十亿元镇、亿元村对比

单位：个

地区	特色产业十亿元镇		特色产业亿元村	
	2020年	2021年	2020年	2021年
北京	0	0	2	5
上海	0	1	1	5
广州	0	0	0	1
广东	1	9	2	9

特色资源优势化利用程度不足。广州特色农业产业发展对多元化特色资源开发不足。特色资源不仅局限于自然资源，还包括特色人文资源、特色种养农艺等。一方面，广州特色农业产业支撑平台的主导产业大多集中于种植业，对广州的自然资源进行了较为充分的开发。相比之下，以广东省乡村振兴文化服务现代农业产业园为代表的、围绕开发广州特色人文资源而创建的特色农业产业支撑平台只占少数。另一方面，以种养殖业为主导产业的支撑平台，主导产业产业链延伸程度不足，一二三产业融合程度较低，以致产品虽然体现了广州特色自然资源，却未深入开发其更多功能、延伸其可能蕴含的人文价值等。由此，对特色资源挖掘、拓展和延伸的欠缺，导致了各特色农业产业支撑平台主导产业同质化的倾向。

品牌创建机制不完善。广州出台了系列措施建设特色农业品牌，打造了

一批企业品牌、区域公用品牌和产品品牌，但品牌创建机制仍有较大完善空间。一是品牌建设认知不到位。对于产品、企业和区域品牌三者之间的区别与联系把握不够清晰，三者建设定位的精准度不足，未能有效形成合力共同促进特色农业发展。二是品牌推广不充分，尤其是品牌形象缺乏文化支撑，大部分特色农业品牌与当地文化结合不紧密，致使各农业品牌有同质化倾向、品牌附加值低。三是品牌保护不严格。未能充分发挥市场监管的作用，对于各种损害品牌权益的行为缺乏有效监管和有力打击。

四　广州特色农业产业发展的对策措施

（一）加大乡镇特色农业支撑平台建设力度

一是强化乡镇特色农业基础设施建设。要加大特色农业产业生产标准化基地、加工标准化基地以及物流基地建设的投入力度，着力建设"一张网"冷链物流，补齐流通中各环节的冷链短板。二是抓牢乡镇基层组织建设，充分发挥基层干部的作用。在基层组织积极开展乡村振兴主题培训，从组织到干部再到分散的农户，逐步凝聚共识。并注重发挥基层党组织的引领作用，将党支部建在产业链上，推动特色农业产业发展提质增效。三是健全基层特色农业公共服务。聚焦乡镇农技推广、区域公共品牌建设、农产品品质监管和疫病防控等多方面，加强队伍建设、完善服务机制、落实工作责任。四是要增强资金的投入力度。除争取各级财政资金向乡镇倾斜外，2022年"中央一号文件"指出，支持地方政府发行政府债券用于符合条件的乡村振兴公益性项目。广州市各级政府应积极尝试以乡镇优质特色农业项目为支点发行政府债券，撬动更多资金投向乡镇支撑平台。

（二）培育多元化优势主导产业

一是要以"1+6"产业链建设，推动各类别主导产业协调发展。即1条都市现代农业总链和丝苗米、荔枝、优势畜禽、渔业、蔬菜和花卉6条产业分链。引导各区域围绕不同分链，深入挖掘差异化优质资源，培育多元化优势产业。二是既要重视对现有优势产业的继续投入，也要着力培育新亮点。以重点项目建设为牵引，推进产业提档升级。三是要优化财政资金使用方式，提高使用效率。以涉农资金整合为抓手，统出合力，发挥财政资金对产业发展的引导作用。四是要聚焦未深入开发的特色资源，引入、培育一批与特色资源相匹配的链主企业，联合上下游相关的新型经营主体贯通全产业链，发挥各类主体的差异化优势，延伸特色农业产业链，拓展特色农业价值链，以此壮大更多优势主导产业。

（三）拓展支撑平台品牌创建服务功能

一方面，以平台建设促进地理标志农产品的培育、保护和发展。一是要使平台建设与"地理标志促进运用工程"紧密结合，培育区域地理标志优势产业。二是实施"农产品地理标志保护工程"，发挥平台在农产品产品特色化、身份标识化和全程数字化等方面的引领作用，服务于地理标志农产品的特色种质保存和特色品质保持。三是要以平台为支点，推动更多特色鲜明、产品质量优异、市场前景广阔的地理标志产品纳入跨国跨区域地理标志互认互保范围。另一方面，在建设特色农业支撑平台时，紧密围绕新"三品一标"建设，充分挖掘广州特色农产品的地域、品种和文化资源（蒋辉和刘兆阳，2020），打响更多优质特色农业品牌。一是要将原有各类特色农业支撑平台和广东省各类农产品品牌示范基地的建设紧密连接，锚定区域特色资源，推动区域公用特色农产品品牌创建。二是要通过壮大特色农业产业中的龙头企业，培育特色农业企业品牌。三是要紧紧围绕主导产品，依靠科技支撑选育良种，并广泛开展市场营销，打造农产品品牌。

参考文献

万俊毅、徐静：《以发展包容性特色农业促进共同富裕》，《南方日报》2021年9月

6 日。

郭景福、田宇：《民族地区特色产业减贫与高质量发展的机制与对策》，《中南民族大学学报》（人文社会科学版）2020 年第 4 期。

杨志龙、陈卫强：《特色农业产业成长的逻辑理路研究》，《农业经济与管理》2021 年第 6 期。

熊德斌、欧阳洪姝、李佳欢：《政府有为、市场有效与特色农业发展机制——赣南脐橙产业升级历史变迁考察》，《上海大学学报》（社会科学版）2021 年第 5 期。

陈荣、杨程景：《特色农业发展：现状、问题及对策——以广东省清远市为例》，《广东经济》2021 年第 12 期。

蒋辉、刘兆阳：《乡村产业振兴的理论逻辑与现实困境——以湖南千村调研为例》，《求索》2020 年第 2 期。

城乡治理篇

Urban and Rural Governance

B.13

党建引领共建共治共享，积极
推进广州乡村治理

彭 振　左向宇　王 阳*

摘　要： 乡村治理是"三农"工作的基础和保障，近年来，广州市坚持
党建引领共建共治共享，推进乡村治理现代化，努力探索具有广
州特色的超大城市乡村善治之路。本报告从强化农村党的建设、
集体"三资"管理、村民"自治"、乡村"法治"、乡村"德
治"、乡村"智治"、治理融合等七个方面总结了广州推进乡村
治理现代化的主要做法和成效。

关键词： 乡村治理　党建引领　共建共治共享

---

* 彭振，广州市委政研室（改革办）政治党建研究处二级主任科员，主要研究方向为城市管理
与乡村振兴；左向宇，广州市委政研室（改革办）城乡研究处处长，主要研究方向为城乡发
展与乡村振兴；王阳，广州市委政研室城乡研究处三级主任科员，主要研究方向为城乡发展
与规划。

乡村治理是"三农"工作的基础和保障,推进乡村治理现代化是全面推进乡村振兴的重要任务。党的十八大以来,广州深入学习贯彻习近平总书记关于"三农"工作重要论述精神,坚决落实中央决策部署和省委、省政府工作要求,把乡村治理现代化作为乡村振兴的重要内容,坚持党建引领共建共治共享,不断完善基层党组织领导的自治、法治、德治相结合的乡村治理体系,加快夯实乡村"智治"基础,积极推进城乡治理融合,努力探索具有广州特色的超大城市乡村善治之路,乡村面貌焕然一新,文明乡风、良好家风、淳朴民风日益彰显,乡村振兴战略实绩考核连续三年居珠三角片区第一,农村居民人均可支配收入增速连续 14 年超过城镇居民,从化区温泉镇、花都区瑞岭村等 1 镇 4 村入选第二批全国乡村治理示范镇(村),白云区太和镇、黄埔区埔心村等 7 镇 49 村入选 2021 年省级乡村治理示范镇(村)。广州市推进乡村治理现代化主要做法及成效,具体体现在以下七个方面。

一 以党的全面领导为牵引,确保乡村治理现代化的正确方向

习近平总书记多次强调,办好农村的事情,关键在党。广州高度重视发挥党的全面领导的牵引作用和农村基层党组织的战斗堡垒作用,为乡村振兴和乡村治理提供坚强政治和组织保证。

(一)聚焦总揽全局、协调各方,全面加强党对"三农"工作的领导

坚决落实五级书记抓乡村振兴要求,成立市委农村工作领导小组(实施乡村振兴战略领导小组),市委书记任组长,市长任常务副组长,市委分管领导任办公室主任,强化牵头抓总、统筹协调作用,在全省率先建立市四套班子成员和法检两长联系乡村振兴等工作机制,引领"三农"工作重心下移、资源下沉、力量下沉。

（二）聚焦民之所盼、政之所向，确保党的领导落实到乡村治理每一个角落

坚持以人民为中心的发展思想，优化基层社会治理格局，构建"四级响应、接诉即办"的机制，把党中央决策部署第一时间贯彻到基层，把人民群众诉求第一时间解决在一线，有效确保党中央"令"到哪里、党委部署就到哪里、基层党组织战斗堡垒就筑牢在哪里、党员先锋模范作用就体现在哪里、党的动员号召就覆盖到哪里、党组织的激励鞭策就跟进到哪里。

（三）聚焦全面进步、全面过硬，把农村基层党组织打造成坚强战斗堡垒

深入实施"农村基层党建示范引领"工程，建设阵地标准化、活动制度化、工作规范化、服务常态化基层党组织，村党组织100%建立标准化规范化建设制度、行政村100%建成党群服务阵地。深入实施"头雁"工程、"青苗"工程、"羊城村官上大学"工程，推行村党组织书记区级备案、"两委"干部人选区级联审、因私出国（境）管理等制度，高质量完成村级集中换届选举，村干部大专以上学历占比超80%。强化党对农村集体经济组织的领导，推动党组织建在网格上、建在经济社上，在全省率先实现村党组织书记兼任村委会主任、集体经济组织负责人"三个一肩挑"，推行经济社社长任命制试点，推进党员担任经济社社长全覆盖。

（四）聚焦正风反腐、监督问效，全面整治群众身边的不正之风和腐败问题

坚持动态排查、精准整治，软弱涣散基层党组织全部"摘帽"。深化基层正风反腐，推进村级党组织巡察全覆盖，开展监察职能向村居延伸试点，派出镇（街）监察组全部挂牌。深入开展扫黑除恶专项斗争，严厉打击农村黑社会性质组织，严肃查处村（社区）涉黑党员干部。

二 以构建统一监管体系为依托，强化集体"三资"管理，筑牢城乡共同富裕和乡村治理现代化的制度基础

习近平总书记强调，农村集体产权制度改革是对农村生产关系的进一步调整和完善。广州把加强集体"三资"管理作为深化农村集体产权制度改革、提升乡村治理效能的关键一招，打出系列管理组合拳，为集体管好"钱袋子"、为农民守住"命根子"。

（一）围绕股权做文章，全面完成集体资产股份合作制改革

成立广州市农村集体产权制度改革工作领导小组，出台改革实施方案，全面摸清农村家底，固化量化资产权益，推动实现"资源变资产、资金变股金、农民变股东"。开展集体土地、森林等资源性资产确权调查登记和集体经营性合同集中清理，突出整治"平台外合同""超长期合同""超低价合同"。

（二）围绕严管立规矩，构建全方位立体化"三资"监管体系

出台进一步深化改革强化农村集体"三资"监管的实施意见，构建全市统一的集体"三资"服务监管体系。强化资金监管，探索建立镇（街）农村集体财务结算中心，统一规范会计核算模板，推行电子记账和"村务卡"等非现金结算方式，创新"实时记账+大额资金异动预警"监管模式，所有财务核算数据纳入区级数据库统一管理。强化交易监管，建立广州市统一的农村集体产权流转管理服务平台，推行区、镇（街）分级交易，市、区分级监管，所有集体资产全部实现平台线上公开交易。强化民主监管，运用信息技术推动农村集体资产经营管理情况公开，统一规范公开样表，发挥基层监察站、村务监督委员会等监管作用，确保农村集体经济组织规范运行，有的区建成了"线上民主表决系统"，有效解决了村社开会难、表决难等问题。

（三）围绕增效出实招，多措并举促进集体资产增值、集体经济增效

制定深化改革发展新型农村集体经济若干措施，支持盘活利用闲置集体建设用地、返还留用地和分散物业，大力发展新型农村集体经济，引导城区集体经济组织开展旧村改造和村级工业园整治提升，打造高端服务业园区、高新技术基地、众创空间、孵化器；引导其他农村集体经济组织因地制宜采取租赁、入股、村企合作、联手共建、扶贫开发等模式发展现代农业、乡村旅游等产业，涌现出一批集体经济收入超千万甚至超亿元村。

三 以搭建协商议事平台为支撑强化村民"自治"，激发乡村治理现代化动力源

广州率先在增城区下围村探索实践以村民代表会议制度为核心的村民自治新模式，强化"有事要商量、有事好商量、有事多商量"，推动形成民事民议、民事民办、民事民管的乡村自治格局。

（一）搭建协商议事平台，确保"群众事群众议"

推广"116"城乡社区协商工作法（1个核心：坚持基层党组织全面领导；1套制度：村民代表会议、社区居民议事等制度；6个步骤：议题收集、党组织提议、议题酝酿、合法性审查、协商表决、执行监督），推进"村民议事厅"规范化建设，确保"有机构、有场所、有制度"，1144个行政村实现"民主商议、一事一议"全覆盖。

（二）调动村民参与热情，确保"群众事群众办"

依托村民会议、村民代表会议、村民议事会、村民理事会、村民监事会等，广泛开展村民说事、民情恳谈、百姓议事、妇女议事等协商活动，推动解决集体资产处置、集体经济组织收益分配、基础设施建设、矛盾纠纷化解等民生实事。

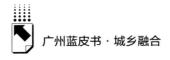

（三）加强村级权力监督，确保"群众事群众管"

完善村务监督委员会相关制度，加强对"三资"管理、村务公开、民主决策等监督，严格落实"四议两公开"制度，深入开展村务公开"五化"创建活动，积极推行"线上监督""指尖监督""互联网+村务公开"，全部行政村成功创建省级村务公开民主管理示范单位。

四 以优化法律服务体系为重点强化乡村"法治"，凸显乡村治理现代化时代特征

习近平总书记强调，法治是乡村治理的前提和保障，要把各项涉农工作纳入法治化轨道。广州坚持用法治理念、法治思维、法治手段破解乡村治理难题，推动乡村形成办事依法、遇事找法、解决问题用法、化解矛盾靠法的良好法治氛围。

（一）完善乡村公共法律服务体系，夯实乡村法治基础

搭建"一村一法律顾问"服务平台，实现村（社区）全覆盖，为村民全面提供订单式、个性化、精准化法律服务。深入推进"民主法治示范村"创建活动，南沙区年丰村、从化区莲麻村等12个村获评"全国民主法治示范村"。

（二）完善矛盾纠纷多元化解机制，提升源头治理能力

坚持发展新时代"枫桥经验"，推进专职调解员队伍建设，建立人民调解"以案定补"制度，从化区莲麻村等试点建设新时代"枫桥经验"实践示范单位，实现"小事不出村、大事不出乡"，把矛盾纠纷化解在基层。

（三）完善联防联控联治体系，推动共建共治共享

发挥"广州街坊"信息员、巡防员、调解员、宣传员作用，发动群众通过"广州街坊群防共治"系统积极参与群防共治。

五　以弘扬时代新风尚为主题强化乡村"德治"，推动乡村治理优秀文化有效传承

习近平总书记强调，乡村振兴既要塑形，也要铸魂。广州注重发挥德治在乡村治理中的重要作用，坚持物质文明和精神文明一起抓，注重以思想引领和文明创建提升农民精神风貌，不断提高乡村社会文明程度。

（一）深化思想道德建设，大力弘扬时代新风

坚持以社会主义核心价值观为引领，推进新时代文明实践阵地建设，新时代文明实践中心（所、站）实现全覆盖，文明镇、村覆盖率均达 100%，结合农村"道德讲堂"、文化礼堂、文化祠堂、村史馆（室）等阵地，广泛开展各类活动，推动核心价值观融入群众日常生活，从化区入选全国第二批新时代文明实践中心试点。

（二）深化示范创建活动，大力培育文明乡风

持续推进文明镇街、文明村居创建，出台文明乡风示范点建设标准。持续开展争当好儿女、好媳妇、好公婆、好丈夫、好妻子和寻找"最美家庭""美德少年""孝心儿女"等活动，评选"星级文明户"，培育优良家庭美德。

（三）深化移风易俗行动，大力滋养淳朴民风

发挥村民议事会、红白理事会、道德评议会、禁毒禁赌会等群众组织作用，常态化开展移风易俗行动，积极开展优秀家训进家庭、婚育新风进万家、殡葬新风进农家、绿色生活在身边等活动，推动解决婚丧嫁娶大操大办、人情债等陈风陋习，形成崇德向善、勤俭节俭、文明健康新风尚。

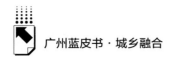

六 以数字乡村建设为手段强化乡村"智治"，提升乡村治理智慧化水平

习近平总书记强调，要运用大数据提升国家治理现代化水平，为乡村治理现代化指明了新方向。广州充分运用物联网、大数据、云计算、人工智能等信息技术，大力推进数字乡村、智慧乡村建设，不断提升乡村治理智慧化水平。

（一）推动"智慧政务网"向农村延伸覆盖，让农村群众办事更加便利

推动"互联网+政务服务"进村入户，推进一体化在线政务服务平台在市、区、镇（街）、村（社区）全覆盖，实现网上政务服务"一网通办""全程网办""指尖办理"。推动生育登记、积分制入学申请、高龄老人津贴补贴发放、独生子女父母计划生育奖励等高频服务事项全流程移动办理，有效解决农村群众办事门难找、跑路远、环节多、手续繁等问题。

（二）推动"智慧基建网"向农村延伸覆盖，让城乡信息联通更为顺畅

实施村村通光纤工程、移动通信畅通工程，推进农田"多杆合一"建设，推动农村地区宽带免费、免申请提速，光纤和4G网络实现全覆盖。推动数字赋能农业生产，增城区迟菜心产业园、从化区艾米稻香小镇等率先探索发展5G智慧农业。

（三）推动"智慧防控网"向农村延伸覆盖，让农村安全稳定更有保障

完善"综治中心+网格化+信息化"体系，强化综治信息应用系统、综治视联网等信息化支撑，建设智慧农村警务室，"雪亮工程"实现农村重点

部位、重点场所全覆盖，为排查防控违法犯罪、化解矛盾纠纷、整治安全隐患提供了坚实基础。

七 以城乡"一体化"发展为目标强化治理融合，推动乡村治理向现代城市治理转型

习近平总书记强调，要把城市和乡村作为一个整体统筹谋划，推动城乡相互融合和共同发展。广州把城乡一体化融合发展作为推动乡村治理现代化的重要抓手，以产业和市场、基础设施、公共服务一体化为支撑，强化以工补农、以城带乡，推动形成工农互促、城乡互补、协调发展、共同繁荣的新型工农城乡关系，促进乡村治理适时向城市治理转变。

（一）推进城乡产业和市场一体化，为乡村发展注入强大动力

统筹城乡产业布局，大力发展都市现代农业，严格落实粮食安全党政同责，蔬菜、畜禽、水产、花卉等7个百亿级特色产业加快集聚，成功创建1个国家级、22个省级现代农业产业园，番禺区获批国家级沿海渔港经济区，国家级农业龙头企业、上市农业龙头企业数量均居全省第一，创建全国"一村一品"示范村镇8个、省级"一村一品""一镇一业"专业村镇149个，数量居珠三角第一。围绕破除城乡市场壁垒，建立健全城市人才、工商资本、金融、科技等下乡激励机制，完善"助农服务平台+助农服务中心"体系，广泛搭建农产品产销对接平台，不断增强联农带农能力。

（二）推进城乡基础设施一体化，加快补齐乡村发展短板

推动水、电、气、路、网、物流等基础设施向农村延伸覆盖，新改建"四好农村路"860公里，实现村庄保洁覆盖面、生活垃圾无害化处理率、生活污水收集率、生活污水治理完成率、无害化卫生户厕覆盖面5个100%。深入实施"千村示范、万村整治"工程，自然村全部达省定"干净整洁"

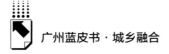

村标准、88%的行政村达省定"美丽宜居"村标准、180个行政村达省定"特色精品村"标准，形成21个美丽乡村群和13条新乡村示范带。

（三）推进城乡公共服务一体化，不断增强农民群众获得感幸福感安全感

推动基本公共服务向乡村延伸覆盖，村卫生站应设已设率100%，花都区农村"一元钱看病"模式成为全国基层卫生综合改革典型，普惠性幼儿园、高质量农村养老设施、长者饭堂实现镇村全覆盖，农村居民逐步享受更高质量公共服务。

参考文献

中共中央党史和文献研究院：《习近平关于"三农"工作论述摘编》，中央文献出版社，2019。

农业农村部农村合作经济指导司：《全国乡村治理示范村镇典型经验（广东篇）》，中山大学出版社，2020。

刘泽峰、陈彬：《我国乡村治理的基本逻辑与发展路径——基于近十年"中央一号文件"相关内容的分析》，《党政干部学刊》2022年第1期。

黄博：《"三治融合"视域下乡村治理能力提升的三维审视》，《求实》2022年第1期。

B.14
加强水环境治理，
创新广州水生态文明建设实施路径

周兆钿*

摘　要： 近年来，广州在水环境治理方面进行制度和方法创新，水环境治理成效显著。广州水环境治理过程中得到了一些有益经验，包括健全河湖长制、形成全过程防控水污染治水模式、注重自然生态修复、全社会参与治水、传承和发扬岭南特色的水文化等。水环境治理带来了经济效益、社会效益和生态效益的提高。下一步，广州将通过构建空间均衡的水生态环境体系、高质量推进碧道建设、进一步加强海绵城市建设、不断推进广州节水型城市建设、进一步提高智慧水务建设水平等举措，进一步优化提升广州水环境治理水平。

关键词： 水环境治理　效益评价　水生态文明

近年来，广州在水环境治理实践中不断更新思维，探索新理念、新技术，进行制度创新，推动水环境质量持续好转，为老百姓创建更多的"美丽河湖、幸福河湖"。

一　广州水环境治理的有益经验

逐步完善水务发展规划、水资源规划、防洪排涝排水规划、污水规划、

---

* 周兆钿，广州市社会科学院农村研究所副研究员，主要研究方向为农业科技创新。

水土保持规划等。围绕"长制久清"长效目标，抓住精准治污这个牛鼻子，有序开展城市水环境治理工作。

（一）探索形成水环境治理长效机制

构建四级河长体系。广州发布的总河长令，以军令状的形式逐条明确水环境治理任务，拧紧责任链条。构建市、区、镇街、村居四级河长责任体系，实现了河、湖、库、塘、小微水体管护全覆盖。通过"互联网+"力促区级河长从"形式履职"向"内容履职、成效履职"转变，有力提升区级河长履职效果，形成了市级统筹协调、区级具体落实的工作模式。

（二）转变治水理念，形成全过程防控水污染治水模式

近年来，广州按照以人为本、人与自然和谐共生为核心的生态理念和以绿色为导向的生态发展观，治水理念和思路得到根本性转变。

由过去的末端治理为主逐渐转变为现在的"源头治理、系统治理、综合治理"全过程防控水污染的治水模式，由强调水务服务保障功能向突出水务引导约束功能转变；由强调工程治理向注重系统治理和水源涵养保护转变；由重视城市供排水管理向城乡供排水统筹兼管并重转变；从依靠水务、环保部门向多部门齐抓共管转变。

改变之前的"重工程、重下游、重建成区、重部门治水，但轻管理、轻源头、轻城中村、轻社会参与"的碎片化治水模式，聚焦系统、综合性治理，推动治水在控源上更加严格，在管理上更加精细，在治理路线上更加清晰。

在充分分析研判广州市水生态问题、城市内涝两大治水短板的基础上，坚持"污涝同治"。重视在城市建设前期规划中划好生态蓝线、城市绿线，与灰色基础设施设计科学融合，开展河涌水系规划，让出行洪通道，同时充分考虑海绵城市建设理念，以"源头管控"统筹提升内涝防控、水生态问题的城市应对韧性及治水工程弹性。

（三）注重生态修复，在顺应自然基础上进行良性改造

广州市坚持自然生态恢复水环境治理导向，着力恢复河湖天然雨洪生态功能。让河涌自然进行水生态恢复，同时推进生态措施和工程措施相结合，构建生态、安全、可持续的城市水循环系统。尊重和顺应自然，把习近平总书记生态文明思想再深入挖掘、扩充。不搞河堤三面光，保持河涌原生态等，最大限度保持河道蜿蜒，避免过度人工化。

保持河涌低水位运行，让阳光透进河床，促进生态恢复；利用污水厂尾水开展生态补水，促进水体流动，同时充分发挥河道生态自净功能；减少河涌清淤，逐步恢复河涌自然生态系统，培育喜水植物，促进生态自净。用"绣花功夫"梳理城市"蓝绿灰"空间。利用自然生态特点，让已有"蓝绿灰"设施协同发挥作用，花小钱、办大事，在治理水污染和城市内涝方面都取得显著成效。

（四）鼓励开门治水，引导广大人民群众参与治水实践

拓宽多种渠道，引导广大人民群众参与治水。依法公开水资源信息，及时发布水资源管理政策，进一步提高决策透明度，健全听证等公众参与制度，充分听取公众意见，强化社会监督。壮大民间治水力量，形成人人参与治水新格局。

（五）文化治水，传承和发扬岭南特色的水文化

坚持人口、资源、环境协调发展，出组合拳，统筹解决人口、大气、垃圾、违建、水污染等问题，爱水护水，树立"量水发展、减负发展"的理念，以生态文明建设为导引，建立资源节约型、环境友好型社会，建设绿色广州。

加强水文化研究和宣传普及，促进水文化的提升、创新和运用，积极打造城市水景观的文化名片。把岭南特色的传统和现代文化元素融入

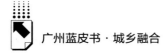

水务规划和建设。高标准建设富有岭南风韵、岭南特色的碧道，打响岭南水文化名片。打造集科普教育展示及休闲体验功能于一体的水文化展示休闲公园。

增设文化、休闲、娱乐、购物、餐饮等旅游业态，打造历史文化景观带；建设亲水式生态景观长廊，提升园林城市特色风貌；打造临河商业街和亲水观光平台，适度开发河湖夜游、水上运动等旅游项目。利用优良水生态及沿线历史人文、自然景观，策划水陆联游精品旅游线路，建设水文化景观驿道驿站。

二　水环境治理带来的综合效益评价

（一）水环境治理带来的间接经济效益分析

1. 水环境治理促进了土地价值的增值效应

虽然水环境改善不是引起土地明显增值的唯一因素，但水环境的综合治理对土地价值有明显的增值效应。

根据国家自然资源部自然资源开发利用司"中国地价信息服务平台"的地价监测数据，"十三五"期间，广州各种用途的土地价格都有不同程度的增长：综合用途的土地地面价从 2015 年第四季度的 20962 元/米² 增加到 2020 年第四季度的 29139 元/米²，"十三五"期间增长了 39.01%；商服用途的土地地面价从 2015 年第四季度的 32411 元/米² 增加到 2019 年第三季度的 39860 元/米²，在四年时间内增长了 22.98%；增值最快的是住宅用途的土地，其地面价从 2015 年第四季度的 28196 元/米² 增加到 2019 年第三季度的 58062 元/米²，约四年的时间增长了 105.92%；工业用途的土地地面价从 2015 年第四季度的 811 元/米² 增加到 2020 年第四季度的 1463 元/米²，"十三五"期间增长了 80.39%（见表 1）。

表1 2015~2020年广州土地价格变动情况

单位：元/m²

		综合用途	商服用途	住宅用途	工业用途
2015	第一季度	19681	31094	26086	764
	第二季度	19971	31558	26459	786
	第三季度	20415	32019	27193	796
	第四季度	20962	32411	28196	811
2016	第一季度	21525	32797	29238	829
	第二季度	22109	33189	30322	852
	第三季度	22896	34008	31616	875
	第四季度	23683	34960	32837	893
2017	第一季度	20808	29877	40545	965
	第二季度	21580	30171	42554	988
	第三季度	22224	30460	44194	1011
	第四季度	22910	30814	45905	1045
2018	第一季度	23409	31087	47132	1078
	第二季度	24199	31406	49161	1114
	第三季度	24750	31581	50594	1147
	第四季度	25193	31795	51693	1181
2019*	第一季度	25632	32047	52762	1212
	第二季度	26020	32263	53704	1243
	第三季度	29192	39860	58062	1388
	第四季度	29139	13177	18281	1400
2020	第一季度	28885	13078	18112	1404
	第二季度	28885	13041	18133	1414
	第三季度	28952	13037	18186	1433
	第四季度	29139	13073	18321	1463

注：＊从2019年第四季度起商服用途和住宅用途地价水平值公布楼面价，综合用途和工业用途地价水平值公布地面价，因此2019年第四季度之后的商服用途和住宅用途地价水平值与之前的数据不具有可比性。

资料来源：自然资源部自然资源开发利用司"中国地价信息服务平台"，http：//www. landvalue. com. cn/。

2.水环境治理促进房地产业增长

水环境治理对房地产业产生的影响具体体现在"亲水"住宅越来越受

购房者的喜爱，"亲水"住宅也成为一些房地产开发商宣传部分住宅项目的大卖点。优美的临水环境有利于人的身心健康，水还能起到调节气温、净化空气环境的作用，亲水住宅得到大多数购房者的认同。水环境改善后，房地产业将成为最大的受益者，其次是商业、娱乐休闲行业和居民就业。

影响房地产业增长的因素是多方面的，除了房地产业自身的生产要素投入以外，水环境治理的投入也应该作为重要的影响因素之一。这一结论存在现实合理性，因为很多房地产商正是通过宣传楼盘临水环境来实现其房地产升值的。因此，我们认为影响房地产业增加值的因素，包括其从业人员、投资资本、土地投入、水环境治理投入等。对柯布-道格拉斯生产函数进行改进后，建立房地产业的生产函数模型如下：

$$Y = A \times F^{\alpha} \times K^{\beta} \times R^{\gamma} \times W^{\delta} \times e^{\mu} \quad\quad (1)$$

（1）式中，Y 是房地产业增加值，F 是房地产开发施工面积，K 是房地产开发投资额，R 是房地产业从业人员数，W 是废水处理总量（用来代表水环境治理的投入水平），A 为技术进步水平（包括行业生产技术、行业从业人员素质、行业管理水平等），e 为自然对数的底数，μ 为随机干扰项（包括投机因素、政策因素等其他因素，模型误差，样本误差等）。

对（1）式两边取自然对数，得到下式：

$$\ln Y = \ln A + \alpha \ln F + \beta \ln K + \gamma \ln R + \delta \ln W + \mu \quad\quad (2)$$

图 1 和图 2 为 2008~2020 年广州市房地产业增加值、房地产开发施工面积、房地产开发投资额、房地产业从业人员数、废水处理总量（废水处理总量作为代表水环境治理投入的指标，废水处理总量越多，则表明水环境治理投入就越大）的情况。

现实经济中，房地产业开发施工面积、房地产开发投资额、房地产业从业人员数、废水处理总量对广州房地产业增加值的影响都可能存在滞后效应，即某一年房地产业增加值的增长，可能受若干年前的投入要素的影响。考虑到这种滞后效应，我们尝试房地产业开发施工面积、房地产开发投资额、房地产业从业人员数、废水处理总量等自变量的自然对数值滞后一期、

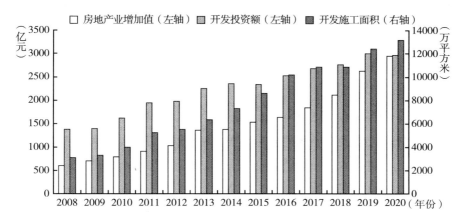

图 1　2008~2020 年广州房地产业增加值、开发施工面积、开发投资额情况

资料来源：广州市统计局网站中相关年份统计年鉴。

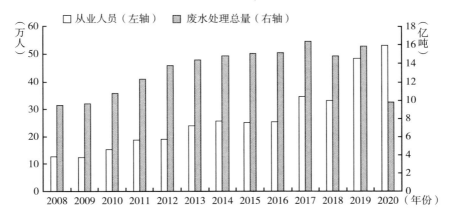

图 2　2008~2020 年广州房地产业从业人员数、废水处理总量情况

资料来源：广州市统计局网站中相关年份统计年鉴。

滞后二期、滞后三期等各种滞后效应组合与房地产业增加值的自然对数值进行回归分析，发现房地产业开发施工面积自然对数值滞后三期、房地产开发投资额自然对数值滞后三期、房地产业从业人员数自然对数值当期、废水处理总量自然对数值当期的组合与广州房地产业增加值自然对数值构成的线性回归模型，同时剔除仍然存在系数不显著的变量 $\ln R$（房地产业从业人员数自然对数值），再对回归模型进行线性回归分析，回归结果比较理想，得到回归模型如下：

$$Y = e^{10.35398} \times F(-3)^{-2.023607} \times K(-3)^{1.781285} \times W^{0.874626} \tag{3}$$

（3）式中，F（−3）（即房地产业开发施工面积滞后三期）的指数为负数，可以理解为该投入要素的边际生产力为负值，开发施工面积投入过多而影响效率。上述（3）式表明，废水处理总量（水环境治理投入）的产出弹性系数为0.874626，即在其他投入保持不变的情况下，废水处理总量（水环境治理投入）每增加1个百分点，房地产业增加值就增加0.874626个百分点。

3. 水环境治理推动旅游业发展

水环境作为生态环境的子系统，是广州生态旅游的特色之一。良好的水环境是旅游活动的载体，从水务建设投资来看，一定程度上提高了旅游收入（见图3）。

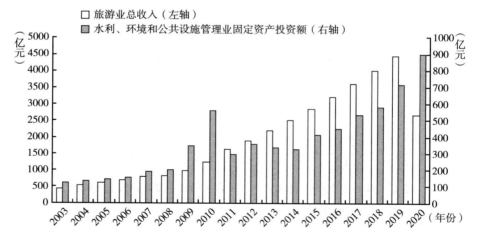

图3　广州水利、环境和公共设施管理业固定资产投资额和旅游业总收入情况

资料来源：广州市统计局网站中相关年份统计年鉴。

通过散点图观察两变量之间可能存在的关系，图4为"水利、环境和公共设施管理业固定资产投资额"和"旅游业总收入"的散点图。

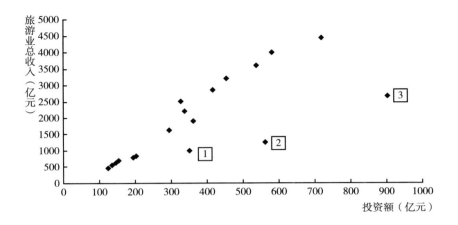

图4 水利、环境和公共设施管理业固定资产投资额和旅游业总收入

从图 4 看出，有三个点与其他点相比显得有点"突兀"，即图 4 中标示的点 1、点 2 和点 3。点 1 和点 2 分别为 2009 年和 2010 年的数据，这两年的"水利、环境和公共设施管理业固定资产投资额"分别为 351.00 亿元和 562.47 亿元，与 2008 年和 2011 年的数据 203.38 亿元和 294.81 亿元相比相差较远。其原因在于广州为了筹备 2010 年亚运会，环境整治方面投入了大量资金，因此 2009 年和 2010 年这两年的"水利、环境和公共设施管理业固定资产投资额"数据偏大；点 3 为 2020 年的数据，因为疫情原因，广州 2020 年旅游业总收入与 2019 年相比大幅下降，因此，要把这三年的数作为数据序列中的奇异点进行剔除，并用线性插值法重新计算 2009 年和 2010 年这两年"水利、环境和公共设施管理业固定资产投资额"数据，2020 年的数据点则完全剔除。

首先，计算 2008~2011 年"水利、环境和公共设施管理业固定资产投资额"的差，294.81-203.38=91.43（亿元）；

其次，假设 2008~2011 年的数据是线性增长，每年增长的数值是第一步得到数值的 1/3：91.43/3=30.48（亿元）；

最后，从 2008 年开始，"水利、环境和公共设施管理业固定资产投资额"每年增加30.48亿元，则得到2009年和2010年该数据的线性插值数，分别为233.86亿元和264.34亿元（数据经过了四舍五入处理）。

将线性插值得到的2009年和2010年"水利、环境和公共设施管理业固定资产投资额"取代原数据，利用Excel软件重新绘制"水利、环境和公共设施管理业固定资产投资额"和"旅游业总收入"的散点图，如图5所示。

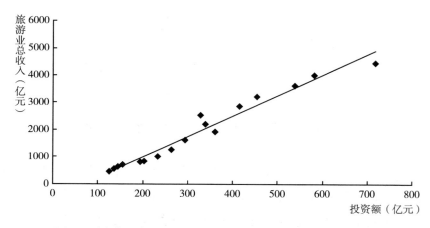

图5 剔除奇异点后的水利、环境和公共设施管理业固定资产投资额和旅游业总收入

从图5可以看出，修正后的两个序列存在较强的线性相关性，其线性方程如下：

$$T = -505.627 + 7.520663 \times SI \tag{4}$$

（4）式中T为"旅游业总收入"，SI为"水利、环境和公共设施管理业固定资产投资额"。从（4）式得知，两者存在正相关性，其相关系数为7.520663。

（二）水环境治理产生了明显的社会效益

1. 水环境治理有力促进节水型社会建设

广州市不断加快节水型社会建设，指导9000余家非居民用水户开展计划用水和节水工作，大部分为月用水量超过1000立方米的用水大户。节水工作取得成效，虽然广州的国内生产总值逐年上升，但广州全市用水总量呈现下降趋势。"十三五"期间，广州用水总量从2016年的64.53亿立方米下降到2020年的59.95亿立方米，下降幅度达7.10%；万元地区生产总值用水量和万元工业增加值用水量分别从2016年的34.77米³/万元和69.18米³/万元下降到2020年的23.96米³/万元和48.11米³/万元，下降幅度分别为31.09%和30.46%（见表2）。

通过节水型社会建设和节水型城市创建，从水资源可持续利用和生态环境保护上促进广州市经济结构和产业布局更加趋于科学合理，实现结构节水，在水资源高效利用的同时有效保护生态环境，并初步建立起水资源高效利用和循环利用体系，将经济发展用水对生态环境的影响降低到最小限度。

表2 2016~2020年广州万元 GDP 用水量及万元工业增加值用水量

年份	用水量 （亿立方米）	其中： 工业用水 （亿立方米）	地区 生产总值 （亿元）	其中：工业 增加值 （亿元）	万元 GDP 用水量 （米³/万元）	万元工业增加值 用水量 （米³/万元）
2016	64.53	36.46	18559.73	5270.15	34.77	69.18
2017	65.39	36.49	19871.67	5340.78	32.91	68.32
2018	64.39	34.79	21002.44	5487.44	30.66	63.40
2019	62.25	32.78	23844.69	5714.24	26.11	57.37
2020	59.95	27.53	25019.11	5722.52	23.96	48.11

资料来源：广州市统计局网站中相关年份统计年鉴。

2. 水环境治理有效降低涉水疾病发生率

通过水环境治理，能够有效降低涉水疾病的发生，保障人民身体健康。从广州市情况来看，水环境的改善减少了介水传染病的发病率。水性疾病主要包括霍乱、伤寒、副伤寒、肝炎（甲肝、戊肝和未分型肝炎）、细菌性痢疾、阿米巴性痢疾、其他感染性腹泻病等。根据广州市卫生统计年鉴的数据，比较2015年和2020年水性疾病发病数据，除了其他感染性腹泻病上升

（原因在于"其他感染性腹泻病"不仅以水为媒介传播，更多是接触传播导致发病），其他水性疾病发病数和发病率都呈现下降趋势（见表3）。

表3 2015年及2020年介水传染病发病情况

年份	发病数（人）		发病率（1/10万）	
	2015	2020	2015	2020
霍乱		0		0
伤寒	88	66	0.66	0.39
副伤寒	45	25	0.34	0.15
肝炎（甲肝、戊肝和未分型肝炎）	1011	695	7.61	4.09
细菌性痢疾	71	17	0.53	0.1
阿米巴性痢疾	3	1	0.02	0.01
其他感染性腹泻病	11465	19590*	86.26	133.25*

注：＊为2019年的数据。
资料来源：2015年和2020年广州市卫生健康统计年鉴。

同时，水环境治理降低了蚊、蝇、蟑螂、鼠类等病媒密度，减少了疾病的传播。成蚊密度由2015年的5.8只/灯下降到2020年的4.53只/灯，鼠捕获率由2015年的3.41%下降到2020年的1.51%。

（三）水环境治理进一步优化了生态环境

1. 水环境治理成就了碧道建设

在治水治污基础上建成的碧道，不仅优化了生态环境，还提升了社会效益，成为实现生态效益和社会效益双赢的重要手段。到2021年底广州碧道已建成821公里，进一步统筹水生态、水安全、水环境和水资源，以广州之水为纽带，焕发云山珠水、吉祥花城的无穷魅力，多处治理后的河湖重现晴日白鹭成行、夜晚流萤飞舞的美丽水岸景象。碧道网络不仅覆盖市区珠江河道两岸，还延伸至河涌近源头的位置。一些地方尽管不是碧道范围，也因有效的治水手段变身"赏水点"。如位于琶洲地区的阅江路碧道，2020年夏天落成投入使用，这条碧道位于海珠区阅江路琶洲会展中心对出的珠江岸线上，该碧道融集水、有轨电车、散步、慢跑、骑行功能于一体，既方便市民游客赏水，也方便居民慢跑漫步骑行。从化鸭洞河碧道引入社会资本，在流域周边打造生态设计产业集聚区，2018 年底投入使用以来承办国内外高端会议 80 多场，70 多家知名设计企业入驻，引进了中国电信 5G 云技术中心、苏宁华南电商总部等 30 多个项目，投资总额近 200 亿元。即使是疫情期间，"五一"假期平均每天都有 3 万~5 万人到碧道游玩，扶老携幼亲水、戏水，碧道建成了群众想要的样子。

2. 创新了黑臭水体的生态修复模式

"十三五"时期，广州在黑臭水体治理工作中创造性地采用"低水位、少清淤、不搞人工化"策略，水生态修复取得显著成效。河内水生动植物种群类型丰富，生物多样性指数、水生植物覆盖度、生态完整性显著提高。广州河涌低水位运行提高了水体透明度，河道水位降低后，阳光可以直接透射至涌底，在河流水动力与光照作用的催化下，河涌内污物被氧化降解，促进水生植物和微生物的生长，构建完整丰富的群落结构及污染物降解途径，河涌水生物种开始恢复，部分河涌内过去只有单一的耐污物种，现在清洁物种也逐渐出现。通过这种河涌治理方式，在不影响河道行洪安全的前提下，修整河床形成各种浅滩区，打造成一个个河滩湿地。

3. 水环境质量实现根本性改善

广州市从 2019 年开始监测纳入国家监控平台的黑臭河涌，每年二三季度开展一次监测，监测指标包括：透明度、氧化还原电位、溶解氧、氨氮等 4 项指标。2020 年，广州市 147 条黑臭河涌完成了消除黑臭的任务，区域内 13 个国考和省考河流断面的水质也全面达标，其中鸦岗断面在 2018 年为劣 V 类水体，目前可以稳定保持为 IV 类水体，石井河口断面之前的氨氮含量超过了 20mg/L，2020 年水质可以稳定达到 V 类水标准。流溪河流域氨氮污染物排放量已大幅消减，之前中央环保督察反馈意见认定流溪河劣 V 类一级支流有 46 条，2022 年第一季度已降至 1 条。

目前广州有 10 个集中式饮用水水源地，包括广州西江引水水源、顺德水道南洲水厂水源、东江北干流水源、沙湾水道南沙侧水源、沙湾水道番禺侧水源（东涌水厂）、沙湾水道番禺侧水源（沙湾水厂）、洪秀全水库、流溪河石角段水源、流溪河街口段水源、增江荔城段水源。2016~2020 年，10

个集中式饮用水水源水质稳定达标，水质均达到或优于Ⅲ类。

入海河口水质均达到功能用水要求。目前，广州市共有3条主要入海河流，即蕉门水道、洪奇沥水道和莲花山水道。2016~2020年，蕉门水道、洪奇沥水道入海河口水质为Ⅱ~Ⅲ类，莲花山水道入海河口水质为Ⅲ~Ⅳ类，均达到功能用水要求。

4. 海绵城市建设初见成效

2020年底，广州海绵城市建成区面积达到306.12平方公里，占全市城区面积（2019年城区面积数据）的23.12%，达到国家考核要求。广州海绵城市项目清单共涵盖建筑小区、道路工程、公园绿地、水务工程等4大类。

海绵城市建设构建一体化海绵体系。例如，白云区石井净水厂设置初雨系统提升周边地表"水弹性"，以适应环境改动和雨水带来的自然灾害。在海珠区阅江路的碧道示范段，将雨水先收集于草沟、雨水花园，再净化渗透至地下，解决暴雨积水问题。建设过程充分利用沿线原有资源和景观，打造生活、生产和生态一体化空间。2021年，广州市荣获国家首批系统化全域推进海绵城市建设示范城市称号。

5. 污水处理能力不断提高

"十三五"期间广州建成的污水管网里程达到了1.89万公里，为"十二五"时期的14倍多，新（扩）建污水处理厂32座，污水处理能力达到774万吨/日，在全国城市中污水处理能力排名第二（见表4）。通过污水收集和处理，减轻了污染物对城市周围水环境的影响，河湖水质将逐渐改善，再生水也为城市运行提供了新水源。

表4　"十三五"时期广州污水处理管厂及处理能力建设情况

	"十三五"期末数量	"十三五"期末比"十二五"期末增加数量	"十三五"期末比"十二五"期末增长率
建成城镇污水处理厂（座）	63	15	31.3%
污水处理能力（万吨/日）	774	275	55.1%
建成污水管网（万公里）	1.89	1.76	1353.8%

资料来源：广州市水务局网站。

三 下一阶段优化提升广州水环境的战略思路

坚持以习近平生态文明思想为指导，按照广东省"851"水利高质量发展蓝图，落实广州市"621"水务高质量发展实施路径，建设水务高质量发展示范城市。以建设人水和谐的岭南生态水城为根本，推进合理分水、管住用水、系统治水，构建协同高效的水治理体系，充分实现水的经济社会价值，奋力实现有河有水、有鱼有草、人水和谐的美丽愿景，不断提升人民群众的获得感、幸福感、安全感。

（一）加强水系空间保护

从空间均衡角度出发，推进水务基础设施和涉水生态空间保护规划，打造富有广州特色的绿色生态水网，逐步恢复健康宜居水生态环境。整合广州市现状及规划河涌和湖库等水系的控制线，防洪、排涝、治污、河道治理和环境改善统筹兼顾，全面优化水系循环网络，按照广州市北部山水涵养区、城镇水脉建设区、城市水廊修复区、岭南水城风情区、滨海湿地保育区水系布局要求，改善水生态环境质量，打造富有广州特色的绿色生态水网，逐步恢复健康宜居水生态环境。

（二）加快管网设施建设，强化污染源管控

加快污水管网工程建设，加强城中村、老旧城区、农村和重点河涌周边污水收集管网建设和雨污分流改造，推进城中村截污纳管全覆盖，因地制宜推进农污设施巩固提升。严控工业建设项目污水主要污染物新增排放量，加强第一类污染物、持久性有机污染物等水污染物控制。深入推进农业面源污染治理，加强源头管控，优化养殖布局，实施分区差别化管控，推进实施集约化、清洁化畜禽养殖模式，推动小散养殖向规模化绿色科学养殖转型。规范末端治理，加强种植业化肥农药减量增效、养殖业废水收集处理和养殖废弃物资源化利用，鼓励在规模种植基地周边建设农牧循环型规模化畜禽养殖场。

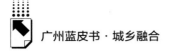

（三）高质量推进碧道建设

挖掘广州河湖水系底蕴，讲好河湖故事，将碧道建设与水环境治理相结合，让碧道既是城市的生态道、风道、行洪道，又是人民群众的步行道、慢跑道、骑行道，带动形成高质量发展的滨水经济带，切实推动城市高质量发展，切实提升人民群众的幸福感、获得感。坚持以自然为美，最大限度保持河道自然蜿蜒的形态，不人为截湾改直，防止出现过度人工因素，建设选材要根据乡土和地方特色，既易于施工建设，又方便后续维护管理，防止碧道建设无限扩大化。

（四）进一步加强海绵城市建设

通过海绵城市建设打造生态宜居城市。有效控制水污染，削减雨水峰值流量，降低内涝风险，利用碧道、绿地、沟渠等实现雨水调蓄功能，优化提升各片区防洪排涝能力。通过大、中、小结合完善海绵体系。按流域算清水账，明确大海绵建设及管控要求；完善中海绵，通过清污分流，降低河涌水位，为雨水腾出调蓄空间；结合项目建设，因地制宜落实海绵城市建设理念及指标要求，建设源头小海绵。探索雨水资源化利用途径，针对建成区、新区、各类园区、成片开发区的不同特点稳步推进海绵城市建设。

（五）不断推进广州节水型城市建设

全面落实规划和建设项目节水评价制度，强化对取水许可、计划用水执行情况的日常监管。宣传节水意识，普及节水方法，从而提高用水效率，减少浪费。

加强制度建设，完善节水减排机制。强化水资源刚性约束，促进经济社会发展与水资源条件相适应。攻关研发前瞻技术，加强节水研究和科技攻关，研发先进技术及装备，积极探索城市节水科技化、智能化和人性化管理模式。

（六）进一步提高智慧水务建设水平

加快实施智慧水务工程，统筹各类物联站点建设，建立全域感知、先进立体的水务监测体系，对各类水务管理对象全面监管，按照统一标准接入物联平台，在实现物联数据统一汇聚的基础上，提供物联数据统一服务，支撑水务现代化管理。强化涉水建设项目信息化监管。将河湖岸线功能分区、涉河建设项目等信息纳入"水务一张图"，实现信息化管理。

参考文献

广州市水务局：《广州市水务发展十三五规划》，2016。

广州市统计局：《广州统计年鉴》2016~2021，中国统计出版社。

广州市卫生健康委员会：《广州市卫生健康统计年鉴》2015、2020，广东科技出版社。

自然资源部自然资源开发利用司"中国地价信息服务平台"，http：//www. landvalue. com. cn/。

张万辉、安关峰、周律：《广州市水环境现状与治理对策》，《市政技术》2016年第3期。

刘畅等：《粤港澳大湾区水环境状况分析及治理对策初探》，《北京大学学报》（自然科学版）2019年第6期。

B.15
新时期广州强化城乡生态环境治理的战略思考

尹绣程　胡晓群*

摘　要： "十四五"时期是广州建设人与自然和谐共生现代化的第一个五年,是健全城乡生态环境治理、建设更高水平美丽广州的关键时期。广州强化城乡生态环境治理将有效破解城乡二元结构,推动城乡生态服务均等化,构建城乡环境共治共享新格局。当前,广州城乡生态环境空间布局不断优化,城乡生态系统的稳定性明显提升,城乡生态环境质量持续向好,城乡生态环境治理能力不断提升。但仍面临较大的挑战,如存在城区规模扩张与环境资源有限的矛盾,建成区生态环境质量持续改善难度大,乡村生态环境公共服务亟须强化,城乡生态环境多元化治理机制有待健全。新时期,广州将持续筑牢绿色生态网络,加强源头系统性生态保护修复,促进城乡生态服务供给均衡,健全生态环境治理体系。

关键词： 城乡治理　生态环境　能源资源消费

党的十八大以来,广州深入学习贯彻习近平生态文明思想,以生态环境质量改善为核心,以生态环境风险防控为底线,统筹推进绿色发展和环境保护。"十四五"时期是广州开启全面建设人与自然和谐共生的现代化新征程

---

* 尹绣程,广州市社会科学院农村研究所研究实习员、中级经济师,主要研究方向为农村经济、生态经济;胡晓群,广州市社会科学院农村研究所研究员、博士,主要研究方向为农村集体经济和农业科技创新。

的第一个五年，是健全城乡生态环境治理、建设更高水平的美丽广州的关键时期。广州应以全局视角进行系统性谋划，精准把握生态环境特征和规律，构建现代生态环境治理体系，高水平建设云山珠水的生态之城。

一 新时期广州强化城乡生态环境治理的战略意义

（一）强化城乡生态环境治理将有效破解城乡二元结构

城乡生态环境治理体系和治理能力的不协调和不充分，是新时期深化生态文明建设的重大现实命题。究其根源在于我国过往形成的城乡二元结构。党的十九大以来，广州积极实施乡村振兴战略，大力破除制约城乡融合发展的体制机制障碍，以城乡要素融合为重点，增强城乡有机联系，加快构建城乡融合发展的新格局。广州乡村与建成区生态环境相互依存、相互补充。2020 年广州建成区面积为 1350.41 平方公里，仅占总行政区划面积的 18.2%，乡村面积是建成区面积的 4.5 倍①。弥补乡村生态环境治理缺口、补齐乡村环境治理短板、改变过往以城市为中心的条块分割式治理模式、推动城乡生态环境良性互动，将有效破解城乡社会治理的二元结构，对城乡生态融合发展具有重要意义。

（二）强化城乡生态环境治理将推动城乡生态服务均等化

推动城乡生态环境治理，是促进城乡环境资源和公共服务科学高效配置的有力方式，是推动形成城乡互补、协同发展的新型城乡生态关系的有效途径。强化城乡生态环境治理，是推动城乡居民共享改革和发展成果的制度安排，要以城乡一体化发展为目标构建新的治理体系。强化城乡生态环境治理，将着力创新城乡环境公共政策，推动社会资源和服务向乡村延伸覆盖，促进乡村环境基础设施建设，改善乡村人居生态环境，推动生态资源和服务

---

① 资料来源：《2021 广州统计年鉴》。

在城乡之间实现均衡化配置、合理化分布，从而缩小城乡生态环境治理差距，让城乡居民能够更加公平便利地获得公共产品，并享有良好的生态环境。

（三）强化城乡生态环境治理将构建城乡环境共治共享新格局

生态系统的整体性和系统性特征，决定了城乡生态环境应统筹治理、分工协作，发挥城乡共治的协同效应，达到改善整体生态环境质量和稳定性的效果。强化城乡生态环境治理，健全城乡融合发展的生态治理体系，关键在于构建以城乡利益共生为核心、以城乡环境共建共享为路径、以城乡环境质量同步提升为目标的共治新格局。在共建方面，推动生态环境治理向农村倾斜和下沉，均衡城乡环保投入，同步城乡环保设施，明确城乡污染治理责任。在共享方面，充分挖掘乡村生态产品的价值，健全自然资源资产产权管理制度，构建有效的价值实现机制，促进城乡环境治理生态化互补共生。

二 广州市城乡生态环境治理的现状特征

（一）城乡生态环境空间布局不断优化

一是把握自然本底，优化国土空间保护开发格局。近年来，广州强化战略规划引领，率先开展市级国土空间总体规划编制。把握"山水城田海"良好自然本底，强化底线意识，严格管护自然生态网络。优先划定生态保护红线，应划尽划永久基本农田，统筹划定城镇开发边界，建立全域空间管控体系。以资源环境承载力评价和国土空间开发适宜性评价结果为基础，合理确定生态、农业、城镇空间，明确生态和农业空间不低于市域面积的2/3，城镇建设空间不高于市域面积的1/3①。

二是顺应自然地理地貌，织牢绿色生态空间网络。广州基本构建了

---

① 资料来源：《广州市国土空间总体规划（2018~2035年）》。

北部屏障区、中部环境维护区和南部生态调节区的市域整体生态格局。同时，发挥森林、自然保护区、绿道网、湿地、沿海防护林等生态综合功能，围绕各功能组团、功能单元形成"六廊多带""七核九片"的总体生态网络结构。加强市域南北重要公益价值生态斑块的联系和都会区组团隔离的力度，加强整体生态系统的多样性和功能性，形成网络化的生态廊道体系。

（二）城乡生态系统的稳定性明显提升

一是健全生态系统保护体系。改善城市空间景观，建立"生态公园—城市公园—社区公园—街心公园"四级公园体系。持续推动公园拆违和白云山、越秀山"还绿于民、还景于民"工程，形成公园景色、山体景观与城市公共空间、绿地系统一体化。高质量推进"千里碧道"建设，塑造北中南三大碧道生活圈。截至 2021 年 5 月，广州已建成碧道 530 公里，形成了功能复合、通山达海的生态廊道网络体系。

二是强化生态系统保护修复。近年来，不断加大城乡生态环境修复，森林、草原等自然生态系统状况好转，生态系统质量明显改善，生态系统稳定性明显增强，生态安全屏障筑牢筑实。截至 2020 年底，完成造林与生态修复 6.5 万亩，复绿面积 12.53 万平方米，改造绿化面积 17 万平方米。新增绿道 43 公里，口袋公园 43 个①。广州市绿化覆盖面积为 15.71 万公顷，建成区绿化覆盖率为 45.52%，人均公园绿地面积为 15 平方米，居国内一线城市首位②。

（三）城乡生态环境质量持续向好

一是深入打好蓝天保卫战。坚持"减煤、控车、降尘、少油烟"总体工作思路，加强 PM2.5 和臭氧协同控制。2020 年，空气质量首次全面达标

---

① 资料来源：http://sthjj.gz.gov.cn/ysxw/content/post_7189165.html。
② 资料来源：《2021 广州统计年鉴》。

并在国家中心城市中最优,其中环境空气质量优良天数比例为90.4%,同比增加10.1个百分点;PM2.5平均浓度为23微克/米³,再创新低,同比下降23.3%,连续四年稳定达标;二氧化氮自2012年收严浓度限值以来首次达标。

二是深入打好碧水保卫战。坚持"陆海统筹、河海共治,以流域为体系,以网格为单元"的思路,系统治理水环境。2020年,广州市13个国考、省考断面水质全部达标,地表水水质优良断面比例为76.9%;10个城市集中式饮用水水源地水质稳定达标;147条黑臭水体全部消除黑臭。

三是深入打好净土保卫战。坚持"预防为主、保护优先、分类管理、风险管控"的思路,确保土壤环境得到安全有效的保障。

(四)城乡生态环境治理能力不断提升

一是深化环境制度改革。推进生态环境保护制度改革,综合运用行政、市场、法治、科技等多种手段,提升生态环境治理能力。广州重新制定《广州市生态环境保护条例》,编制完成"三线一单",深化环评审批和排污许可制改革,出台环境信用评价制度和环境失信企业联合惩戒制度,将企业环境信用和环境违法行为等信息纳入社会信用体系。

二是完善环境监管体系。推进粤港澳大湾区生态环境保护合作和区域污染联防联治。深化行政执法规范化、标准化建设,制定广州市生态环境执法事项目录,健全"双随机、一公开"监管,开展水、大气、土壤、固废、噪声、自然保护等专项执法行动及跨区域、跨部门联合执法。2021年,广州市共立案查处环境违法案件1580宗。

三是健全绿色发展激励约束机制。开展生态保护补偿,按计划推进并实施流域水环境生态保护补偿试点。按照污染者使用者付费、保护者节约者受益的原则,创新资源环境价格机制,对高耗能、高污染、产能严重过剩行业用电实行差别化电价,完善水资源费、污水处理费、垃圾处理费政策。

三　新时期广州市强化城乡生态环境治理面临的挑战

（一）存在城区规模扩张与环境资源有限的矛盾

加强生态环境建设，关键在于处理好建城区规模化发展（包括人口、产业）和环境承载能力（土地、水资源、能源等）之间的关系。随着广州加快建设国家中心城市、国际消费中心城市，城市人口规模持续扩张，对能源资源消费、公共空间和服务的需求增大，生态空间被侵占，生态空间碎片化问题突出，致使生态环境的承载能力下降、自我修复能力变得脆弱。密集的人口将加剧环境基础设施需求与公共服务供给的结构性矛盾，广州的城中村、老城区和偏远乡村环境基础设施相对薄弱，环境与公共服务不均衡的状况会加剧生态环境风险。据统计，广州市人口密度由 2000 年的 942 人/公里^2 上升至 2020 年的 2512 人/公里^2，同期人均国土面积由 1061 平方米下降为 485.7 平方米①。对比国内四大直辖市和 15 个副省级城市，2020 年广州城市人口密度位居第四，仅次于深圳、上海和厦门（见表 1）。

表 1　2020 年四大直辖市和 15 个副省级城市人口总量和人口密度对比

排名	城市	第七次人口普查人数（人）	行政区域面积（平方公里）	人口密度（人/公里^2）
1	深圳	17560061	1997.47	8791
2	上海	24870895	6340.50	3923
3	厦门	5163970	1700.61	3037
4	广州	18676605	7434.40	2512
5	成都	20938000	14335.00	1461
6	武汉	12326518	8569.15	1438
7	南京	9314685	6587.02	1414
8	北京	21893095	16410.54	1334

---

① 资料来源：根据历年广州统计年鉴数据计算整理。

排名	城市	第七次人口普查人数（人）	行政区域面积（平方公里）	人口密度（人/公里²）
9	西安	12952907	10108.00	1281
10	天津	13866009	11966.45	1159
11	宁波	9404283	9816.00	958
12	济南	9202432	10244.45	898
13	青岛	10071722	11293.00	892
14	杭州	11936010	16850.00	708
15	沈阳	9070093	12860.00	705
16	大连	7450785	13238.00	563
17	重庆	32054159	82370.00	389
18	长春	9066906	24651.50	368
19	哈尔滨	10009854	53000.00	189

资料来源：根据 2020 年全国第七次人口普查数据及各城市行政区划面积计算。

（二）建成区生态环境质量的持续改善难度大

广州建成区河涌纵横密布，改革开放进程中城中村遗留问题较多，叠加产业结构、能源结构、用地结构等短板制约，建成区生态环境抵御内外部冲击能力弱。以能源消费为例，2019 年广州能源消费总量刚性增长，为6294.2 万吨标准煤，较 2017 年增长 5.6%。值得注意的是，第三产业能源消耗攀升。2019 年广州第三产业能源消费为 2722.87 万吨标准煤，占能源消费总量的 43.26%，高出同期第二产业 3.58 个百分点，在当年三次产业能源消耗的比重较 2017 年高 2.51 个百分点。同时，生活水资源消耗增大，生活废水排放量增加，氨氮等有机物含量高。2019 年广州城镇生活污水排放量占废水总量的 91.34%，生活源化学需氧量、氨氮排放量分别是工业源的25.4 倍、82.2 倍（见表 2）。由于第三产业和居民生活领域的污染排放源点多面广，污染物排放评估和监测难度加大，建成区生态环境持续改善难度增大。

表 2　2017~2019 年广州能源消耗总量及三次产业能耗比重对比

	2017 年	2018 年	2019 年
能源消耗总量(万吨标准煤)	5961.97	6129.55	6294.20
三次产业能源消耗比重	0.68∶43.43∶40.75	0.61∶40.57∶42.46	0.6∶39.68∶43.26
废水排放总量(万吨)	172658.00	155630.00	163593.00
生活污水排放量(万吨)	151794.68	141414.48	149426.23
生活源化学需氧量排放量(吨)	105380.10	104840.73	117186.25
工业源化学需氧量排放量(吨)	8814.32	5211.73	4617.90
生活源氨氮排放量(吨)	19092.25	18446.31	17867.43
工业源氨氮排放量(吨)	467.01	270.90	217.24

资料来源：根据历年广州统计年鉴相关数据整理。

（三）乡村生态环境公共服务亟须强化

调研发现，广州城乡之间的生态环境公共服务差距较大，城乡垃圾分类还不完全、乡村垃圾周转处置不够充分，乡村畜禽粪污处置和农业生产循环还不完备。同时，城乡居民生态环保意识差距较大，城中村、乡村地区仍存在乱扔垃圾、分类不到位的行为，城乡居民普遍存在对生态文化"认同感高，行动力差"的现象。当前，乡村生态价值补偿机制还不健全，乡村生态价值没有充分挖掘，都在一定程度上造成乡村生态服务均等化供给相对滞后，对建设更高水平的美丽广州造成影响，需要采取切实措施弥补城乡生态服务供给不均衡、不协调的矛盾。

（四）城乡生态环境多元化治理机制有待健全

生态环境的外部性特征，决定生态环境制度建设的必要性和紧迫性。建立多元化长效治理机制，是推动城乡环境治理的不竭动力。当前，农村生态环境治理大多依赖村委会、乡镇政府的监管力量和法律硬约束。由于农村信用体系建设相对缓慢，金融体系不健全，有利于环境治理的市场激励手段如绿色金融、碳排放权交易等，在助力农村生态环境治理方面效能甚微。当前，城乡生态环境治理普遍存在模式单一，市场、社

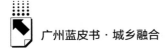

会组织和公众参与度不足，角色定位不清晰，功能发挥不充分等问题，共同织密织牢广州城乡生态环境问题的"发现网""治理网"，还面临许多具体约束。

四　新时期广州市强化城乡生态环境治理的战略思考

（一）持续筑牢绿色生态网络

以"山水城田海"自然资源为本底，构建以重要自然资源分布区域为主体、水系与廊道为纽带、重点生态公园为节点，通山达海的生态空间网络，系统保护市域九大生态片区，建设市域—城市—社区三级生态廊道，提升七大生态节点。加强森林资源管理和重点流域管理，建立良好的生物链，维护生物多样性，以生态公园为基点打造生态自然保护基地，以点带面，筑牢生态安全绿色屏障。

1. 优化城市绿色生态空间

在现有大尺度绿色空间网络建设的基础上，广州应进一步强化小尺度绿色感营造的空间手法。针对不同区域绿色空间质量不平衡问题，进一步细化绿环、绿楔、绿心、绿网等基本结构，综合运用园林学、美学、规划学、环境学等多学科力量，对小尺度空间进行系统规划设计和有机串联，提档升级。定期向社会征求建设绿色空间"金点子"，集合社会力量和社会关注打造绿色空间。

2. 培养活力农业空间

严格保护农业空间是现有政策和规划的底线要求。要坚决制止耕地"非农化"行为，进一步提高农业的生态功能，因地制宜采用多种手段，在城市绿色、水土涵养、噪音消纳、休闲游憩、田园景观、人文教育等方面增加农用地的附加值。注重农林牧渔大农业的发展空间和农村的整体保护和利用，创造性扩大城市活力的农业占比，形成山水农田林网的复合生态空间，既丰富城市生态多样性，又提升城市品位。

（二）加强源头系统性生态保护修复

山水林田湖草是一个生命共同体，应保护生态系统的完整性。生态系统中各要素既有各自内在的结构、功能和变化规律，又与其他要素相互耦合、相互影响。因此要树立大局观、全局观，算清长远账、整体账，从后期工程干预转变为前期生态防治，强化自然资源全系统、全要素、全过程的保护和修复，加快形成生态保护和修复一体化的统筹思路。坚持用养结合，保护并恢复自然生态承载能力，提升自然生态服务功能，促进城市生态系统的良性循环。

1. 推动城乡生态系统融合

牢固树立城乡绿化统筹、生态与景观相促、森林与园林交织的治理思路。推进城乡生态建设和修复，完善城市园林绿化系统建设，大力推动白云山、越秀山周边系统整治与生态修复，推动城市公园与农田、森林、湿地、廊道等绿色开发空间有机融合。

2. 加强山林生态系统保护与修复

实施受损山体修复，推进白云山还绿于民，加强矿山地质环境保护与修复；按照"北部优化、中部提升和南部增量"，对森林资源实施差异化保护；北部地区推进生态涵养林质量精准提升，中部实施森林围城进城，南部构建湿地红树林和沿海防护林带；加强林地生态修复，推进造林更新和封育恢复；因地制宜推进林相改造，营造类型多样、色彩斑斓的林相林貌；推进天然林生态保护修复，加强生态公益林保护和建设。

（三）促进城乡生态服务供给均衡

以全面实施乡村振兴、促进城乡融合发展为依归，不断强化乡村生态服务供给。系统解决乡村规划生态红线、耕地红线、规划红线等四至不清的痼疾，围绕城乡产业融合发展需求，强化乡村生活垃圾和生活污水处置要求，全面推行新型农业生产范式，通过肥水一体化等创新技术措施，达成畜禽粪污处置与现代农业生产的循环利用。高标准农田建设到哪里，现

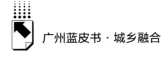

代养殖点就建到哪里，形成选址耦合和副产物循环利用的新生产场景。加大政策创新力度，广州全市各区推行生态价值补偿机制，对于绿地、湿地和森林不达标区，允许其向超额完成生态供给的区购买指标，并支付该指标一定额度管理费，达成主城区和偏远区在生态建设的均衡化投入，实现广州全市区域公平。

1. 严守生态红线

完善基本农田保护制度，重点保护山地、河湖湿地、天然林等生态敏感区。建立健全生态保护红线管理制度，确立生态保护红线优先地位，发挥生态保护红线对于国土空间开发的底线作用。强化自然生态空间用途管制，合理划定城镇开发边界。优化生活、生产与生态空间格局，全面构建区域生态环境空间管控体系。

2. 深化农村人居环境治理

补齐农村环保基础设施建设短板，开展农村人居环境整治提升行动，建立覆盖城乡的环保基础设施体系，健全生活垃圾收运处理体系，推进农村改厕，强化农村污水收集处理。完善农村环境保护机制，将农村水环境治理纳入河湖长制管理，推进全域实施"五美"专项行动。

3. 增加生态产品的市场供给

发展生态农业，推动农业可持续发展，把保护环境以及提高农业资源利用率和效率结合起来，使生态生产相生相融。将农业经济发展与农业生态环境改善相结合，调整农业结构，改善农业生态条件和生态环境，推进生态农业的规模化产业化经营。大力发展生态经济，建立生态优先的绿色消费观和消费方式，发展生态旅游、生态康养，实现社会与自然的生态平衡。

（四）健全生态环境治理体系

突出生态环境的系统治理，健全领导责任体系、企业责任体系、监管体系、市场体系、信用体系和法规政策体系。强调各级党委和政府是推进工作的责任主体，明确强化考核和责任追究；强调主动治污、依法排污，推进生产绿色化；强调严格环境监管，推进司法衔接；加快推进生态环境保护综合行政执法改革，积极推行非现场监管，切实加强企业产权保护；强调坚持市场化方向，更好发挥经济杠杆的引导和激励作用，推行社会化治理，帮助企业降低治污成本；强调同步推进政务诚信和企事业单位信用建设，用好用足信用记录；强调加快地方环保法规、标准体系建设，完善财税、金融政策，为加强生态环境治理提供支撑保障。

1. 建立绿色环保信用大数据平台

通过多接口综合性互联平台进行绿色环保信息数据采集、分类、存储、加工、评价和利用。例如，基于公民绿色行为大调查，将全社会个体违背绿色环保行为纳入信用记录，视情节轻重予以处理。依托绿色环保信用大数据平台可进一步开发市容绿化信息基础平台、生态环境治理评估系统、知识共享平台和管理决策系统等，有效提高城市系统对不确定性因素、未知风险和黑天鹅事件的应对能力，实现生态环境的智慧经营，弥补行政治理单一的局限和不足。

2. 建立流域区域污染联防联治机制

充分发挥河（湖）长制和广佛肇清云韶经济圈环保专责小组联席会议等机制作用，强化流域污染联防联治，协同推进上下游、左右岸、干支流全流域治理。深化广州与佛山、清远、惠州、中山等市的环境保护合作。务实推进泛珠三角区域生态环境保护合作，加强与相邻地市开展水污染联防联治协作，形成工作合力，提升生态环境风险精准管控水平。

3. 增强生态环境治理的科技支撑

建立水环境、大气环境等生态环保信息收集和反馈制度，依托大数据、云计算、边缘计算与人工智能技术，加强生态环境污染精准监测、数字决策以及智慧预警预报网络平台建设。加强环境移动执法系统的开发和应用，运用大数据手段，强化数据综合分析、研判与预警能力。拓展生态环境信息化业务覆盖范围，进一步实施污染风险源在线监管及环保法制管理信息化项目建设。完善生态风险精准防控机制，打造生态环境智慧治理的广州样板。

参考文献

张彤华:《城乡生态环境治理与法规政策的推进》,《环境工程》2021 年第 11 期。

郝锐:《城乡生态环境一体化:水平评价与实现路径》,博士学位论文,西北大学,2019。

赵津津:《党的十八大以来中国城乡生态文明建设统筹推进研究》,博士学位论文,福建师范大学,2020。

张志旺:《多元共治:乡村振兴战略视域下的农村生态环境治理创新模式》,《重庆大学学报》(社会科学版)2019 年第 5 期。

B.16
广州农业社会化服务发展和管理研究

刘雪梅*

摘　要： 近年来，根据国家的安排和部署，广州市从多方面提高农业社会化服务的规模和质量。广州市农业社会化服务仍存在组织化和市场化程度不高、配套服务不完善、资源整合能力不足、农业社会化服务人才匮乏、政策支持有待进一步加强等问题。通过借鉴国内先进经验，提出以农业企业、农民专业合作社（联社）等作为提供农业社会化服务的主体，以农户、家庭农场、农民专业合作社作为主要服务对象，完善农业社会化服务产业布局，并给出具体建议，包括明确广州市农业社会化服务的战略定位，推动以农业生产托管为核心的组织化进程，加大重点领域的资金、政策支持力度，促进农资、农机、农技与研发的融合，加强相关部门的协同配合等。

关键词： 农业企业　合作社　服务产业　社会化服务

农业社会化服务，是涉农企业、农民合作经济组织和其他社会组织或个人为农、林、牧、副、渔各业发展所提供的产前、产中和产后的配套服务。在以农户家庭为基础的农村承包经营体制下，广大的农业生产经营主体需要农业社会化服务，以跨越小生产与大市场之间的鸿沟，提高市场竞争力。

---

* 刘雪梅，华南农业大学人文与法学学院副教授，主要研究方向为农业法律政策、民法。本报告系 2021 年广州市农业农村局委托课题的阶段性研究成果。

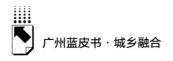

一 广州市开展农业社会化服务的主要成效

近年来，广州市高度重视农业社会化服务组织，尤其是农民专业合作社的发展培育工作中涌现出农机、丝苗米、荔枝、迟菜心、番石榴、蜂蜜等一批有代表性的农民专业合作社。截至 2021 年底，广州市共注册登记农民专业合作社 1597 家，除种植业、林业、渔业、畜牧业合作社外，还有农机合作社、综合服务类合作社各 41 家，占 5.2%；其他类 120 家，占 7.6%。这些合作社带动农户 3 万户，农村承包地流转到合作社的面积达 2.53 万亩，经营收入达到 22260 万元。增城福享资金互助社成为全国首家以农业龙头企业为主发起的资金互助社，广州从化米埗小镇田园生态旅游农民专业合作社成为广东省首家民宿合作社。广州市的农机专业合作社孕育出全程机械化"一条龙"服务、"特色植保服务＋无人机技术"专业服务、"机械化服务＋装备研发生产"产研结合等三种主要运作模式。

（一）注重政策先行

1. 规范农民专业合作社发展

广州市先后出台了《关于支持和促进农民专业合作社发展的若干意见》（穗府办〔2011〕26 号）、《广州市农机社会化服务示范建设实施方案（试行）》（穗农函〔2019〕1002 号）、《广州市关于加快推进农业机械化和农机装备产业转型升级的实施方案》（穗农〔2020〕61 号）等文件，以促进农民专业合作社建设规范化、程序化。各主要涉农区也从经营管理、财务管理、资产管理、收益分配等方面出台相关文件，加强对农民专业合作社的引导。

2. 提供奖补支持

广州市制定了《广州市开展水稻育插秧机械化作业补贴试点实施方案（试行）》（穗农〔2017〕14 号）、《广州市农民专业合作社扶持项目财政补助方案》（穗农〔2017〕127 号）、《广州市开展农用无人机植保作业补贴实施方案（试行）》（穗农〔2018〕24 号）、《关于调整农机化作业补贴相关政策的通知》（穗农〔2020〕44 号）等文件，进一步加强示范引领，采取定额补贴和"以奖代补"方式给予适当资助，有力推动"补短板促全程"。

3. 助力涉农保险

广州市出台了《广州市政策性小额贷款保证保险实施办法（修订）》（穗金融规〔2018〕8 号），着力解决融资难问题，并结合广州市实际，发布了《2021—2023 年广州市政策性农业保险实施方案》（穗农〔2021〕19 号），以服务"三农"、保障民生为宗旨，落实"扩面、增品、提标"要求，完善以政策性农业保险为基础的农业保险保障体系，提高农业保险服务能力，提升农业抵御风险和自救发展的能力。2021 年 3 月，印发实施了《广州市贯彻落实〈关于大力推动农业保险高质量发展的实施意见〉工作方案》。

（二）加大财政支持力度

一是支持农民专业合作社建设。广州市每年安排市级财政资金 770 万元，用于扶持合作社示范社和培育合作社，鼓励和引导农民专业合作社做大做强。二是发放农机补贴。按照"价补分离、市场定价"的思路，分类推进农机化财政补贴和市场调控制度改革，解决"有机无田耕、有田无机用"的供需矛盾。2019 年和 2020 年，广州市财政专项分别安排农机购置补贴资金 783 万元和 1098 万元，农户购置补贴机具超过 14000 台（套）。三是实施小额贷款保证保险。广州市财政每年安排 3000 万元政策性小额贷款保证保险资金，将农民专业合作社等新型农业经营主体纳入扶持范围。

（三）建设助农服务综合平台

广州市依托农村经济分析平台，建立农民专业合作社管理模块，做好信息化管理。广州市供销合作总社积极争取财政资金，用于支持各级助农服务综合平台（中心）建设。截至2020年5月底，建成区助农服务综合平台3个、镇（村）助农服务中心14个。2020年1~5月，助农服务综合平台（中心）销售额为3183.92万元，其中农资农技、农产品销售加工、日用消费品供应、冷链物流服务销售额为2869.96万元，占90.14%。农资农机和农业机械服务面积为9.73万亩，服务农户1.4万户、农民专业合作社36家。番禺区助农服务综合平台积极参与的"区长带货 番禺严选"农产品直播带货活动，白云区江高镇南岗村助农服务中心开展的蔬菜种植气象指数保险服务，以及从化区、花都区的特色助农服务综合平台活动等，都起到示范带动作用。

（四）兼顾发展质量

在农业社会化服务规模增长的同时，广州市开展"空壳社"清理以及业务培训工作，提升农民专业合作社整体运营水平。截至2020年底，83家农民专业合作社拥有注册商标；取得无公害农产品产地认证合作社56家，占全市认证总量的31.8%；拥有绿色食品标志合作社9家，占全市持有经营主体总量的29%。截至2020年底，全市创建了国家农民专业合作社示范社13家，省级示范社32家，市级示范社61家；2家农民专业合作社获评"广东省十大最具潜力农民专业合作社"。从化区成为广东省、国家农民专业合作社质量提升整县推进试点，目前各项工作正在顺利推进。

二 广州市农业社会化服务存在的主要问题

尽管广州市农业社会化服务基础条件较好，率先探索了推进农业社会化服务方式，但由于广州地处沿海，山地丘陵较多，工商业较为发达，农户流转土地的意愿较低，大部分农业生产仍是小农户散种（养）的生产模式，经常面临规模农业的冲击，农产品滞销时有发生。

（一）农业社会化服务的组织化程度不高

从农业社会化服务组织来看，广州市农业社会化服务主体数量总体偏少，且具备全产业链服务的社会化服务组织更少，规模偏小，装备能力不强，服务能力还不能满足当地农业需求，服务能力不平衡、不充分较为突出，为地方特色农作物生产提供全程农业社会化服务不够充分。从其提供的农业社会化服务来看，在农业生产服务方面，以分散单环节服务为主，规模化服务为辅，全程系统化解决方案较少，实施全程托管的项目较少；在农业生产服务以外，以产品销售为主，加工等价值增值服务不明显，各服务环节与生产环节缺乏有效协同。

（二）农业科技服务的市场化程度不高

随着农业结构调整和产业化步伐的加快，广州市的农业科技服务体系日益显露其薄弱的一面，农技推广的市场化运作程度低。以广州市某区的 12 万亩水稻田为例，其生产社会化服务的规模小、价格贵、技术低，缺乏作业标准、价格设定、服务质量、技术管理等体系，人才的缺乏和流失较严重，不能满足土地规模化、集约化、机械化的发展需求。

（三）农业金融保险服务不完善

广州市金融机构一般不接受设备以及农产品作为贷款担保，农业经营主体只能依靠自有资金。在实际工作中，合作社社员很难聚齐开会，且出资额少的社员也不愿承担风险共同借贷。在农业保险方面，由于农民买保险的意识不强、台风灾害频繁发生导致赔付率较高，农业保险处于难以推动的状态。目前广州市实施的农业保险以水稻保险为主，其他保险尤其是占比较大的水果种植领域缺乏保险落地，遭遇自然灾害时损失较大。

（四）整合各方资源的力度不足

在助农服务综合平台（中心）方面，广州市现有的平台处于起步阶段，

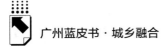

经营服务基础比较薄弱，配套设施投入不足，服务功能不够全面，在整合资源、拓展功能、协同服务方面缺乏实质性进展，与当地农民的利益联结不够紧密，与外部涉农资源合作不多，可持续发展的能力有待提升。

在产学研结合方面，广州市农业科研实力雄厚，汇聚了广东省70%以上的农业科研院校和科研人员，但各科研单位的农业资源分散，在研究方向和研究领域存在以下问题：科技成果转化率低，在农作物全程机械化、丘陵山地轻简型生产机械化、规模化绿色种养、特色农产品加工等领域研究不足，食品质量安全存在隐患，农产品附加值偏低，农产品出口困难等。

（五）农业社会化服务人才匮乏

广州市各区的调研对象普遍反映缺乏农业社会化服务人才，农业社会化服务工作对年轻人的吸引力不大。种植业学习周期较农机等行业的学习周期更长，目前员工主要是中老年人，比农机更缺乏新生力量。农技推广的人才队伍中，专业人员比例偏低，相当一部分人员知识结构老化，在镇街一线缺乏合适的工作环境，科技管理人才逐渐脱离岗位或难以安心工作。此外，还缺乏职业经理人、企业合规师等农业社会化服务高端人才。近些年来，广州市在农业实用技术培训、农业职业教育培训、农民信息技术培训、农业农村法律培训等方面取得了进展，但成效不彰。

（六）政策支持有待进一步加强

在广州市各主要涉农区调研的过程中发现，农业社会化服务发展欠缺完备的政策支持体系，政策工具选择面及政策覆盖面存在交叉重叠，缺乏统筹。比如，有的区对农机购置、水稻育插秧作业、水稻飞机直播、无人机植保等多个环节进行补贴，单项补贴之和大于全托管补贴，导致全托管需求不大。此外，政府对社会化服务创新支持的倾斜程度不够，金融政策惠及力度有限，税收优惠政策少，在财政上对相关新信息技术的普及运用的支持也不够。

三 国内农业社会化服务先进经验

在农业社会化服务领域，企业能够为市场注入活力，利用市场竞争促进农业社会化服务的发展。国内一些农业社会化服务的先进经验对广州市的农村集体经济组织发展具有借鉴价值。

（一）农业社会化服务企业带动

企业作为市场经济中的重要组成部分，对刺激、活跃市场具有不可替代的作用。我国在产业链、标准化、信息化方面最具代表性的企业有：中化现代农业（陕西）有限公司依托乡村服务站，汇集农业产业链上各类生产主体的优质资源，建立起多方共赢的现代农业社会化服务"生态圈"；山东思远农业建立了集技术研发，农技服务，农资供应，绿色果蔬生产、加工、流通为一体的全程标准化服务体系，为农业发展注入了强大动力，在农业社会化服务标准化建设方面发挥了良好的引领作用；贵州牧林农业科技发展有限公司基于动物防疫工作需求，开发了动物防疫智能管理平台"防控管家"，实现了动物防疫工作的无纸化办公和线上线下流转，有效破解了动物疫病防控工作中的主体选择难、方式创新难、内容聚焦难和决策依据难等问题，促进了动物防疫工作效率和行业监管能力的提高。

（二）农民专业合作社带动

农民专业合作社的带动模式表现为由农民专业合作社为入社农户提供产前、产中和产后服务。例如，内蒙古自治区赤峰市克什克腾旗经棚镇坚持基层党组织引领，探索成立农业发展合作联合会，打造生产、供销、信用"三位一体"发展模式，实现了生产端与市场端的无缝连接、党建链和产业链的紧密融合，促进了农牧户和现代农牧业发展的有机衔接，走出了一条社会化服务集聚发展的新路子。

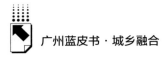

（三）农村集体经济组织引导

通过政府规划引导，村级集体经济组织牵头建设为农服务综合体，吸纳区域内家庭农场、种植小农户等农业经营主体，并联合农机、植保、农资销售、粮食收购、银行、保险等服务主体，组建镇域型的服务联盟，结成利益共同体。各类主体分类合作、抱团发展，形成全过程、全方位的生产服务链，弥补小规模农业生产经营的短板，实现了农业生产的提质增效。例如，安徽省六安市黄墩村集体经济组织通过联合组建股份经济合作社的形式，入股农业社会化服务实体，充分发挥村级集体经济组织"统"的作用和优势，盘活闲置资产，整合现有资源，推动组织为广大农户和新型经营主体提供全产业链托管服务，实现"村集体+服务主体+服务对象"的共赢。

四 广州市农业社会化服务的发展建议

（一）明确广州市农业社会化服务的战略定位

农业社会化服务体系建设工作是广州市乡村振兴的硬任务之一，应长期予以高度重视。因此，本报告建议立足乡村振兴战略、粤港澳大湾区建设，辐射带动粤东西北农业产业，当好粤港澳大湾区农业社会化服务的"领头羊"；建议以农业企业、农民专业合作社（联社）等为提供农业社会化服务的主体，以小农户、家庭农场、农民专业合作社为主要服务对象，构建"两端在内，中间在外"的农业社会化服务产业布局，即科技研发、市场拓展服务在广州中心城区，生产服务在广州主要涉农区，发展农业研发、农产品精深加工和农产品流通等"农业总部经济"。

（二）推动以农业生产托管为核心的组织化进程

目前，广州市主要涉农区的村集体经济实力、组织能力不是很强，难以有效承担农业社会化服务的主要职能。应积极借鉴国内外先进地区开展农业社会化服务的经验,以企业、合作社为主,村集体经济组织、村镇平台等为辅,因地制宜、相互联合,探索"土地整合整治+土地流转或入股+生产托管+订单农业"的长效机制,将土地集中连片,为加快推进农业生产托管打好基础。可以参照清远市阳山县的经验,按照"公司+合作社+服务小分队+农户"服务模式,由公司制定标准化生产技术方案、农机和病虫害防治服务标准和服务价格,提供种苗、农药、测土配方肥、谷物烘晒和贷款担保等,以粮油、生猪、农资三大合作社为载体,以服务小分队为支点,统一提供各类服务,解决农户生产服务问题。也可以引导成立农民专业合作社总社和联合社。总社负责为种养、农机、茶叶、林果等行业联合社提供指导、协调和服务;联合社具体指导同类型的合作社开展业务培训、技术服务和市场营销;合作社为种植基地或养殖基地社员提供统一购买生产资料、统一技术标准和技术服务、统一销售农产品等服务。

(三)加大重点领域的资金、政策支持力度

根据广州农业的特点和优势,建议下一阶段对谷物烘干、梯田和林地的机械化作业、农残检测、物流冷链、数字化智能管控、土地修复以及农业社会化服务人才培养等投入大、效益不高、见效慢的重点环节予以资金支持,同时注意减少分散性补贴,增加对果树等全托管的补贴。

在金融保险方面,首先,除现有水稻保险外,应协调相关机构大力发展岭南特色水果保险和农机具保险。其次,针对农业社会化服务企业固定资产不足的问题,信贷部门应给予一些特殊信贷支持,如信用贷款、浮动抵押贷款等。再次,应支持农业社会化服务企业参与农田基础设施建设,引导和支持金融机构对其提供中长期配套贷款,逐步实现农田基础设施投资多元化。最后,可参照其他省市的做法,要求政府性融资担保机构对信用良好的农户、农民合作社的农业贷款提供担保业务,提高农业贷款的便利性和可获得性。

此外,建议打造农业社会化服务的营商环境,制订农业生产托管服务指

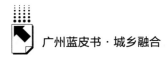

南、作业标准和操作规程、农业生产托管服务合同示范文本，取消户籍身份等不必要的政策限制。例如，有调研对象反映，有的金融机构要求申请贷款人必须是广州本地人，但在当地实际的农业经营者中，本地人不到1/5，导致大多数经营者无法申请贷款。

（四）促进农资、农机、农技、研发的融合

广州市应整合高校、科研院所、高新技术企业和国家大科学工程等资源，引导农业产业园区、农业科技园区、科创中心、高等院校、农业科技人员等各类组织和个人参与农业科技服务，提升农业科技协同创新能力，在建设示范性农业专业镇标杆行动中，带动农业社会化服务体系完善。

在发展方式上，第一步，可以由有意愿的农机公司、合作社牵头，联合本土其他较具实力的同类公司、合作社、农机手以及机耕、机插、机收、飞防、烘干、田间经理人，成立农机联合社，逐步打造多支专业服务团队。第二步，不断整合上下游产业链的资源与外部农机服务公司、种苗农药化肥公司、石油公司、加工销售公司、金融保险公司、物流公司、科研院校等达成战略合作，形成新的盈利点和对外竞争的优势。第三步，通过平台化运营，打造客户服务中心、品牌运营中心、技术培训中心、农资保障中心、财务中心、法务（涉农知识产权+合规）中心等，在生产资料采购、机械化全程配套服务、平台式管理运作、抱团销售、服务指导、技术培训等方面形成一套规范化、标准化、规模化的运行机制，延伸至整个社会化服务产业链条，实现包工包料包技术、"农资+农机+农技+研发"，为农户提供全程托管、单环节/多环节托管、整村推进机械化服务、定制化服务方案等。据相关水稻生产实践，该模式可实现同比增产增收10%以上，农资成本降低10%~20%，机械化程度提升90%以上，亩均服务价格降低100元/亩以上。

（五）加强相关部门的协同配合

推进农业社会化服务，需要各相关部门群策群力，大力支持农业农村部

门。建议相关部门加强业务联系，消除业务壁垒，建立更加顺畅的农业社会化服务管理协作体制。例如，在农资供应、农业生产经营、平台体系运作等方面，农业农村部门需要与供销合作（总）社协调分工；在农技推广方面，需要与科技、人社等部门加强合作；在农机具存放、冷库等仓储设施建设、田头智慧小站等第一、第二、第三产业配套用地方面，农业农村部门需要与自然资源部门会商，了解协调指标、传授最新政策和申请经验等；在农业金融保险方面，需要与银行、保险等机构共同调研，开发、解决涉农贷款、抵押、拍卖、变卖、折价、保费等问题；在涉农电商方面，农业农村部门需要与商务部门合作，将涉农电商发展纳入电子商务发展规划，制定相关政策措施，促进涉农电子商务组织发挥聚集、推广、宣传、订购和跨境服务等作用。

参考文献

罗锋、吴梦珠：《广东新型农业社会化服务体系构建探讨》，《佛山科学技术学院学报》（社会科学版）2010 年第 5 期。

唐诚、方伟、康乐：《广州市农业科技发展现状、存在问题与建议》，《热带农业工程》2021 年第 1 期。

思雨：《中央财政已下发 45 亿元支持农业生产托管项目》，《中国食品》2020 年第 20 期。

冀名峰、李琳：《农业生产托管：农业服务规模经营的主要形式》，《农业经济问题》2020 年第 1 期。

调查报告篇
Investigation Reports

B.17
广州农村居民返乡创业就业调查报告

广州市农村千户居民调查课题组*

摘　要： 农民工等人员返乡入乡创业是落实"大众创业、万众创新"的重要举措。新冠肺炎疫情常态化防控下，更多农民工选择就近就业创业，成为推动乡村振兴和城乡融合发展的主力军。为了解广州市农村居民对返乡入乡创业就业的看法和建议，本课题组依托农村千户居民调查网络，随机抽取 1000 名年龄在 18~65 周岁的农村常住居民，以入户访问填写问卷的方式开展调查。全面摸查广州市农村居民就业创业现状和创业环境，发现农村居民返乡创业存在资金短缺、用地支持薄弱、创业培训和指导宣传不够等问

---

* 课题组成员：朱展翔，广州市统计局农村处处长，主要研究方向为农村经济统计；莫旭辉，广州市农村发展研究中心党支部书记，主要研究方向为农村经济统计；杨秀仪，广州市统计局农村处二级调研员，主要研究方向为农村经济统计；卢志霞，广州市统计局农村处一级主任科员，主要研究方向为农村经济统计；江宏耿，广州市农村发展研究中心助理研究员，主要研究方向为农村经济统计；陈洁，广州统计师事务所副所长，主要研究方向为农村经济统计；谭艳璐，广州统计师事务所社情民意调查部部长，主要研究方向为农村经济统计。执笔人：谭艳璐。

题，提出健全返乡人员创业就业财税金融支持，落实返乡入乡人员创业用地空间保障等对策建议，为进一步推动农村居民返乡创业就业提供参考。

关键词： 农村就业　返乡创业　培训指导　就业调查

一　研究背景和目的

农民工等人员返乡入乡创业是落实"大众创业、万众创新"的重要举措。近年来，全国各地返乡入乡人员创业呈现出蓬勃发展态势，形成要素聚乡、产业下乡、人才入乡和能人留乡的良性互动局面，成为当地经济社会发展的重要驱动力。新冠肺炎疫情常态化防控下，更多农民工选择就近就业创业，成为推动乡村振兴和城乡融合发展的主力军。然而，返乡创业融资、用地、人才、服务等方面仍然面临诸多障碍，亟须进一步优化创业就业环境。2020年，国家发展改革委等19个部门和单位联合印发《关于推动返乡入乡创业高质量发展的意见》，提出要进一步完善体制机制，提升创业带动就业能力，推动返乡入乡创业高质量发展。2021年广州市政府工作报告提出，落实就业优先政策，始终把就业作为最大民生。本报告立足广州市农村居民就业创业现状、创业环境等方面，探讨推动广州返乡入乡创业、劳动力就业的主要问题，为进一步推动农村居民返乡创业就业提供意见参考。

二　调查的主要内容和调查样本特征

（一）调查的主要内容

本次调查内容主要包括以下八个方面：一是选择就业区域的主要原因；二是近两年来，本村是否有返乡创业人员（包括本村村民、外来人员等），以及创业主要集中领域；三是是否已经开始创业以及意向创业领域；四是农村电商直播创业情况及电商创业对农村就业促进作用；五是对本地创业环境和氛围的评价，包括政策支持、资金帮扶、金融服务、用地支持、人力资源、配套服务、创业培训、组织保障、总体评价九个方面；六是对本地开展创业的培训指导信息获取渠道以及优化创业就业培训的建议；七是当前创业存在哪些主要困难；八是进一步推动返乡创业带动就业的思路建议。

（二）调查样本特征

调查样本特征主要有性别、年龄、受教育程度、职业四个方面。从样本性别构成来看，男性占比 57.7%，女性占比 42.3%。从样本年龄结构来看，30~39 岁年龄段占比最多，为 31.7%；其次为 40~49 岁年龄段和 50~59 岁年龄段，占比分别为 29.8% 和 26.3%；18~29 岁年龄段和 60 岁及以上的占比较少，分别为 6.6% 和 5.6%。从样本受教育程度来看，初中占比最多，为 43.3%；高中/中专/中技和大专的占比均超两成，分别为 21.2% 和 20.0%；本科及以上、小学或以下的占比相对较低，分别为 8.6% 和 6.9%。从样本职业情况来看，服务业工作人员的占比最多，为 26.5%；企事业单位的办事人员，生产、运输工人和有关人员，各类专业、技术人员的占比次之，分别为 16.4%、14.8% 和 13.7%；其他依次为农、林、牧、渔劳动者（8.5%），其他职业（6.0%），个体工商业主（5.5%），企事业单位的管理人员（4.8%），商业工作人员（2.6%），私营企业主（0.8%），公务员（0.4%）。

三 农村居民返乡创业就业调查分析

（一）农村地区的创业范围较宽泛，"直播+电商"模式获认可

1. 农村居民大多选择在本区就业创业，并集中在农、林、牧、渔等种养殖业领域

调查数据显示，96.8% 的受访村民表示自己或家人在本区（包括所在

村、镇街或区）就业①，在广州市外区就业的比例为 10.7%，表示自己或家人在市外就业的比例较少。在选择外地区②就业的受访村民中，"就业机会少"和"工资水平低"是其不在本区就业的最主要原因，占比均超五成，分别为 57.6% 和 54.4%；还有 18.4% 和 17.6% 的受访村民选择"能获取招聘信息的渠道或方式少"和"亲朋好友推荐"。

当前，受访村民所在村创业人员的创业范围最主要为"农、林、牧、渔种养殖业"，占比 48.2%；"交通运输、仓储和邮政业"（37.9%）和"批发零售业"（32.3%）两个行业的占比也超三成；"农副食品加工业"、"服务业"和"旅游餐饮业"的占比均超两成，分别为 26.8%、20.9% 和 20.6%；"建筑业"、"纺织业"和"家具制造业"的占比较少（见表1）。

表1 当前农村居民的创业范围及考虑的创业范围情况

单位：%

内容	所在村创业人员的创业范围*	受访村民或家人考虑的创业范围
农、林、牧、渔种养殖业	48.2	17.0
交通运输、仓储和邮政业	37.9	13.5
批发零售业	32.3	26.4
农副食品加工业	26.8	7.7
服务业	20.9	16.7
旅游餐饮业	20.6	19.5
建筑业	11.9	4.0
纺织业	8.6	3.7
家具制造业	5.4	1.7

注：*多选题，比例之和大于 100.0%。
资料来源：根据课题问卷调查所获数据统计分析形成。

2. 四成受访村民或家人考虑在批发零售业和旅游餐饮业创业

近年来，广州出台一系列支持各类人才返乡入乡创业的利好政策，

---

① 此题为多选题，就业区域分为"本区""本市外区""市外"，三项比例之和大于 100.0%。
② 外地区指本市外区和市外（包括本省外市和外省）。

如《广州市人力资源和社会保障局　广州市财政局　广州市地方金融监督管理局　中国人民银行广州分行营业管理部关于转发创业担保贷款担保基金和贴息资金管理办法的通知》（穗人社规字〔2020〕2号）、《广州市人力资源和社会保障局　广州市农业农村局关于印发进一步加强广州农村电商培训推动创业就业工作方案的通知》（穗人社发〔2020〕4号），农村创业政策体系逐步健全。就受访村民或家人的创业情况来看，仅有6.9%表示"已经创业"，40.9%的受访村民表示"有想法但还未创业"，选择"没有想法"的比例为46.0%，另有6.2%的受访村民表示"说不清"。

就"有想法但还未创业"的这部分受访村民或家人来看，其有想法的创业范围主要集中在"批发零售业"和"旅游餐饮业"，占比分别为26.4%和19.5%；选择"农、林、牧、渔种养殖业"、"服务业"和"交通运输、仓储和邮政业"的比例均超一成，分别为17.0%、16.7%和13.5%（见表1）。

3. 近七成受访村民表示直播电商对促进就业有作用

近年来，广州直播电商持续升温，创新"直播+农业+电商"销售模式，激发乡村振兴新活力。当前，23.4%的受访村民表示所在村有直播电商创业的人员，51.5%的受访村民表示"没有"，另有25.1%的受访村民表示"说不清"。就直播电商创业对促进村民就业的作用来看，66.9%的受访村民认为有作用，其中，"作用很大"占15.0%，"作用较大"占51.9%，选择"作用不大"的比例为22.6%，表示"没有作用"和"说不清"的比例分别为1.2%和9.3%。

分年龄段来看，年龄越小的受访村民认为直播电商创业对促进村民就业的作用越大，"18～29岁"年龄段认为有作用的比例（72.7%）高出"60岁及以上"年龄段（60.7%）12.0个百分点。分创业情况来看，有想法但还未创业的受访村民认为有作用的比例（72.4%）高出没有想法的受访村民（62.0%）10.4个百分点。

（二）农村居民对本地创业氛围评价中最认可创业环境中的政策支持

1.政策支持在本地创业环境中最受好评

从受访村民对本地创业环境的评价来看，67.4%的受访村民表示本地的创业环境好（"非常好"和"比较好"比例之和，下同）。分各类指标来看，受访村民对"政策支持（出台专项政策支持等）"的好评率[1]最高，为70.6%；"组织保障（组织领导、宣传示范等）"、"人力资源（劳动力资源、专业人才支持等）"和"配套服务（基础设施建设、公共服务等）"三项的好评率均超六成；"资金帮扶（专项资金帮扶、税收减免等）"和"金融服务（银行贷款支持、拓展融资、农业保险等）"的好评率均为59.8%；"用地支持（创业用地、土地利用等）"的好评率相对较低，为54.0%（见表2）。

表2 受访村民对本地创业环境的评价情况

单位：%

内容	非常好	比较好	好评率
政策支持(出台专项政策支持等)	18.9	51.7	70.6
组织保障(组织领导、宣传示范等)	15.4	53.0	68.4
人力资源(劳动力资源、专业人才支持等)	13.3	51.6	64.9
配套服务(基础设施建设、公共服务等)	12.2	52.7	64.9
创业培训(提供专业辅导等)	15.1	49.4	64.5
资金帮扶(专项资金帮扶、税收减免等)	13.8	46.0	59.8
金融服务(银行贷款支持、拓展融资、农业保险等)	10.9	48.9	59.8
用地支持(创业用地、土地利用等)	10.8	43.2	54.0
总体评价	11.4	56.0	67.4

资料来源：根据课题问卷调查所获数据统计分析形成。

2.三成受访村民表示所在村的创业氛围浓厚

34.5%的受访村民表示本村的创业氛围浓厚（"非常浓厚"和"比较浓

---

[1] 此处的评价指标包括"非常好"、"比较好"、"不太好"、"不好"和"说不清"五项，好评率的计算标准为"非常好"与"比较好"的比例之和。

厚"比例之和，下同），选择"不太浓厚"和"不浓厚"的比例分别为50.1%和9.5%，另有5.9%的受访村民选择"说不清"。

分就业状况来看，在业的受访村民表示本村创业氛围浓厚的比例（36.2%）高出其他就业状况（30.2%）6.0个百分点。分创业情况来看，有想法但还未创业的受访村民认为本村创业氛围浓厚的比例（40.6%）高出没有想法的受访村民（29.3%）11.3个百分点。

（三）农村居民最需要政策及专业技术能力方面的培训指导

1.六成以上农村居民需要创业政策和技术应用相关培训和指导

从当前农村居民选择最需要的培训或指导内容来看，"法律、法规及相关创业政策"和"技术应用和掌握"的占比最高，分别为62.9%和61.2%；选择"渠道开发及市场营销""电商和新媒体应用"的比例均超四成；"金融、财税等专业知识"和"公司管理、品牌经营等建设"的占比均超三成；另有28.6%的受访村民认为当前最需要的培训或指导为"知识产权保护"（见图1）。

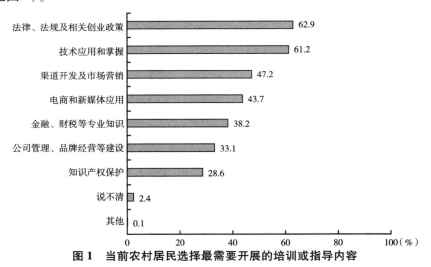

图1 当前农村居民选择最需要开展的培训或指导内容

注：多选题，比例之和大于100.0%。

资料来源：根据课题问卷调查所获数据统计分析形成。

2. 七成农村居民认为加强宣传是进一步做好创业培训指导的重点

为进一步做好创业培训和指导工作，受访村民表示当前最应"加强创业培训和指导工作的宣传"和"提高培训人员的专业素质和能力"，占比分别为70.8%和67.5%；选择"丰富培训形式和渠道（如网上培训）"和"加强培训后的服务指导"的比例均超五成；表示应"提供一对一指导服务"和"增加优秀案例分享和示范课程"的比例分别为45.8%和36.5%（见图2）。

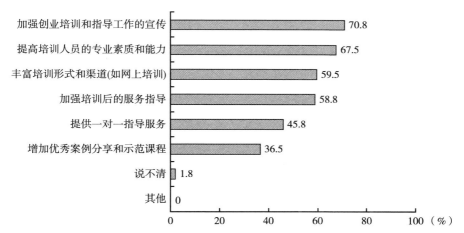

图2　受访村民对相关部门组织好创业培训和指导工作的意见和建议

注：多选题，比例之和大于100.0%。

资料来源：根据课题问卷调查所获数据统计分析形成。

四　农村居民返乡创业就业调查反馈的主要问题

根据受访村民对当前农村地区创业情况的反馈，结合调查问卷，返乡入乡人员创业困难主要集中在以下几个方面。

（一）资金短缺是农民创业面临的最大困难，且技术和市场信息获取方式较少

就当前返乡入乡人员创业的困难来看，"资金短缺"的占比最高，为

80.7%；选择"缺乏技术支持"和"缺少市场信息"的比例均超五成；可以发现，资金、技术和市场信息等因素仍在较大程度上制约了返乡入乡人员创业。同时，就其他方面的困难来看，"对相关政策的了解不够充分"和"场地设备成本较高"的占比均超四成；选择"缺乏创业知识"、"周围创业氛围不够浓厚"和"配套服务（如交通物流等）不够完善"的比例分别为36.3%、27.6%和17.0%；另有7.4%的受访村民表示当前创业的主要困难是"缺乏家人理解"（见表3）。

表3　受访村民认为当前创业的主要困难

单位：%

内容	比例
资金短缺	80.7
缺乏技术支持	51.6
缺少市场信息	50.6
对相关政策的了解不够充分	48.3
场地设备成本较高	46.4
缺乏创业知识	36.3
周围创业氛围不够浓厚	27.6
配套服务（如交通物流等）不够完善	17.0
缺乏家人理解	7.4

注：多选题，比例之和大于100.0%。
资料来源：根据课题问卷调查所获数据统计分析形成。

（二）用地支持在当前各项创业环境中较为薄弱，且创业氛围不太浓厚

调查发现，在农村地区各项创业环境的评价中，用地支持（创业用地、土地利用等）的好评率最低，为54.0%，低于总体评价（67.4%）13.4个百分点。说明土地利用是各项创业环境中的薄弱环节，结合受访村民对当前返乡入乡人员创业的意见建议来看，部分受访村民也希望能够提供创业场地和用地支持。同时就农村地区的创业氛围来看，超过一半（59.6%）的受

访村民表示不浓厚，说明当前农村地区的创业氛围营造工作仍有待加强。此外，在创业形式上，对于直播电商等新业态，农村创业人员相对较少，可能与对相关知识了解不够、技术支持不足等因素有关。

（三）创业培训和指导宣传不够，且培训和指导内容与需求衔接不当

创业培训指导对于返乡入乡人员创业具有重要意义，但就当前农村居民对当地开展过创业方面的指导或培训情况来看，仅有19.0%的受访村民表示知道并了解本地（包括村、镇街、区等相关部门）开展过创业方面的培训或指导，61.0%的受访村民表示"知道但并不了解"，仍有20.0%的受访村民表示"不知道"本地开展过相关创业方面的培训或指导。分创业情况来看，有想法但还未创业的受访村民表示"知道并了解"本地开展过相关创业方面培训或指导的比例（23.2%）分别高出没有想法的受访村民（15.2%）8.0个百分点。

从农村居民对培训和指导的内容需求来看，法律法规及相关创业政策、技术应用和掌握的需求最为迫切，相关部门在组织开展创业培训或指导时，应充分考虑农村居民的具体需求，结合实际开展工作方能达到预期效果。

五　推动农村居民返乡创业就业的对策建议

（一）健全返乡人员创业就业财税金融政策支持

结合受访居民对进一步做好返乡入乡人员创业工作的意见建议，"加大金融借贷、税收、农业保险减免等资金支持"的占比最高，为66.6%（见表4）。财税政策帮扶的关键在落地，要落实财政补助、金融信贷和税收优惠等一系列政策惠及重点人群。一是创新财政资金支持方式。应统筹利用现有的资金渠道，为返乡入乡创业人员提供支持。在落实税收优惠政策的同时，可对厂房租金、卫生费、管理费给予一定额度的减免。二是创新金融服务。缓解返乡入乡人员创业融资难题，加大贷款支持，推动农村商业银行和

农村信用社等金融机构优先将存款用于返乡入乡人员创业。探索宅基地使用权抵押贷款，充分盘活农村集体建设用地资源用于筹措创业资金。

表4 受访村民对进一步做好返乡入乡人员创业工作的意见建议

单位：%

内容	比例
加大金融借贷、税收、农业保险减免等资金支持	66.6
做好政策宣传和解读工作	63.1
加强创业培训课程指导	58.7
建立定点技术帮扶工作模式	53.0
提供创业场地等用地支持	53.0
完善交通道路、水电等基础设施建设	46.4
加大优秀创业经验分享交流	33.9
建立品牌产业集群	16.5

注：多选题，比例之和大于100.0%。
资料来源：根据课题问卷调查所获数据统计分析形成。

（二）落实返乡入乡人员创业用地空间保障

基于用地支持为广州农村地区创业环境的薄弱环节，应进一步健全用地支持，保障返乡入乡人员创业生产经营空间。一是完善土地利用方式。加强农村集体建设用地资源的有效利用，优先将闲置的公益性公共设施用地及经营性用地用于返乡入乡人员创业生产经营。同时应集中整合闲置的集体建设用地流转给返乡入乡人员用于创业。二是盘活闲置房产和空闲土地。结合当地实际情况，进行合理改造利用（如建立创业孵化基地等），为返乡入乡人员创业提供生产和办公场地，解决用地难题。

（三）强化创业培训并优化人才培养各项服务

创业培训是巩固和提升返乡入乡人员创业质量的重要保障。应持续实施对返乡入乡人员创业的培训，同时开展带头人培养计划。一是提升培训质量，积极创新培训模式。根据返乡入乡人员创业的特点，在开发特色专业和示范性培训课程的同时，逐步组建专业化的创业导师队伍，并在创业过程中提供针对性的指导服务。二是给予参与创业培训的返乡入乡人员落实相关补贴，提高其参与培训课程的积极性。此外，开展带头人培养计划，培育农村创业创新带头人和农村创业导师，提高"田秀才"和"土专家"的专业素质能力。三是有针对性地开展培训指导工作，结合返乡入乡创业人员所需要的培训内容，积极开展相关创业政策、技术应用等方面的课程，增强培训的实用性和实效性。

参考文献

车文斌：《返乡创业　激发农村新活力》，《当代县域经济》2019年第3期。

王轶、熊文：《返乡创业：实施乡村振兴战略的重要抓手》，《中国高校社会科学》2018年第6期。

李茂平、褚欣逸：《乡村振兴背景下返乡就业创业青年乡村社会融入研究》，《中共乐山市委党校学报》2022年第3期。

B.18
广州推进乡村产业发展调查报告

广州市农村千户居民调查课题组*

摘　要： 为了解广州市农村居民对加快乡村产业发展的建议，本报告围绕
广州乡村产业发展类型、发展优势、产业开发运作、产业带动村
民就业收入的作用等方面深入展开，发现乡村产业发展面临缺少
投资项目和龙头企业、吸引村民就业不足和公共服务改善迟滞等
问题，并从产业发展资金、人才建设和产业发展措施三方面提出
对策建议。

关键词： 乡村产业　人才建设　产业资金　产业发展

一　研究背景和目的

（一）研究背景

党的十九届六中全会强调，始终把解决好"三农"问题作为全党工作
重中之重，发展乡村产业、实施乡村振兴战略是加快推进农业农村现代化的
重要引擎。习近平总书记在中央农村工作会议上指出，脱贫攻坚取得胜利

---

* 课题组成员：朱展翔，广州市统计局农村处处长，主要研究方向为农村经济统计；莫旭
辉，广州市农村发展研究中心党支部书记，主要研究方向为农村经济统计；卢志霞，广
州市统计局农村处一级主任科员，主要研究方向为农村经济统计；江宏耿，广州市农村
发展研究中心助理研究员，主要研究方向为农村经济统计；陈洁，广州统计师事务所副
所长，主要研究方向为农村经济统计；谭艳璐，广州统计师事务所部长，主要研究方向
为农村经济统计。执笔人：谭艳璐。

后，要全面推进乡村振兴，这也是三农工作重心的历史性转移。要从加快发展乡村产业、加强社会主义精神文明建设、加强农村生态文明建设、深化农村改革、实施乡村建设行动、推动城乡融合发展见实效、加强和改进乡村治理七个方面实施乡村振兴战略，其中产业振兴是关键。

（二）研究目的

2021年广州市政府工作报告指出，深入推进乡村振兴，做好巩固和拓展脱贫攻坚成果同乡村振兴有效衔接，支持发展优势特色产业，促进农业高质高效、乡村宜居宜业、农民富裕富足。为了解广州市农村居民对加强乡村产业发展、推动乡村振兴的意见和建议，2021年11月，调查课题组依托农村千户居民调查网络，随机抽取1000名年龄在18~65周岁的农村常住居民，以入户访问填写电子问卷的方式开展调查，调查范围覆盖白云、黄埔、番禺、花都、南沙、从化和增城七区。本报告从当前广州乡村产业发展现状、存在问题着手，探讨当前推动广州乡村产业发展、带动农村居民就业等情况，为进一步推动乡村振兴提供意见参考。

二　调查的主要内容和调查样本特征

（一）调查主要内容

本次调查内容主要包括以下方面：对乡村产业类型的知晓情况、乡村产业发展的优势情况、乡村产业的开发运作类型、乡村产业带动村民就业情况（自己或亲朋好友在本村乡村产业就业情况及未在本村乡村产业中就业的原因）、乡村产业发展对提高农村居民收入水平的作用情况、乡村产业发展遇到的主要困难、保障乡村产业发展资金的渠道、加强乡村产业发展人才建设的措施、乡村产业发展对农村状况（村容村貌、生态环境、医疗环境、教育环境、就业环境、休闲环境及整体情况）的改善评价、对乡村产业发展的满意度评价以及对推动乡村产业发展的意见和建议。

（二）调查样本特征

调查样本特征主要有性别、年龄、受教育程度、职业四个方面。从样本性别构成来看，男性占比54.2%，女性占比45.8%。从样本年龄结构来看，40~49岁年龄段和30~39岁年龄段的占比最多，分别为32.0%和31.9%；其次为50~59岁年龄段，占比为24.5%；18~29岁年龄段和60岁及以上的占比较少，分别为6.9%和4.7%。从样本受教育程度状况来看，初中占比最多，为39.8%；高中/中专/中技和大专的占比均超两成，分别为24.5%和22.0%；本科及以上、小学或以下的占比相对较低，分别为9.1%和4.6%。从样本职业情况来看，农民的占比最多，为16.8%；企事业单位的办事人员，打短工、散工，商业、服务业人员的占比次之，分别为16.0%、12.4%和11.5%；其他依次为其他职业（8.5%），生产、运输工人（7.4%），私营、个体经营者（7.3%），料理家务（5.0%），离退休人员（4.1%），失业（4.0%），专业技术人员（3.7%），企事业单位的管理人员（2.8%），公务员（0.3%），学生（0.2%）。

三 乡村产业发展现状及村民评价

从调查结果看，广州乡村产业类型丰富多样，农村生活性服务业、休闲农业和乡村旅游是主要类型，占比分别为39.9%和38.5%；36.4%的受访村民表示自己或亲朋好友不在本村的乡村产业（企业）中就业，"没有适合自己或家人的岗位"和"已经有更合适/满意的工作"是受访村民不在本村乡村产业（企业）中就业的主要原因；从乡村产业的发展对乡村建设改善情况来看，受访村民表示村容村貌和生态环境的改善程度最好，占比分别为86.4%和79.5%；缺少投资项目和缺少龙头企业是当前乡村产业发展遇到的主要困难，中选率分别为59.4%和49.8%。

（一）乡村产业类型丰富，生活性服务业、休闲农业和乡村旅游为主要类型

就当前农村居民对所在村的乡村产业类型知晓情况来看，"农村生活性服务业"的占比最高，为39.9%；"休闲农业和乡村旅游""现代特色农业""农产品加工业""农业生产性服务业"的知晓度也超三成，分别为38.5%、37.6%、35.5%和31.8%；"乡村传统特色产业"的知晓度较低，为13.4%。可以发现，当前广州乡村产业发展呈现类型丰富的特点。此外，有11.7%的受访村民表示所在村没有乡村产业（见图1）。

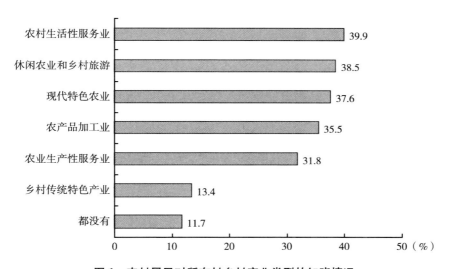

图1　农村居民对所在村乡村产业类型的知晓情况

注：多选题，比例之和大于100.0%。
资料来源：根据课题问卷调查所获数据统计分析形成。

（二）乡村产业发展各具优势，超七成村民期盼乡村产业由政府投资开发

调查显示，"便利的交通条件"和"良好的自然生态"是农村居民认为所在村乡村产业发展的主要优势，占比分别为55.8%和52.0%；"优美的田

园风光"和"特色的乡村文化"的中选比例均超四成,分别为44.2%和41.4%;选择"丰富的土地资源"(34.4%)和"充足的人力资源"(32.8%)的比例均超三成;对于"独特的乡村美食",有29.4%的农村居民表示所在村具备该项乡村产业发展优势(见图2)。

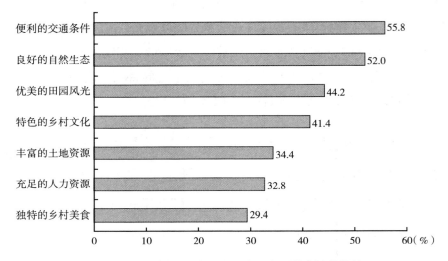

图2 农村居民认为所在村乡村产业发展的主要优势情况

注:多选题,比例之和大于100.0%。
资料来源:根据课题问卷调查所获数据统计分析形成。

对于所在村乡村产业的开发运作类型①,72.9%的农村居民选择"政府投资",占比最高;超六成农村居民希望所在村的乡村产业开发运作类型是"村集体投资"(64.6%)或"企业投资"(62.0%);另有33.6%的农村居民希望为"村民个人投资",村民个人投资较为谨慎,支持发展乡村产业的意愿明显低于"政府投资"、"村集体投资"和"企业投资"。

(三)近八成的村民认可乡村产业发展对环境建设的改善

从乡村产业的发展对受访村民所在村的改善情况来看,"村容村貌(如卫

---

① 该题可多选,选项比例之和大于100.0%。

生干净整洁等）"的改善情况最好，86.4%的受访村民表示所在村有改善（"改善很大"和"改善较大"比例之和，下同）；认为"生态环境（如水、空气等环境改善等）"和"休闲环境（如小公园建设、康体设施完善等）"有改善的比例均超七成，分别为79.5%和72.6%；分别有66.6%、62.8%、62.1%的受访村民表示所在村的"教育环境（如增加或改善学校教学环境等）""医疗环境（如增加医疗点或改善就医环境等）""就业环境（如增加就业机会、促进本地村民就业等）"有改善。从整体来看，78.2%的受访村民认为乡村产业发展对所在村的环境建设有改善（见表1）。

表1　乡村产业发展对受访村民所在村的改善情况

单位：%

内容	改善很大	改善较大	合计
村容村貌（如卫生干净整洁等）	29.8	56.6	86.4
生态环境（如水、空气等环境改善等）	24.7	54.8	79.5
休闲环境（如小公园建设、康体设施完善等）	21.5	51.1	72.6
教育环境（如增加或改善学校教学环境等）	19.2	47.4	66.6
医疗环境（如增加医疗点或改善就医环境等）	17.0	45.8	62.8
就业环境（如增加就业机会、促进本地村民就业等）	15.7	46.4	62.1
整体情况	19.2	59.0	78.2

资料来源：根据课题问卷调查所获数据统计分析形成。

分区来看，白云区受访村民表示所在村"生态环境（如水、空气等环境改善等）"有改善的比例在七区（白云、黄埔、番禺、花都、南沙、从化和增城）中最高，为83.0%；在"村容村貌（如卫生干净整洁等）"（92.5%）、"休闲环境（如小公园建设、康体设施完善等）"（80.0%）、"教育环境（如增加或改善学校教学环境等）"（80.0%）、"医疗环境（如增加医疗点或改善就医环境等）"（75.0%）、"就业环境（如增加就业机会、促进本地村民就业等）"（77.5%）和整体情况（85.0%）六个方面，黄埔区的受访村民表示所在村有改善的比例均最高。

（四）超七成受访村民满意所在村乡村产业的发展

总体而言，71.9%的受访村民表示对所在村的乡村产业发展满意［"非常满意"（12.9%）和"比较满意"（59.0%）比例之和，下同］，23.1%的受访村民表示"不太满意"，有1.9%的受访村民选择"不满意"，另有3.1%的受访村民选择"说不清"。

自己或亲朋好友在本村乡村产业（企业）中就业的受访村民中，对本村乡村产业发展满意的比例为82.4%，高出自己或亲朋好友不在本村乡村产业（企业）中就业的受访村民22.5个百分点，说明在乡村产业就业的村民对所在村乡村产业的发展感受更为深刻。

分区来看，受访村民对所在村产业发展的满意情况各有不同，白云区满意度最高，为80.0%，且高于整体水平8.1个百分点；南沙（76.7%）、花都（72.6%）和黄埔（72.5%）三区的满意度均高于整体水平（见表2）。

表2　分区来看受访村民对本村乡村产业发展的满意情况

单位：%

内容	非常满意	比较满意	合计
白云	10.0	70.0	80.0
南沙	14.0	62.7	76.7
花都	13.8	58.8	72.6
黄埔	15.0	57.5	72.5
增城	17.0	52.5	69.5
从化	9.5	59.5	69.0
番禺	11.3	56.9	68.2

资料来源：根据课题问卷调查所获数据统计分析形成。

（五）乡村产业带动村民就业，超五成受访者表示自己或亲朋好友在本村就业

从当前农村居民在所在村乡村产业（企业）中就业的情况来看，

55.7%的受访村民表示自己、家人或朋友在所在村的乡村产业（企业）中就业，36.4%的受访村民表示自己或亲朋好友都不在乡村产业（企业）中就业，还有7.9%的受访村民选择"说不清"。

究其原因，"没有适合自己或家人的岗位"和"已经有更合适/满意的工作"是受访村民或亲朋好友不在所在村乡村产业（企业）中就业的主要原因，中选比例分别为46.7%和43.0%；选择"工资（含其他福利）较低"的比例超三成，为34.0%；超两成（25.4%）受访村民表示"更喜欢到城市就业"；19.9%的受访村民表示"不清楚相关招聘渠道与政策"；10.1%的受访村民表示"工作环境较差"；还有8.6%的受访村民选择"目前家庭收入足够开支，不需要"（见图3）。

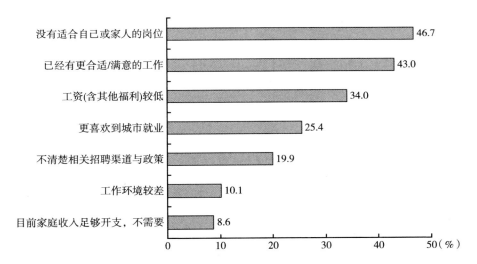

图3　农村居民或其亲朋好友不在本村乡村产业（企业）中就业的原因

注：多选题，比例之和大于100.0%。
资料来源：根据课题问卷调查所获数据统计分析形成。

（六）近六成受访村民认为乡村产业发展有效提高家庭收入水平

整体来看，59.6%的受访村民表示所在村的产业发展对于提高家庭收入水平（包括在本村乡村产业中就业或村集体产业分红等）有作用〔"作用很

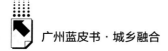

大"（13.5%）和"作用较大"（46.1%）比例之和，下同]，30.9%的受访村民表示"作用不大"，选择"没有作用"的比例为3.6%，还有5.9%的受访村民选择"说不清"。

自己或亲朋好友在本村乡村产业（企业）中就业的受访村民中，认为乡村产业发展对提高家庭收入水平有作用的比例为68.2%，高出自己或亲朋好友不在本村乡村产业（企业）中就业的受访村民18.0个百分点，说明村民在乡村产业就业增加了家庭收入来源，提高了家庭收入水平。

四 推进乡村产业发展面临的困境

（一）乡村产业发展仍缺少投资项目和龙头企业

乡村产业发展缺少投资项目和龙头企业，目前仍是村民认为最突出的问题。在当前乡村产业发展遇到的主要困难调查中，"缺少投资项目"是受访村民表示存在的最主要困难，中选比例为59.4%；"缺乏龙头企业"和"资金短缺"的中选比例均近五成，分别为49.8%和49.6%；选择"缺乏技术"（39.7%）、"基础设施较差"（37.1%）、"缺乏销售渠道"（35.3%）、"专业技术人才紧缺"（34.6%）、"缺乏人力资源"①（33.8%）的比例均超三成；21.7%的受访村民表示所在村乡村产业发展的主要困难是"缺少土地"；另有0.6%的受访村民表示"没有困难"（见图4）。

（二）乡村产业发展吸引村民就业仍然不足

调查数据显示，适合的岗位少、工资福利待遇不高及生活设施不完善等因素均影响农村就业率。其中，36.4%的受访村民表示自己或亲朋好友不在本村的乡村产业（企业）中就业，"没有适合自己或家人的岗位"（46.7%）

---

① 此处人力资源是泛指劳动力资源。

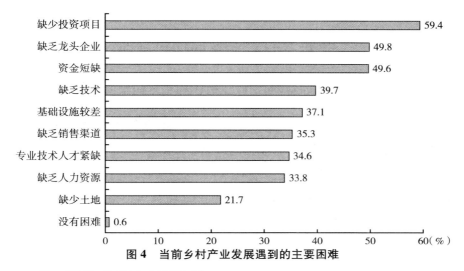

图4　当前乡村产业发展遇到的主要困难

注：多选题，比例之和大于100.0%。

资料来源：课题问卷调查所获数据统计分析形成。

和"已经有更合适/满意的工作"（43.0%）是主要原因，还存在"工资（含其他福利）较低""本村生活配套设施不够完善，更喜欢到城市就业"等原因，占比分别为34.0%和25.4%；说明当前乡村产业对村民就业的吸引力仍不足，村民在本村就业的意愿不强，多方面的配套措施需进一步完善，乡村产业助推村民就业仍然任重道远。

（三）乡村产业推动农村就业和医疗环境改善较为迟滞

在乡村产业发展对所在村乡村建设的改善情况调查中，大多村民认为推动农村建设仍存在短板。例如：受访村民认为所在村"就业环境（如增加就业机会、促进本地村民就业等）"和"医疗环境（如增加医疗点或改善就医环境等）"有改善的比例分别为62.1%和62.8%，分别低于改善程度最好的"村容村貌（如卫生干净整洁等）"（86.4%）24.3个百分点和23.6个百分点，差距明显，同时分别低于整体改善情况（78.2%）16.1个百分点和15.4个百分点，说明就业和医疗环境改善较为迟滞。

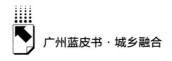

五 推进乡村产业发展的对策建议

（一）产业资金应加强政府财政支持和利用好村集体收入多策并举

就保障乡村产业发展的资金渠道来看，"加大政府专项财政资金拨款"和"利用好村集体公共收入"的中选比例最高，分别为62.7%和62.6%；选择"引入社会资本"的比例近六成，为59.5%；超四成受访村民表示应"引入专业经营单位"来保障所在村乡村产业发展的资金，为44.3%；32.3%的受访村民选择"鼓励村民出资入股"；两成受访村民表示应"鼓励社会人员出资认股"和"保障专项金融贷款"，占比分别为29.7%和24.6%（见图5）。

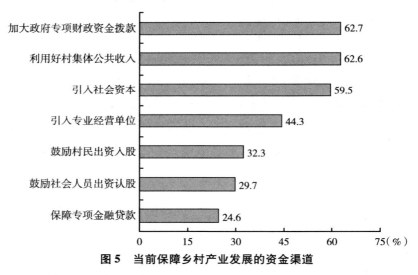

图5 当前保障乡村产业发展的资金渠道

注：多选题，比例之和大于100.0%。
资料来源：根据课题问卷调查所获数据统计分析形成。

（二）人才建设应坚持本地培训和城市人才下乡多管齐下

就如何加强乡村产业发展的人才建设，大多认为必须"提升本地机构的培训能力"和"完善城市人才下乡配套支持"。其中，"提升本地机构的培训能力"和"完善城市人才下乡配套支持"的中选比例最高，均为54.9%；选择"引进专业培训机构"的比例也超五成，为53.6%；选择"加强对优秀本地人才的宣传"（47.2%）、"完善城乡人才定点轮换政策"（44.0%）、"增加本地培训频率"（42.7%）的比例均超四成；39.6%的受访村民认为"设立本地人才专项资金"能加强乡村产业发展的人才建设（见图6）。

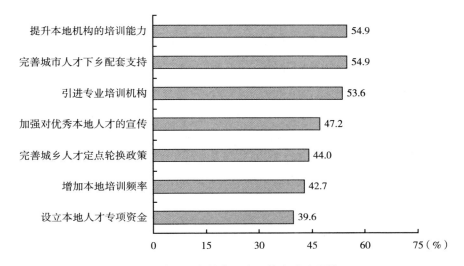

图6 当前加强乡村产业发展的人才建设情况

注：多选题，比例之和大于100.0%。
资料来源：根据课题问卷调查所获数据统计分析形成。

（三）产业发展应对特色品牌打造、龙头企业培育等多点着力

就受访村民对进一步推动本地乡村产业发展的意见建议来看，"打造特色乡村品牌或培育龙头企业"和"完善基础设施建设"占比最高，分别为56.9%和56.3%；"培育本地人才及引入专业人才"的中选比例也超五成，为53.2%；选择"建设现代乡村产业园区"、"突出本地乡村产业特色"和"加大产业发展用地支持"的比例均超四成，分别为49.0%、48.8%和47.1%；还有38.1%和32.7%的受访村民选择"创新产业发展形式"和"加大金融/财税方面的政策支持"（见图7）。

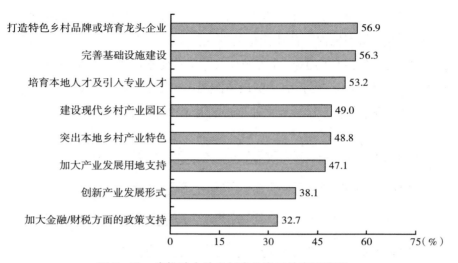

图7 进一步推动本地乡村产业发展的意见建议

注：多选题，比例之和大于100.0%。
资料来源：根据课题问卷调查所获数据统计分析形成。

乡村振兴，产业先行。产业兴旺是乡村振兴的重点，是解决农村一切问题的前提，调查数据显示，当前广州乡村产业发展的问题主要集中在缺少投资项目、龙头企业，以及乡村产业发展对村民就业的吸引力不足等。为加快农业农村现代化，当前应创造良好的发展环境，统筹推进乡村产业高质量发展。一是加大招商引资力度，从土地供应、配套设施、企业服务等方面，为企业下乡投资、参与乡村振兴，提供必要的政策支持。同时做大做强乡村优势产业，做大做强"一村一品"示范村镇及乡村特色知名品牌，吸引更多优秀企业投资乡村产业。二是培育壮大龙头企业，围绕制约乡村产业发展的技术短板，加强企业自主创新能力，加大对头部企业的政策、财税等方面的支持。同时筑牢人才支撑，引进科技人才及高水平创新团队为乡村产业发展提供智力支持服务。三是持续做好农村就业服务，加强乡村产业带动村民就业力度，在适当提升薪资福利待遇的同时，应同步抓好村民职业能力培训，培育新时代新农民，如开展"半农半读"职业教育，支持新型职业农民通过弹性学制参加职业教育等，提升农村居民职业技能水平，让农村居民在家门口实现就业增收、劳动致富。

参考文献

武凤平：《以农村产业发展推动乡村振兴的措施探析》，《山西农经》2020 年第 17 期。

张兴兰：《关于乡村振兴战略中乡村产业发展的建议》，《基层建设》2018 年第 26 期。

张强、张怀超、刘占芳：《乡村振兴：从衰落走向复兴的战略选择》，《经济与管理》2018 年第 1 期。

王亚华、苏毅清：《乡村振兴——中国农村发展新战略》，《中央社会主义学院学报》2017 年第 6 期。

B.19
广州农村基层医疗服务调查报告

广州市农村千户居民调查课题组 *

摘　要： 为加强乡村医疗机构建设，提高基层医疗服务水平，本课题组
　　　　　利用农村千户居民调查网络，选取广州市 7 个区 100 个行政村
　　　　　的 1000 户常住居民为调查对象进行入户调查，并对调查结果进
　　　　　行描述性统计分析。目前广州农村基础医疗服务有效改善，但
　　　　　还存在医疗设备老旧、候诊时间长、医护人员专业水平不高等
　　　　　问题，受访村民期待能在优化重大疾病免费筛查、完善上门服
　　　　　务、提供便民服务、加强指导和管理等方面继续提升。基于调
　　　　　查结果和实际情况，报告提出增强农村基层医疗机构服务能力、
　　　　　补齐基层医疗设施和人才短板、织密织牢农村疫情防控网络等
　　　　　具体建议。

关键词： 农村基层医疗　医疗服务　乡镇医疗机构

　　"十三五"期间，广州积极推进农村基层医疗卫生事业发展，基本实现
了农村 30 分钟卫生服务圈全覆盖，农村基层医疗服务体系大幅改善。为进
一步加强乡村医疗机构建设，提高基层医疗服务水平，2021 年 5 月 7～19

---

　　* 课题组成员：朱展翔，广州市统计局农村处处长，主要研究方向为农村经济统计；莫旭辉，
广州市农村发展研究中心党支部书记，主要研究方向为农村经济统计；杨秀仪，广州市统计
局农村处二级调研员，主要研究方向为农村经济统计；卢志霞，广州市统计局农村处一级主
任科员，主要研究方向为农村经济统计；江宏耿，广州市农村发展研究中心助理研究员，主
要研究方向为农村经济统计；陈洁，广州统计师事务所副所长，主要研究方向为农村经济统
计；张蕾，广州统计师事务所副部长，主要研究方向为农村经济统计。执笔人：张蕾。

日，本课题组利用农村千户居民调查网络，对全市 7 个区 100 个行政村的 1000 户常住居民进行了入户调查。本次调查区域包括白云、黄埔、番禺、花都、南沙、从化、增城七个区。

一 广州市农村基层医疗服务调查结果分析

（一）基层乡镇医疗机构是绝大多数村民就医首选

对于村民就医选择到基层乡镇医疗机构的问题，调查结果显示，有 76.7% 的受访村民表示自己或家人身体不适，"会"优先选择到基层乡镇医疗机构（如村卫生室、乡镇卫生院）看病，有 16.6% 的受访村民表示"看情况"，仅有 6.7% 的受访村民选择"不会"。

分年龄段看，年龄越高的受访村民优先选择到基层乡镇医疗机构就近就医的比例越高。60 岁及以上受访村民选择"会"的比例为 82.1%，50~59 岁选择的比例为 80.6%，40~49 岁、30~39 岁和 18~29 岁选择的比例分别为 77.5%、74.4% 和 63.6%。

（二）基层乡镇医疗机构为村民提供预防、医疗、保健、康复等基础服务

对于基层乡镇医疗机构提供的服务情况，有 98.6% 的受访村民均对基层乡镇医疗机构提供的服务有所了解。在各类基础医疗服务中，受访村民最熟悉的是"预防接种服务"、"重大疾病免费筛查"和"重点人群/特殊人群免费体检"，选择比例分别为 73.4%、43.1% 和 32.4%。"建立村民健康档案管理（27.1%）"、"家庭医生签约服务（22.6%）"、"与大医院建立信息互通渠道，提供转诊服务（22.3%）"、"上门服务（19.4%）"、"慢性病用药和健康指导（18.0%）"和"养生保健调养（15.8%）"等服务项目的知晓率相对较低，在一成至三成（见表 1）。

表1　受访村民对基层乡镇医疗机构提供服务的知晓率

单位：%

序号	内容	比例
1	预防接种服务	73.4
2	重大疾病免费筛查	43.1
3	重点人群/特殊人群免费体检	32.4
4	建立村民健康档案管理	27.1
5	家庭医生签约服务	22.6
6	与大医院建立信息互通渠道,提供转诊服务	22.3
7	上门服务	19.4
8	慢性病用药和健康指导	18.0
9	养生保健调养	15.8

注：多项选择题，各项比例合计大于100%。
资料来源：根据课题问卷调查所获数据统计分析形成。

（三）基层乡镇医疗机构基本能满足村民医疗需求

对于基本医疗需求能否满足的问题，有69.1%受访村民表示基层乡镇医疗机构基本能够满足医疗需求，其中10.2%的受访村民表示基层乡镇医疗机构"完全满足"自己或家人的基本医疗需求，58.9%的受访村民表示"基本满足"，两项合计占69.1%；有26.6%的受访村民表示"不太能满足"，另有2.1%和2.2%的受访村民表示"完全不能满足"或"说不清"。把基层乡镇医疗机构作为生病时看病就医首选的受访村民，认为基层医疗机构能满足医疗需求的比例为75.9%，高出生病时"看情况"考虑到基层乡镇医院的受访者19.9个百分点；而生病时"不会"优先考虑到基层医疗机构就医的受访者，认为其能满足医疗需求的比例为23.9%。

（四）基层乡镇医疗机构在有效推动村民日常健康习惯养成

村民健康意识比较强，多数受访村民能将疾病预防、知识学习与健康监测相结合。79.0%的受访村民表示，自己或家人会"关注疾病预防，主动接受疫苗接种",占比最高;近半数受访村民还会"学习健康知识,注重养生保健(49.7%)""监测身体情况,自行测量血糖血压等(47.5%)",还有四成以上受访村民会"定期体检(42.8%)"和"主动进行健康筛查(42.7%)"(见表2)。

表 2 受访村民日常健康习惯

单位:%

序号	内容	比例
1	关注疾病预防,主动接受疫苗接种	79.0
2	学习健康知识,注重养生保健	49.7
3	监测身体情况,自行测量血糖血压等	47.5
4	定期体检	42.8
5	主动进行健康筛查	42.7

注:多项选择题,各项比例合计大于100%。

资料来源:根据课题问卷调查所获数据统计分析形成。

(五)基层医疗机构在各村积极开展宣传、除害、消杀等卫生运动

为巩固国家卫生城市创建成果,广州深入开展新时代爱国卫生运动,努力建设更好的健康环境,推进落实《广州市巩固国家卫生城市创建成果深入开展新时代爱国卫生运动综合提升方案》。基层乡镇医疗机构在各村积极开展清洁、宣传、除害、消杀等爱国卫生运动,调查结果显示,87.1%的受访村民表示见过所在村/镇"清洁卫生死角和积水";86.8%的受访村民表示见过"宣传疫情防控、卫生健康、消灭四害等知识";还有75.1%的人表示见过"清除杂物、清运垃圾";另外"杀灭四害"、"清除病媒生物滋生地,化学消杀作业"、"进行重点区域消杀、下水道烟熏作业"和"设置密闭果皮箱、垃圾收集容器"等举措也有一定的选择比例(见表3)。

表3 受访村民见过所在村/镇开展爱国卫生运动的举措

单位：%

序号	内容	比例
1	清洁卫生死角和积水	87.1
2	宣传疫情防控、卫生健康、消灭四害等知识	86.8
3	清除杂物、清运垃圾	75.1
4	杀灭四害	68.6
5	清除病媒生物滋生地,化学消杀作业	56.8
6	进行重点区域消杀、下水道烟熏作业	53.1
7	设置密闭果皮箱、垃圾收集容器	30.7

注：多项选择题，各项比例合计大于100%。
资料来源：根据问卷调查所获数据统计分析形成。

二 受访村民对基层医疗服务的评价分析

（一）对基层乡镇医疗机构医务人员服务态度和就医环境评价最高

本次调查请受访村民对基层乡镇医疗机构各方面（如：医务人员服务态度、就医环境、医务人员专业能力、收费标准、就诊流程、治疗效果等方面）进行评价，受访村民对于基层乡镇医疗机构的总体评价较高，为7.18分（满分为10分）。具体来看，"医务人员服务态度"评价最高，平均分为7.51分；其次是"就医环境"、"医务人员专业能力"和"药品、诊疗服务收费标准"，平均分分别为7.26分、7.19分和7.12分。"投诉和意见反馈"（6.93分）、"就诊流程"（6.88分）、"治疗效果"（6.83分）、"药品、诊疗服务供应和种类"（6.78分）和"药械物资配置"（6.72分）的评分也都在6.5分以上（见表4）。

表4　受访村民对基层乡镇医疗机构各方面的评价

序号	内容	分数*
1	医务人员服务态度	7.51
2	就医环境	7.26
3	医务人员专业能力	7.19
4	药品、诊疗服务收费标准	7.12
5	投诉和意见反馈	6.93
6	就诊流程	6.88
7	治疗效果	6.83
8	药品、诊疗服务供应和种类	6.78
9	药械物资配置	6.72
10	总体评价	7.18

注：＊评分题，满分为10分。
资料来源：根据课题问卷调查所获数据统计分析形成。

（二）认可基层乡镇机构在疾病预防方面发挥的重要作用

2020年底，广州出台《关于实施健康广州行动的意见》《健康广州行动（2020～2030年）》，提出到2022年，基本建立广州市预防、治疗、康复、健康促进一体化的健康服务体系，并对于心脑血管疾病、癌症、慢性呼吸系统疾病、糖尿病等防治提出具体的目标和要求。做好疾病预防需要充分发挥基层医疗机构的作用。近年来，基层乡镇医疗机构在农村疾病预防方面发挥着重要作用。调查结果显示，67.7%的受访村民认为，目前基层乡镇医疗机构在慢性病、重大疾病的预防、早期筛查和干预方面发挥了作用，其中认为"作用很大"的占22.5%，认为"作用较大"的占45.2%，27.2%的受访者认为"作用不大"，1.1%的人认为"没有作用"，还有4.0%的受访者表示"说不清"。

（三）对基层医疗机构在疫情防控服务及相关举措感到满意

基层乡镇医疗机构作为村民第一健康守门人，是疫情防控的一线哨所。

基层医疗机构和医务人员积极布防，对新冠肺炎疫情的社区防控和关口前移发挥了重要作用。对于基层医疗机构在新冠肺炎疫情防控服务及采取的相关举措，村民满意度很高。基层乡镇医疗机构防疫任务重、压力大，防疫工作受到群众认可。调查结果显示，有92.9%的受访村民对于新冠肺炎疫情防控期间基层乡镇医疗机构的服务和应对措施表示满意，其中表示"满意"的占40.1%，表示"较满意"的占52.8%，有5.3%的受访村民表示"不太满意"，0.2%表示"不满意"，另有1.6%表示"说不清"。

（四）全力支持基层乡镇医疗机构开展的爱国卫生运动

近年来，广州认真贯彻落实新时期爱国卫生运动各项任务，开展乡村环境卫生整治行动，农村人居环境大幅改善，村民的获得感、幸福感、安全感普遍增强。对于基层乡镇医疗机构开展的爱国卫生运动，得到96.2%受访村民的认可和好评。其中，有46.1%的受访村民认为本村/镇开展爱国卫生运动对于营造健康广州氛围、打赢新冠肺炎疫情防控阻击战"作用很大"，50.1%的受访者认为"作用较大"，两项合计占96.2%；还有3.1%的人认为"作用不大"，0.2%认为"没有作用"，另有0.5%的人选择"说不清"。

三　农村基层医疗存在的问题及受访村民的期待

（一）存在医疗设备老旧、候诊时间长、医护人员专业水平不高等问题

受访村民认为，当前基层乡镇医疗主要存在"医疗设备老旧"（51.1%）、"候诊时间长"（47.1%）、"医护人员专业水平不高"（46.8%）、"药品、诊疗服务种类少"（44.1%）、"医护人员数量少"（42.0%）、等问题；认为"提供服务单一，无法满足需求""医院数量少""医院环境差""收费不透明""医护人员服务态度差"等也有一定比例（见表5）。从调查

结果来看，虽然广州农村地区已经基本实现农村30分钟卫生服务圈，村民的基本医疗需求得到满足，但是基层乡镇医疗机构硬件和软件等各方面仍然相对薄弱，需要继续优化和改善。

表5 受访村民认为当前基层乡镇医疗机构存在的问题

单位：%

序号	内容	比例
1	医疗设备老旧	51.1
2	候诊时间长	47.1
3	医护人员专业水平不高	46.8
4	药品、诊疗服务种类少	44.1
5	医护人员数量少	42.0
6	提供服务单一，无法满足需求	29.6
7	医院数量少	27.8
8	医院环境差	15.3
9	收费不透明	8.2
10	医护人员服务态度差	7.5

注：多项选择题，各项比例合计大于100%。
资料来源：根据课题问卷调查所获数据统计分析形成。

（二）村民对重大疾病免费筛查、上门服务等服务优化期待较高

对于未来期待优化的服务，受访村民首选"重大疾病免费筛查"，中选率为51.7%；其次是"上门服务"，比例为45.9%；随后是"重点人群/特殊人群的免费体检"（39.8%）和"与大医院建立信息互通渠道，提供转诊服务"（39.1%）；"慢性病用药和健康指导"（32.0%）、"养生保健调养"（27.2%）、"建立村民健康档案管理"（16.9%）、"家庭医生签约服务"（12.3%）、"预防接种服务"（11.1%）的比例在一成到三成左右（见表6）。

表6　受访村民对于基层乡镇医疗机构各项服务期待进一步优化的方面

单位：%

序号	内容	比例
1	重大疾病免费筛查	51.7
2	上门服务	45.9
3	重点人群/特殊人群的免费体检	39.8
4	与大医院建立信息互通渠道，提供转诊服务	39.1
5	慢性病用药和健康指导	32.0
6	养生保健调养	27.2
7	建立村民健康档案管理	16.9
8	家庭医生签约服务	12.3
9	预防接种服务	11.1

注：多项选择题，各项比例合计大于100%。

资料来源：根据课题问卷调查所获数据统计分析形成。

（三）村民对加强基础卫生知识和防疫知识宣传等呼声较高

农村地区新冠肺炎疫情防控工作相对薄弱，从调查数据来看，受访村民对于加强防疫知识宣传、疫苗接种、储备和派发防疫物资等举措的呼声较高，因此需要持续提高基层乡镇医疗机构的防疫抗疫能力。疫情防控常态化下，受访村民认为基层乡镇医疗机构最需要"加强基础卫生知识和防疫知识宣传"，中选率为64.4%；其次是"保证疫苗接种剂量并提高疫苗接种能力"，中选率为61.6%；随后是"储备、派发应急防疫物资"（57.3%）和"加强疫情防控常态化监测预警"（50.8%）；还有部分受访村民认为需要"加强对重点人员排查能力"（44.0%）、"提供核酸检测服务"（39.0%）、"增加人员配备和应急调度水平"（23.9%）、"提供远程诊疗/网上看诊"（18.9%）（见表7）。

表7　受访村民认为疫情防控常态化下基层乡镇医疗机构需要加强的方面

单位：%

序号	内容	比例
1	加强基础卫生知识和防疫知识宣传	64.4
2	保证疫苗接种剂量并提高疫苗接种能力	61.6
3	储备、派发应急防疫物资	57.3
4	加强疫情防控常态化监测预警	50.8
5	加强对重点人员排查能力	44.0
6	提供核酸检测服务	39.0
7	增加人员配备和应急调度水平	23.9
8	提供远程诊疗/网上看诊	18.9

注：多项选择题，各项比例合计大于100%。
资料来源：根据课题问卷调查所获数据统计分析形成。

（四）村民对加大药械投入力度、提供便民就医服务等服务期待较高

受访村民对进一步加强基层乡村医疗机构建设，提高基层医疗服务水平的建议，受访村民首选"加大基层乡镇医疗机构药械投入力度"，占比为71.0%；其次是"提供更多便民就医服务"，选择比例为62.6%；还有五成以上受访村民希望"加强对基层乡镇医疗机构的指导和管理""扩大基层乡镇医疗机构常见病、慢性病、多发病用药范围和供给，满足群众需求""扩大疾病和药品报销范围和比例""出台相关政策，留住和吸引人才到基层乡镇医疗机构""加大乡镇和城镇医疗机构的交流学习和互动"；另外，"优化农村医疗卫生资源布局及配置""建立低收入患病人群医疗救助保障制度""提高基层乡镇医疗机构信息化水平"也有一定的选择比例（见表8）。

表8 受访村民对进一步加强乡村医疗机构建设，提高基层医疗服务水平的建议

单位：%

序号	内容	比例
1	加大基层乡镇医疗机构药械投入力度	71.0
2	提供更多便民就医服务	62.6
3	加强对基层乡镇医疗机构的指导和管理	58.1
4	扩大基层乡镇医疗机构常见病、慢性病、多发病用药范围和供给，满足群众需求	56.4
5	扩大疾病和药品报销范围和比例	52.7
6	出台相关政策，留住和吸引人才到基层乡镇医疗机构	50.2
7	加大乡镇和城镇医疗机构的交流学习和互动	50.0
8	优化农村医疗卫生资源布局及配置	47.4
9	建立低收入患病人群医疗救助保障制度	40.7
10	提高基层乡镇医疗机构信息化水平	35.0

注：多项选择题，各项比例合计大于100%。

资料来源：根据课题问卷调查所获数据统计分析形成。

四　优化农村基层医疗服务的对策建议

（一）增强基层医疗机构服务能力，做好健康"第一守门人"

据广州市卫生健康委员会发布数据显示，2020年广州乡镇卫生院病床使用率为50.16%，乡镇卫生院医师日均担负诊疗9.29人次，担负住院0.54个床日。基层乡镇医疗机构已经能够基本满足村民日常看病就医需求，但还需因地制宜提供更多元、更全面的服务，满足更多村民的需求，提供更优质的基础医疗服务。要发挥互联网、大数据的作用，建立村民健康电子档案。同时，还需继续强化疾病预防干预，推动慢性病综合防控建设，持续推进重点人群年度体检等工作，做好慢性病和重大疾病的预防、早期筛查及干预，做到早防早诊早治，充分发挥基层医疗机构健康"第一守门人"的作用。

（二）补齐基层医疗设施和人才短板，为农村居民医疗健康保驾护航

基层乡镇医疗机构在药械配备、医务人员专业能力等方面仍较为薄弱，需要加强基层乡镇医疗机构建设，加大资金投入力度，将部分医疗资源向乡村地区重点倾斜，推动优质医疗资源下沉。加强高水平专业人才和团队与基层医务人员的学习交流，补齐基层乡镇医疗机构在设施设备和人才队伍上的短板，不断提高基层医疗机构服务水平和质量，让村民在家门口就能放心就医，让更多村民将基层乡镇医疗机构成为看病就医的首选之处。

（三）织密织牢农村新冠肺炎疫情防控网络，增强新冠肺炎疫情常态化防控能力

当前，新冠肺炎疫情常态化防控下，农村地区要坚持做好新冠肺炎疫情防控工作，筑牢新冠肺炎疫情防控哨点防线。抓紧抓细落实防控措施，加强外来人员监管和重点人员排查，做好应急物资储备，提升农村地区公共卫生应急常态化管理能力。同时加大宣传力度，提升摸查清查覆盖率，重点做好村民疫苗接种、核酸检测工作，有序推进新冠疫苗应接尽接、核酸检测应检尽检。

（四）深入推进爱国卫生运动，营造健康广州良好氛围

继续深入开展新时代爱国卫生运动，引导村民养成健康文明的生活方式，提升村民自我保健意识，倡导村民积极投身爱国卫生运动，共同建设更好的健康环境。开展村容村貌环境卫生综合提升行动，完善农村环卫基础设施配备，持续改善人居环境，深入开展病媒生物防治行动，有效遏制蚊虫滋生，防控各种传染疾病。积极倡导健康文明生活理念，共建共护公共安全屏障，营造健康广州的良好氛围。

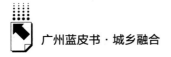

参考文献

李强：《影响农村订单定向医学生服务基层因素研究及对策分析》，《中国卫生事业管理》2013 年第 12 期。

曹晓婧、戴力辉、王燕、李思琦、李雅姣：《基于混合 Logit 模型的我国农村居民就医选择的影响因素分析》，《卫生软科学》2022 年第 3 期。

华旻：《关于新时期基层医疗卫生单位思想政治工作的思考》，《活力》2021 年第 19 期。

赵东：《基层全科医学人才培养模式探究》，《中国农村卫生》2021 年第 21 期。

B.20
荔枝龙眼投入产出与成本收益调查报告

——以广东省荔枝和龙眼产区为例

柳盛楠　郭宇鹏　李胜文*

摘　要： 新冠肺炎疫情常态化防控下，农产品消费升级和消费模式多元化，对广东省荔枝龙眼产业链上各环节提出新的挑战。优化荔枝龙眼投入和产出，确保种植户增收是亟待解决的问题。本报告主要选取广东省茂名市、阳江市、湛江市三大产区荔枝龙眼种植户，对投入产出、生产经营情况深入调查，发现三产区的荔枝龙眼存在品种集中度高、流通渠道受阻、大小年现象突出、区域品牌意识薄弱等问题，提出依托"互联网+"，大力拓宽供应链渠道；推动社会资本助农，构建市场导向的农业技术体系；加强核心技术集中攻关，破解荔枝龙眼"大小年"问题；推动标准化规模化生产，做大做强荔枝龙眼品牌。

关键词： 荔枝龙眼　投入产出　产地歧视　农业技术

　　广东省地处沿海经济发达地区，是我国优质荔枝龙眼的主产区之一。据广东省农业信息监测体系数据统计，2021年，广东省荔枝种植规模约为392.10万亩，总产量约为151.50万吨，约占全国总产量的50.1%；龙眼种

---

* 柳盛楠，华南农业大学经济管理学院硕士研究生，主要研究方向为农业经济调查；郭宇鹏，华南农业大学经济管理学院硕士研究生，主要研究方向为农业经济；李胜文，华南农业大学经济管理学院副教授，主要研究方向为农业经济调查。

植面积约为 172.20 万亩，总产量约为 104.00 万吨。新冠肺炎疫情常态化防控下，农产品消费升级和消费模式多元化，对广东省荔枝龙眼产业链上各环节提出新的挑战。优化荔枝龙眼投入和产出，确保种植户增收是亟待解决的问题。本报告主要选取广东省茂名市、阳江市、湛江市三大产区荔枝龙眼种植户，对投入产出、生产经营情况深入调查，为广东省荔枝龙眼生产效率及种植效益提升提供有价值的建议。

一 荔枝龙眼生产及收入基本情况

2021 年 8 月，国家荔枝龙眼产业技术体系产业经济团队对广东省部分地市荔枝和龙眼主要产区的农户进行了问卷调查。荔枝种植户共 402 户，其中茂名试验站 201 户、阳江试验站 102 户、湛江试验站 99 户；龙眼种植户共 215 户，其中茂名试验站 184 户、阳江试验站 28 户、湛江试验站 3 户。调查队员根据调研问卷对荔枝和龙眼种植户针对 2021 年荔枝龙眼种植面积、种植品种以及投入产出情况进行了全面收集，得到妃子笑、白糖罂、黑叶、核荔、桂味、糯米糍等 18 个荔枝品种的投入产出数据，以及储良、石硖、古山、古山 2 号、大乌圆和广眼 6 个龙眼品种的投入产出数据。

（一）荔枝生产及收入基本情况

2021 年三产区荔枝的总体户均产量由 2020 年 8888.56 公斤增加至 13309.26 公斤，上涨了 49.73%。茂名、湛江两地荔枝亩均产量都有较大幅上涨。其中，茂名地区荔枝亩均产量为 836.08 公斤，相比 2020 年的亩均产量 758.4 公斤，增加了 77.68 公斤，上涨了 10.24%；湛江地区荔枝亩均产量为 675.78 公斤，相比 2020 年亩均产量 560 公斤，增加了 115.78 公斤，增长了 20.68%。此外，2021 年阳江地区荔枝亩均产量为 580.79 公斤。

2021 年茂名地区荔枝总产量与 2020 年相比有显著上涨，户均收入和亩均收入与 2020 年相比均有下降，其中户均收入较 2020 年下降了 68.80%，下降了约 9.65 万元，且户均总成本由 2020 年的 6422.46 元增加到

14430.47 元，但是茂名地区的户均纯收入却达到了 26726.20 元，提高了 48.33%；2021 年湛江地区荔枝户均收入为 73767.96 元，比 2020 年增加了 49247.62 元，户均纯收入为 32695.30 元，比 2020 年的收入 70247.64 元减少了 37552.34 元，足足减少 53.46%；2021 年阳江地区荔枝户均收入为 120025.40 元，亩均收入为 3228.25 元，户均纯收入为 33717.86 元。2021 年茂名、阳江、湛江三地荔枝户均纯收入为 29970.21 元（见表1）。

从农户层面上看，2021 年茂名地区荔枝盈利农户占比略有上升，从 81.60% 增加到 84.66%，湛江地区荔枝亏损农户占比也有所上升，由 2020 年的 11.10% 上升至 2021 年的 20.62%。茂名、阳江、湛江三地荔枝主产区盈利的农户占比均在七成以上，阳江主产区盈利的农户数为 67 户，占比达 71.28%。从表2 可以看到，2021 年阳江地区荔枝盈利户户均盈利最高，为 66222.88 元；茂名地区亏损户户均亏损最低，为 -6861.75 元。

表 1　2021 年荔枝调查户基本情况

	茂名	阳江	湛江	总计
户数（户）	201	102	99	402
户均面积（亩）	11.93	36.45	17.73	19.58
户均产量（公斤）	9975.09	22261.17	12101.99	13309.26
亩均产量（公斤）	836.08	580.79	675.78	679.75
户均收入（元）	43769.80	120025.40	73767.96	68418.64
户均总成本（元）	14430.47	90140.19	40327.52	38448.43
亩均收入（元）	3449.60	3228.25	4119.24	3494.35
户均纯收入（元）	26726.20	33717.86	32695.30	29970.21

资料来源：根据课题组调查数据统计分析整理形成。

表 2　2021 年荔枝生产户盈亏情况

	茂名	阳江	湛江	总计
亏损户数（户）	28（14.81%）	27（28.72%）	20（20.62%）	75（19.74%）
盈利户数（户）	160（84.66%）	67（71.28%）	75（77.32%）	302（79.47%）
亏损户户均亏损（元）	-6861.75	-44183.00	-40534.75	-29276.87
盈利户户均盈利（元）	35750.94	66222.88	53807.07	46995.41

资料来源：根据课题组调查数据统计分析整理形成。

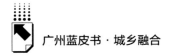

（二）龙眼生产及收入基本情况

2021 年茂名地区龙眼各方面的数据都有所提高。与 2020 年相比，三产区龙眼的总体户均产量由 1038.24 公斤增加至 5187.93 公斤，上涨了 399.68%。其中，2021 年茂名地区龙眼亩均产量为 818 公斤，较 2020 年大幅度上涨了 152.37%，户均产量 4605.24 公斤，比 2020 年增加了 3811.32 公斤；2021 年阳江地区龙眼户均产量为 13303.2 公斤，亩均产量为 557.71 公斤。另外由于 2021 年湛江地区的龙眼样本仅 3 例，故无法真实了解其增长情况，其中参与调研的湛江地区龙眼户均产量为 6625 公斤，亩均产量为 404.41 公斤（见表 3）。

2021 年茂名地区龙眼户均收入为 20401.83 元，比 2020 年增加了 2 倍多，户均纯收入也由 2020 年的 4419.77 元上升到 11425.91 元；2021 年阳江地区龙眼户均收入为 58599.52 元，户均纯收入为 -34592.01 元；2021 年参与调研的湛江地区龙眼户均纯收入为 -9441.67 元。2021 年茂名、阳江、湛江三地龙眼户均纯收入为 5141.71 元。

从农户层面来看，茂名地区龙眼盈利农户比例依旧最高，为 73.89%，但较 2020 年的 83.8% 有所降低。阳江和湛江地区龙眼盈利农户比例比较低，分别为 45% 和 50%。从表 4 可以了解到，2021 年阳江地区龙眼户均盈利额为三地中最高，为 20398.38 元。同时，阳江地区的龙眼户均亏损额也最高，为 -113845.53 元。

表 3　2021 年龙眼调查户基本情况

	茂名	阳江	湛江	总计
户数（户）	184	28	3	215
户均面积（亩）	5.11	21.30	11.33	7.30
户均产量（公斤）	4605.24	13303.20	6625.00	5187.93
亩均产量（公斤）	818.00	557.71	404.41	710.22
户均收入（元）	20401.83	58599.52	1650.00	21016.67
户均总成本（元）	6642.28	87966.66	10541.67	15874.96
亩均收入（元）	3493.65	2063.61	97.06	2877.13
户均纯收入（元）	11425.91	-34592.01	-9441.67	5141.71

资料来源：根据课题组调查数据统计分析整理形成。

表 4　2021 年龙眼生产户盈亏情况

	茂名	阳江	湛江	总计
亏损户数(户)	37	10	1	48
盈利户数(户)	116	9	1	126
亏损户户均亏损(元)	-3271.20	-113845.53	-1775.00	-26276.35
盈利户户均盈利(元)	19065.16	20398.38	1000.00	19017.01

资料来源:根据课题组调查数据统计分析整理形成。

二　荔枝龙眼投入产出调查分析

(一)荔枝投入产出分析

在不考虑土地租金和固定资产投入的情况下,2021 年荔枝的户均总成本为 38448.43 元,相较于 2020 年的 21277.15 元,增加了 17171.28 元,增长约为 80.70%。2021 年荔枝的户均纯收入为 29970.21 元,较 2020 年的户均纯收入 32278.32 元有明显降低;2021 年荔枝亩均产量从 2020 年的 481.58 公斤增产到 679.75 公斤,增加了约 41.15%;2021 年荔枝均价维持在 1.35 元/公斤,相较于 2020 年均价 1.70 元/公斤下降了 20.59%。2021 年,荔枝价格下降以及户均总成本大幅度上涨,使得荔枝户均纯收入明显下降。

1.分品种投入产出分析

2021 年有 5 个品种的亩均利润超过 5000 元,包括白糖罂、糯米糍、鸡嘴荔、贵妃红、白蜡,其中贵妃红的亩均利润最高为 7158.90 元,白糖罂、糯米糍、鸡嘴荔和白蜡的亩均利润分别为 5444.87 元、5054.03 元、5376.63 元和 5114.76 元,其中糯米糍较 2020 年上涨了 118%,鸡嘴荔较 2020 年上涨了 117%,贵妃红的亩均纯利润是 2020 年的近 2 倍,而白糖罂、禾荔、桂味、三月红、无核荔、岭丰糯、玉荷包的亩均纯利润较 2020 年均有明显下降,其中岭丰糯的下降程度最高,由 2020 年的 13201.35 元下降至 3493.18 元,降低了 9708.17 元。妃子笑、黑叶、桂味、三月红、无核荔、岭丰糯和玉荷包的亩均利润均在2000~5000元（见表5）。

2021年亩均利润相较于2020年整体上明显下降，但所有品种荔枝的利润都大于零。亩均利润最少的为禾荔，为199.87元，远小于其他品种的亩均利润。黑叶、桂味、无核荔和岭丰糯的亩均纯利润在3000~4000元，处于中等利润水平。2021年多数品种的均价整体上呈下降趋势，除妃子笑和三月红的均价分别上升0.15元/公斤和0.66元/公斤，其他品种的荔枝均价较2020年均下降0.5~5.05元/公斤，其中糯米糍均价下降最为明显，由2020年的6.86元/公斤减少至2021年的1.81元/公斤，下降了73.62%。

总体而言，虽然产量增加较大，但多数品种的均价降低幅度明显，只有少部分荔枝品种的亩均利润呈微弱上涨状态，因而荔枝总体亩均利润相较于2020年明显下降。2021年在荔枝主要产区调研品种中相较于2020年减少了六月红、香荔，增加了白蜡，总体来说调研品种没有较大的变化。

表5　2021年分品种荔枝投入产出情况

	亩均产量（公斤）	均价（元/公斤）	亩均收入（元）	亩均株数（株）	亩均利润（元）
妃子笑	714.39	1.53	4362.89	25.96	4354.56
白糖罂	778.51	1.62	5445.21	23.54	5444.87
黑叶	1004.91	0.76	3624.73	25.75	3615.70
禾荔	100.00	0.50	200.00	10.00	199.87
桂味	488.66	1.82	3494.07	23.45	3491.37
糯米糍	585.40	1.81	5054.58	23.62	5054.03
鸡嘴荔	954.96	1.62	5396.00	28.05	5376.63
三月红	238.15	2.63	2222.75	12.89	2222.54
无核荔	781.25	1.00	3125.00	31.25	3115.63
岭丰糯	705.30	1.42	3493.38	27.15	3493.18
玉荷包	781.64	0.75	2055.93	28.38	2055.80
贵妃红	1800.00	1.00	7160.00	30.00	7158.90
白蜡	1203.55	1.15	5124.68	25.10	5114.76
其他	277.78	1.25	1500.00	11.11	1495.98
总计	733.42	1.35	4041.81	25.50	4035.30

资料来源：课题组调查数据统计分析整理形成。

2. 分地区投入产出分析

2021 年荔枝主产区调研包括阳江、茂名和湛江三地，三地亩均产值分别为 3449.60 元、3227.57 元、4119.24 元（见表 6）。与 2020 年的亩均产值相比，茂名地区（18649.06 元）下降了 81.5%，湛江地区（696.24 元）上涨了 491.64%。

2021 年茂名、阳江和湛江三个地区的亩均产量分别为 836.08 公斤、580.79 公斤、675.78 公斤。与 2020 年相比，2021 年茂名和湛江地区亩均产量均有一定程度上升，其中茂名地区上升了 10.40%，湛江地区上升了 20.67%。

茂名地区和湛江地区 2021 年的亩均用工量均少于 2020 年，茂名地区的亩均用工量由 2020 年的 12.65 个工日减少为 2.24 个工日，湛江地区的亩均用工量由 2020 年的 2.85 个工日减少为 1.03 个工日。阳江地区的亩均用工量为 2.05 个工日。总体而言，2021 年的亩均用工量明显低于 2020 年的亩均用工量。

2021 年茂名地区的亩均利润较 2020 年明显降低，由 2020 年的 17648.60 元减少为 2240.09 元，下降约 87.30%。2021 年湛江地区的亩均利润实现正增长，由 2020 年的 -974.37 元，上涨至 1844.35 元。阳江地区相较于其他两地，亩均利润处于较低水平，为 925.37 元（见表 6）。

表 6　分地区荔枝投入产出情况

	茂名	阳江	湛江	总计
亩均株数（株）	21.73	25.14	26.16	24.33
亩均产量（公斤）	836.08	580.79	675.78	679.75
亩均产值（元）	3449.60	3227.57	4119.24	3494.03
亩均用工量（工日）	2.24	2.05	1.03	5.29
其中：整形修剪	0.23	0.05	0.09	0.36
环割	0.11	0.03	0.05	0.19

续表

	茂名	阳江	湛江	总计
施底肥	0.17	0.04	0.04	0.25
除草	0.23	0.03	0.10	0.36
打药	0.33	0.10	0.20	0.62
追肥	0.15	0.04	0.07	0.27
灌溉	0.04	0.03	0.02	0.08
疏花	0.09	0.01	0.01	0.11
疏果	0.09	0.01	0.01	0.11
摘果	0.80	1.71	0.41	2.91
其他管理	0.00	0.00	0.00	0.00
主要物资投入合计（元）	3156.39	4951.22	6037.31	4646.56
其中：化肥	359.87	424.70	513.75	424.81
农家肥	2182.95	3631.01	4156.10	3306.91
农药	613.57	895.51	1367.46	914.84
亩均利润（元）	2240.09	925.37	1844.35	1530.67

资料来源：根据课题组调查数据统计分析整理形成。

（二）龙眼投入产出分析

2021 年龙眼调查共获得储良、石硖、古山、古山 2 号以及广眼 5 个品种的投入产出数据。总体来看，2021 年龙眼亩均产量为 783.46 公斤，较 2020 年龙眼亩均产量 177.54 公斤，增长 341.12%；均价约为 1.09 元/公斤，相比于 2020 年 1.61 元/公斤，约降低 0.52 元，下降幅度为 32.30%；亩均利润约为 3050.73 元，较 2020 年的 791.55 元，减少了 87.66 元（见表 7）。

1. 分品种投入产出分析

产量方面，调查区域大部分的龙眼品种的亩均产量都出现了不同程度的增加，其中储良的亩均产量为 830.81 公斤，比 2020 年（291.64 公斤）增加了 539.17 公斤；石硖的亩均产量为 799.69 公斤，是 2020 年（214.1 公斤）的 3.74 倍；古山的亩均产量出现较小幅度上涨，为 510.9 公斤，较

2020 年（500.44 公斤）高出 10.46 公斤；而古山 2 号和广眼出现较大幅度的上涨，其中古山 2 号的亩均产量由 2020 年的 42.8 公斤增长至 720.08 公斤，约为 2020 年亩均产量的 16.8 倍；广眼为 251.18 公斤，较 2020 年（22.98 公斤）增长了 228.2 公斤，增长幅度为 993.04%。

价格方面，2021 年调查区域内所有品种的价格较 2020 年都有不同程度的下降。其中，储良均价为 1.27 元/公斤，较 2020 年的 1.46 元/公斤下降 0.19 元/公斤；石硖的均价为 0.91 元/公斤，较 2020 年的 1.66 元/公斤下降了 0.75 元/公斤；广眼的均价为 1.03 元/公斤，较 2020 年下降了 0.45 元/公斤。在调查的 5 个品种中，古山和古山 2 号的价格发生了较大幅度的下降，其中古山的均价由 2020 年的 2.45 元/公斤下降至 0.64 元/公斤，古山 2 号的均价由 2020 年的 4.22 元/公斤减少至 1.41 元/公斤，平均一公斤价格下降了 2.81 元。

利润方面，所有品种的亩均利润较 2020 年均有不同程度的上涨，其中储良的亩均利润在所有的品种中最高，为 3759 元，较 2020 年亩均利润 1563.59 元增长了 2195.41 元。古山 2 号的亩均利润的增长幅度最大，由 2020 年的 224.60 元增长至 3551.59 元，上涨了 3326.99 元。石硖、古山和广眼的亩均利润的增长幅度相对较小，其中石硖的亩均利润为 2657.39 元，较 2020 年 2101.28 元增长了 556.11 元；古山的亩均利润由 2020 年的 166.08 元增长至 1062.29 元，上涨了 896.21 元；广眼的亩均利润由 2020 年的 26.73 元增长至 792.56 元，上涨了 765.83 元（见表 7）。

表 7　2021 年分品种龙眼投入产出情况

	亩均株数 （株）	亩均产量 （公斤）	亩均收入 （元）	亩均利润 （元）	均价 （元/公斤）
储良	18.57	830.81	3761.36	3759.00	1.27
石硖	20.39	799.69	2658.43	2657.39	0.91
古山	12.65	510.90	1062.51	1062.29	0.64
古山 2 号	10.95	720.08	3551.72	3551.59	1.41
广眼	24.97	251.18	793.52	792.56	1.03
其他	25.63	301.45	554.57	548.86	0.59
总计	18.62	783.46	3052.29	3050.73	1.09

资料来源：根据课题组调查数据统计分析整理形成。

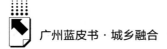

2. 分地区投入产出情况

2021 年龙眼主要调查产区包括茂名、阳江和湛江三地。2021 年茂名和湛江两地的龙眼产量都有大幅度增产，其中茂名的亩均产量为 818 公斤，相较于 2020 年的 230.54 公斤增加了 587.46 公斤；湛江的亩均产量为 404.41公斤，相较于 2020 年的 33.4 公斤增加了 371.01 公斤。另外，阳江的亩均产量也处于较高水平，为 557.71 公斤。

在亩均产值方面，茂名处于较高水平，为 3493.65 元，相较于 2020 年的 2524.45 元，上涨 969.20 元。与此相反，湛江出现大幅下降，由 2020 年的 780.66 元下降至 97.06 元，减少了 683.60 元。此外，2021 年阳江的亩均产值为 2063.61 元（见表 8）。

用工方面，茂名地区的亩均用工投入较少，为 0.68 个工日；阳江地区的亩均用工投入处于较高水平，为 5.46 个工日；湛江地区的亩均用工为 1.40 个工日。

利润方面，在所有的调查产区中，只有茂名地区的亩均利润呈现正值，为 2236.11 元，相较于 2020 年的亩均利润 1839.6 元，每亩利润上涨了396.51 元。阳江地区和湛江地区的亩均利润均呈现负值，其中阳江地区的亩均利润最低，为 -1624.23 元，此外湛江地区的亩均利润为 -833.09 元，相较于 2020 年的 630.19 元，下降 1463.28 元。

表 8　分地区龙眼投入产出情况

	茂名	阳江	湛江	总计
亩均株数(株)	20.31	16.01	9.74	18.45
亩均产量(公斤)	818.00	557.71	404.41	710.22
亩均产值(元)	3493.65	2063.61	97.06	2877.13
用工合计(工日)	0.68	5.46	1.40	7.54
其中:整形修剪	0.59	0.08	0.24	0.91
环割	0.16	0.03	0.03	0.22
施底肥	0.50	0.06	0.12	0.68
除草	0.53	0.06	0.09	0.68
打药	0.67	0.15	0.25	1.07

	茂名	阳江	湛江	总计
追肥	0.39	0.06	0.07	0.51
灌溉	0.13	0.02	0.29	0.44
疏花	0.49	0.06	0.04	0.59
疏果	0.42	0.03	0.00	0.44
摘果	1.60	0.14	0.26	2.00
其他管理	0.00	0.00	0.00	0.00
主要物资投入合计(元)	1243697.59	1466868.17	26250.00	2736815.76
其中:化肥	513135.10	343973.66	8770.00	865878.76
农家肥	100917.55	167067.63	4030.00	272015.18
农药	629644.94	955826.88	13450.00	1598921.82
亩均利润(元)	2236.11	-1624.23	-833.09	703.89

资料来源：根据课题组根据调查数据统计分析整理形成。

三 荔枝龙眼投入产出存在的主要问题

（一）种植品种集中度高

统计数据显示，我国2000~2018年有40个荔枝品种通过审定，但是产区内的妃子笑、黑叶、桂味和白蜡等传统荔枝品种仍然占据主要地位。龙眼品种多集中于储良和石硖，这些主栽荔枝龙眼品种种植面积广，亩均利润水平较高，经济贡献较大，是种植户经济收益的主力军。然而一味追求传统品种带来的稳定产量和收益，阻碍了优质早熟或晚熟新品种的选育和推广，致使荔枝龙眼熟期过于集中，产能过剩的局面难以打破。

（二）流通销售渠道不畅通

新冠肺炎疫情常态化防控下，国内各地区果蔬生鲜等农产品供应链面临较大的挑战。阶段性区域封控管控政策，以及严格的交通管制措施，使得传统物流相对滞缓，线下供应链不畅。由于荔枝龙眼不易保鲜、果皮易褐变等自然属性，增大了种植户的保鲜储运成本，且流通过程产品价值损失较高。值得注意的是，2021年5月广州新一轮新冠肺炎疫情暴发，与荔枝龙眼成熟期高度重叠，消费者对中高风险地区产品的认知偏差和产地歧视，加剧了荔枝龙眼的销售流通困境。因此，2021年产区内荔枝龙眼的多数品种均价呈现出下降态势。茂名地区荔枝亩均产量增加77.68公斤，湛江地区亩均产量增加115.78公斤，三产区的荔枝户均纯收入却由2020年的32278.32元下降至29970.21元。

（三）大小年现象突出

"大小年"是指多年生果树一个高产年份之后，接着出现产量大幅下降甚至完全不结果的现象。荔枝龙眼生产有"大小年"的规律，即丰收和减产交替出现，容易出现"果贱伤农"的现象。2021年是荔枝龙眼的中大年，调查产区内荔枝龙眼亩均产量均有所增加，但受新冠肺炎疫情的冲击，同时受荔枝龙眼自身周期性的影响，每年5~7月集中抛向市场，阶段性市场压力增大，呈现短暂性的供给大于需求。荔枝龙眼产品符合农产品需求价格弹性小的特性，产量上的波动会引起价格上的更大波动。从2021年市场行情可知，荔枝龙眼的产量继续增长使得其价格不断下降，从而使果农收入减少。多数荔枝龙眼品种均价呈下降态势，其中糯米糍均价下降最为明显，下降了73.62%。

（四）区域品牌意识待提高

虽然产区内荔枝龙眼的生产种植具备一定规模，且投入成本也较多，但经济效益较上年大幅降低。以小农户为主体的分散经营所形成的私人品牌建设竞争力较弱，难以形成区域品牌价值。《中国地理标志品牌发展报告（2019）》显示，截至2018年底，我国认证的中国地理标志产品共计9618个，其中广东省仅270个，农业地理标志品牌五十强中仅有新会陈皮和梅州金柚上榜。目前，广东省荔枝龙眼产业的区域品牌的竞争力仍处于较低水平，缺少像赣南脐橙、烟台苹果、库尔勒香梨等的巨大品牌影响力，在市场上未能形成稳定的消费群体，未能充分实现荔枝龙眼的优质优价。

四　优化荔枝龙眼投入产出的对策建议

（一）依托"互联网+"，大力拓宽供应链渠道

农产品市场化改革拓展了生鲜农产品市场交易的物理范围，供应链物流成为供应链研究的一个重要分支，冷链物流、物联网、区块链等技术的发展和应用被认为是破解生鲜农产品供应链物流发展瓶颈的重要路径。疏通荔枝龙眼的流通渠道，推动产区和销区对接，进一步建设快速、覆盖广、成本低的荔枝龙眼物流网络，同时向消费者普及和宣传物流运送中新冠肺炎病毒防范知识，帮助其形成正确认知，减弱消费者在选择产品时因风险感知偏差而产生的产地歧视，使疫情常态化防控对荔枝龙眼消费的影响降到最低。

（二）推动社会资本助农，构建市场导向的农业技术体系

2021年4月，农业农村部印发《社会资本投资农业农村指引》，明确指出鼓励社会资本牵头建设农业领域国家重点实验室等科技创新平台基地，引导社会资本发展技术交易市场和科技服务机构，提供科技成果转化服务。广东经济实力雄厚，社会资本集聚，要大力引入社会资本，构建以市场为导向的荔枝龙眼技术体系，专注优质品种的培育，提升当地荔枝龙眼品质，为荔枝龙眼产业的发展提供科技支持，实现荔枝龙眼产业的高质量发展。

（三）加强核心技术集中攻关，破解荔枝龙眼"大小年"问题

加大科研投入，加强对核心关键技术的集中攻关。搭建科技创新平台，为荔枝龙眼投入产出提供技术支撑。探索通过降低荔枝树密度和树高、提供充足养分、调控恰当的土壤水分、严格末次秋梢期、准时促花等环节来克服荔枝"大小年"生产困境；通过以高水平水肥管理为前提的树冠矮化修剪、

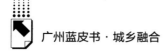

结果枝组培养、植物生长调节剂应用等综合技术措施，避免荔枝龙眼出现"特大年"和"特小年"，实现种植户丰产稳产。

（四）推动标准化规模化生产，做大做强荔枝龙眼品牌

加强对荔枝龙眼品质选育、种植生产、产销对接全链条的指导，促使荔枝龙眼产量稳定、品质提升。积极调整荔枝龙眼品种的架构，抓好荔枝龙眼的品种改良，避免同质化过度竞争导致价格下降。优化产地生态环境，注重农产品安全质量提升，增强荔枝龙眼的竞争力和影响力。做大做强荔枝龙眼品牌，在夯实荔枝龙眼质量基础的条件下，推动以地理标志为代表的省域性区域品牌建设，提升荔枝龙眼产地知名度，为种植户拓宽销售渠道、实现农民生产增收致富，进而实现荔枝龙眼产业向高质量发展转型升级。

（五）基于岭南文化，打造农文旅深度融合新业态

在乡村振兴的时代背景下，乡村旅游逐渐成为重要产业支柱。随着人们日益增长的精神文化需求，停留在观光娱乐的浅表性的旅游形式已经无法满足人们的消费需求。推动荔枝龙眼产业、岭南文化与乡村旅游三大产业资源整合，立足于千年荔枝文化和龙眼文化，加大对特色岭南文化的挖掘和保护。在此基础上，建设一批富有文化底蕴的荔枝龙眼产业园、特色小镇，为荔枝龙眼产业创新赋能，提升荔枝龙眼的经济附加值。依托岭南特色风貌，将岭南文化作为荔枝龙眼旅游创新发展的驱动力量，实现农文旅深度融合，因地制宜走出一条荔枝龙眼农文旅融合发展之路。

参考文献

张耘堂、李东：《原产地形象对农产品电商品牌化的影响路径研究》，《中国软科学》2016 年第 5 期。

马锞、赖旭辉、胡锐清、罗诗：《2000—2018 年我国审（认）定的荔枝品种及分析》，《现代农业科技》2019 年第 6 期。

汪旭晖、张其林：《基于物联网的生鲜农产品冷链物流体系构建：框架、机理与路径》，《南京农业大学学报》（社会科学版）2016 年第 1 期。

陈厚彬、苏钻贤、陈浩磊：《荔枝"大小年"结果现象及秋冬季关键技术对策建议》，《中国热带农业》2020 年第 5 期。

庞隽、楚燕来、李梦琳、焦腾啸：《新冠疫情下的产地歧视效应、机制和对策》，《南开管理评论》2021 年第 1 期。

王海南、宁爱照、马九杰：《疫情后我国生鲜农产品供应链的优化路径与策略》，《农村经济》2020 年第 10 期。

区域发展篇

Regional Development

B.21
基于乡村振兴视角下农村居民
增收问题研究

——以广州市增城区为例

钟惠敏　黎映雪　周斯琪*

摘　要： 为了解实施乡村振兴战略对增城区农村居民收入的影响，国家统计局增城调查队在广州市增城区各镇街抽取 130 户农民家庭开展调研，并结合 2018~2020 年相关调查数据，对农民收入结构及影响因素进行深入分析。结果显示，乡村振兴战略的实施给增城区农村带来新风貌，农民收入平稳增长，城乡差距逐步缩小，但仍存在农村居民职业素质不高、农村项目推进难、粗放式经营、土地流转受阻等问题。基于调查结果，提出了精准施策保障就业，促进农民工资性收入持续增长；构建农村现代产业体系，促进农民经营性收入持续增

---

* 钟惠敏，国家统计局增城调查队副队长，主要研究方向为统计调查；黎映雪，国家统计局增城调查队三级主任科员，主要研究方向为统计调查；周斯琪，国家统计局增城调查队副科长、三级主任科员，主要研究方向为统计调查。

长；深化农村综合改革，促进农民财产性收入平稳增长；提升乡村基本公共服务水平，推动转移性收入稳步增长等四大建议。

关键词： 乡村振兴　农民增收　乡村风貌　增城区

为进一步了解乡村振兴战略实施对农村居民收入的影响，国家统计局增城调查队在全区范围内的各镇街选取了 13 个农村点共 130 户农村居民家庭开展调研，并结合 2018～2020 年增城区城乡一体化住户调查数据，对农民收入结构、影响因素、成效等方面进行分析。结果显示，乡村振兴战略实施给增城区农村带来新风貌，农民收入平稳增长，城乡差距逐步缩小，但仍存在农村居民职业素质不高、农村产业项目推进难、粗放式经营、土地流转受阻等问题，农村居民持续增收需多措并举，各方统筹发力。

一　实施乡村振兴战略推动农村居民增收成效显著

乡村振兴战略实施以来，增城区以基础设施建设为抓手，坚持补短板、强弱项，大力改善乡村人居环境。通过村庄"三旧"改造、打造连片民宿产业、财政奖补农房外立面改造等方式推进乡村风貌提升，为农村居民增收致富奠定了坚实的基础。2018～2020 年，增城区农村居民收入保持快速增长态势，且增速快于城镇居民，农村居民"四大收入"同步提高，城乡居民收入差距不断缩小，农村居民生活水平不断提升。2020 年增城区农村居民人均可支配收入 28613 元，近三年（2018～2020 年，本文同）年均增长率达 9.8%，比城镇居民快 3.0 个百分点，城乡居民收入比从 2018 年的 1.98∶1 缩至 2020 年的 1.87∶1（见图 1）。

（一）有效就业带动工资收入增长

2020 年，增城农村居民人均工资性收入 20186 元，比 2018 年增加 3639

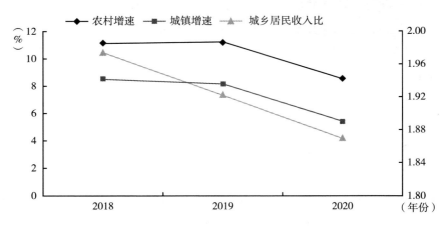

图1　2018~2020年城乡居民人均可支配收入增速对比

资料来源：根据课题问卷调查所获数据统计分析形成。

元，占农村居民人均可支配收入的比重为70.6%，比2018年提升0.9个百分点。近三年年均增长率达10.4%，对农村居民人均可支配收入的贡献率达74.5%，拉动收入增长15.3个百分点。

1. 近九成农村居民实现市内就业

增城区自2018年积极落实各项促进就业政策，全面提升就业服务水平，在就业创业财政投入、补贴对象、补贴项目以及促进农村重点人群就业等方面取得成效明显。走访调研中，在问及"您家庭主要劳动力在哪个区域工作时"，回答情况是："本村内"占36.6%、"镇内的其他村"占13.4%、"区内的其他镇街"占31.3%、"广州市内的其他区"占8.0%，接近九成的农村居民家庭能够在广州市内实现就业。如新塘镇、永宁街的农村居民就近到广汽本田、珠江钢琴等企业上班，根据工作岗位，能够获得6000~7000元/月的工资收入。

2. 劳动力人数占比提高

乡村振兴战略对带动农民就业、提高农村劳动力占比具有较好的促进作用。调查数据显示，2020年常住农村居民中劳动力人数占比较2018年提升1.6个百分点。走访调研中，在乡村振兴战略实施后对本村劳动力就业方面的带动和帮助方面，76.2%的受访者认为"开展人居环境整治工程，吸纳了本村的老人妇女等富余劳动力就近就业"，53.1%认为"引进了投资项目，吸引了本村的青壮年回乡就业"。

3. 过半农村劳动力接受学历或技能培训

增城加大对农村劳动力技能培训，劳动力素质明显提高。调查数据显示，53.2%的受访者表示近两年（2019~2020年，本文同）有参加过相关的学历或技能培训，其中86.4%的受访者认为学历、技能培训对提升就业能力起到积极作用。64.3%的受访者表示近两年工资水平保持平稳，25.0%工资水平有不同程度的上涨，仅10.7%表示工资水平下降。

4. 青年人才返乡就业创业意愿强

近年来，增城区大力实施乡村振兴战略，大量青年人才返乡从事涉农行业。通过对返乡青年的动机调查分析，可以看出：一是实施乡村振兴战略后，新农村建设加快，家乡面貌焕然一新，感觉农村发展前景良好（53.1%的受访者选择）；二是积极响应政府的号召，返乡为家乡发展贡献力量（33.9%）；三是因为家人都在农村，对家乡充满感情，在家就近创业就业能同时兼顾家庭和事业（32.3%）；四是个人所学专业与农村、农业相关，返乡发展可以一展所长（17.7%）；五是涉农服务业规范管理，服务质量提高（14.6%）。对于不愿意返乡发展的受访者，最主要的原因是目前农村在优质医疗、教育资源等方面匮乏，返乡发展无法满足家庭需求。

（二）农村家庭经营性净收入稳步增长

乡村振兴战略实施以来，增城区紧紧抓住产业兴旺这一"牛鼻子"，加快构建"一县一园、一镇一业、一村一品"产业体系，大力培育龙头企业。2020年增城区农村居民人均经营净收入3900元，比2018年增加412元，近三年年均增长5.7%。

1. 惠农支持力度大，农业生产能力明显增强

走访调研中，59.2%的受访者认为实施乡村振兴战略后"带动农业生产"，14.6%的农村居民家庭拥有经营性收入，其中47.4%的经营收入为农

业生产经营收入。在问及"您享受过哪些惠农政策"时，55.6%表示享受过"种粮补贴"、33.3%享受过"化肥补贴"、22.2%享受过"购置农机补贴"和"农业技术服务"。现阶段，增城农村居民种养殖生产经营的模式仍以生鲜售卖为主。在售卖方式上，88.9%受访者选择"自家种养殖，直接出售农产品"，22.2%选择"收购农户农产品，直接出售"，"自家种养殖，对农产品进行加工后出售"和"收购农户农产品，进行加工后出售"各占11.1%。

2. 专业化平台带动农村一二三产业融合发展

截至2020年，增城区共培育区级以上农业龙头企业96家，指导镇街累计创建国家专业镇1个、国家专业村1个、省级专业镇2个、省级专业村14个、市级专业镇2个、市级专业村18个，加快发展农业新产业新业态，促进第一、第二、第三产业融合发展，辐射带动农村居民家庭经营持续增收。2020年，增城区农村居民第二、第三产业人均经营净收入2918元，较2018年增加645元，占总经营净收入的比重达74.8%，占比较2018年提升9.6个百分点。

（三）农村居民财产性净收入增幅快

近年来，增城区全面推进乡村振兴战略，成功创建全国休闲农业和乡村旅游示范区、省全域旅游示范区，全面提升乡村人居环境，着力加强生态环境建设，优化提升公共服务，扎实推进城市更新，城乡综合承载力不断增强，带动城乡居民财产净收入快速增长。调查数据显示，2020年，增城区农村居民人均财产净收入1509元，比2018年增加了215元，近三年年均增长8%。

1. 城市化进程加快，红利收入快速增长

走访调研中，有32.3%的被访者表示所在村近年来有征地拆迁，其中73.8%的村集体有保留集体留用地。对于集体留用地的形式，一是实物留用，占48.4%；二是每年支付留用地租金占51.6%，留用地租金根据留用地面积而定，16户被访农村家庭的户均留用地租金收益为4506元/年，集体土地建厂房出租分红，新塘镇瓜岭村每人约1500元/年，东华村每人约20000元/年。据住户调查数据显示，2018~2020年，增城区农村居民人均红利收入年均增长 12.1%。

2. 农村基础设施不断完善，推动农村土地流转

2018~2020 年，增城区加快推进农村人居环境综合整治和高速沿线环境综合整治，进一步完善农村基础设施和公共服务设施，有力促进土地承包转让出租。走访调研中，26.9% 的被访家庭有土地流转，其中 86.8% 的用于"农业生产经营"，10.5% 的用于"旅游项目"。据住户调查数据显示，2018~2020 年增城区人均转让承包土地经营权租金净收入年均增长 9.6%。

3. 美丽乡村建设加快，农民房屋出租收入平稳增长

增城区大力推进美丽乡村建设，截至 2020 年，累计完成了 207 个美丽乡村创建，农村人居环境得到改善、农村风貌不断提升、农村居民财产性收入也随之与日俱增。走访调研中，11.5% 的被访家庭有房屋出租，出租房屋主要用于居住（占 86.7%）。据住户调查数据显示，2018~2020 年增城区人均出租房屋净收入年均增长 6.4%。

（四）农村居民转移性收入增幅明显

调查数据显示，2020 年，增城区农村居民人均转移净收入 3019 元，比 2018 年增加了 622 元，近三年年均增长了 12.2%，其中人均养老金或离退休金年均增长了 10.1%，人均社会救济和补助收入年均增长了 23.5%，人均报销医疗费年均增长了 18.4%。增城区积极推进全民参保登记计划，实施城乡居民社会养老保险制度，构建覆盖全区的城乡居民医疗保障体系，社会保险覆盖面不断扩大，社会保险待遇水平逐年稳步提升，农村居民转移净收入增幅明显。

二 制约农村居民增收的主要因素

（一）多重因素制约，工资性收入增长后劲不足

1. 四成家庭有未就业劳动力

走访调研中，42.3% 的被访农村家庭家里有未就业的劳动力。究其原

因：一是年纪大和身体患病，无法工作（37.7%的家庭），二是农村学前教育不完善，在家带小孩的劳动力增加（35.4%的家庭），三是房地产行业低迷和人居环境整治导致从事建筑业的农村劳动力失业（16%的家庭），四是拆迁征地分红家庭的工作意愿下降（29%的家庭）。

2. 企业和个人双重因素影响工资增长

近年来，受整体经济社会环境影响，增城区企业生产经营压力大，用工需求有所压缩。同时，本地农村劳动力存在技能水平较低、综合素质不高的问题，形成了招工难和就业难共存的局面。在问及"影响工资性收入提高的原因"时，主要集中在两方面：一是行业发展及企业经营方面。27.7%的被访者认为"行业发展遭遇瓶颈"，26.2%的认为"企业经营不景气"，23.1%的认为"企业人力成本压力大"。二是个人能力和职业素质方面。26.2%的被访者认为"个人技能水平缺乏、工作能力不高"，15.4%的认为"个人没有岗位要求的职称、技能证书"，12.3%的认为"个人达不到企业要求的学历水平"。在工资增长方面，走访调研结果显示，近两年农村居民家庭工资水平"涨幅在10%以内"的占13.4%，"涨幅在10%~30%"的占8.9%，"涨幅在30%以上"的仅占2.7%，工资性收入增长乏力，发展后劲不足。

（二）农业生产项目落地难，农民经营性收入受制约

1. 项目落地指引与配套服务不到位

调研中，50%的被访者表示"在农业生产经营中没有得到政府及相关部门的技术指导和支持，主要凭经验开展农业生产经营"；30%的表示"得到政府农业、农技部门的技术指导"，20%的表示"得到种养殖协会等组织的技术指导"，政府及相关部门对农业生产的指导落实不到位。涉农项目运营规划及融资渠道仍存在不足，项目具体实施过程中存在实施细节性的指引不够等问题，部分涉农项目在设计时未完全考虑国家"红线"政策，导致农业项目落地难。同时，受农业生产基础设施不完善、农资价格和人工成本不断上涨等因素影响，一定程度上压缩了农业经营利润空间，在农产品增值链

条未能有效形成的情况下，农业生产经营持续增收受到限制。

2. 粗放式经营普遍存在

农村普遍存在土地分散不连片、规模化经营程度不高、农业生产技术相对落后的状况，粗放式的分散经营仍是农村散小户的主要经营方式。一是第一产业发展后劲不足。数据显示，2018~2020年增城农村居民第一产业人均经营收入呈现逐年递减的趋势，年均增速为−10.1%，第一产业发展后劲不足。二是农产品质量难以保障。农业生产中，农业生产者普遍质量安全意识不强，因缺少社会监督和自我约束限制，科学施肥、用药及标准化生产规程很难在生产上完全实施，农产品质量难以保障，难以满足现代社会追求高品质产品的要求。三是销售渠道单一。小散农户对于产品销售主要通过小贩上门收售为主，主动到市场上或由农业专业合作社、公司收购等方式较少，应用"互联网+""合作社+农户""电商平台+农户""金融行业+农户"等新型销售仍有待挖潜，拓宽销售渠道成为迫切需要。

（三）土地整合流转难度较大，财产性收入持续增收存在阻力

在土地流转整合方面，各村（社）在不同程度上存在少数群众对开展土地流转整合的重要性认识不足的问题，没有深刻认识到土地流转整合在乡村产业兴旺、生活富裕中的作用，少数村干部宣传、推动土地流转整合的力度不够，有畏难情绪，积极性不高，影响和阻碍了土地流转和农业规模化、产业化发展，给农民财产性收入增收带来阻力。

（四）公共服务水平有待提高，社会保障体系需要兜底完善

公共财政对农村地区的民生保障投入力度有待进一步加强。公共财政用于教育、社保、就业、住房、医疗卫生、社区服务等民生领域的投入力度有待加强；对于特困人群的帮扶和救助亟待关注；老年社会福利院、残疾人综合福利院、流浪儿童救助保护中心等社会福利设施建设有待完善，社会保障体系有待进一步完善。

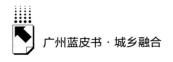

三　促进农村居民增收的对策建议

（一）精准施策保障就业，促进农民工资性收入持续增长

1.加强就业指导帮扶，全力促进农民就地就近就业

一是强化就业指导服务。定期开展农村劳动力意向调查工作，了解农村居民的就业意愿及动态，有效匹配企业、单位的用工需求，最大限度促进农民就业。搭建政企择业平台，立足企业需求，针对农村劳动力开展劳动技能"订单式"的精准定向实训，实施农业企业家、农村创业创新人才培育计划，"百千万农村妇女培训计划"等，切实解决农村就业问题。二是加强对零就业家庭帮扶。加大对零就业家庭孩子的上学、就业的帮扶力度，进一步提升就业水平和能力，统筹用好公益岗位，对符合条件的就业困难人员进行就业援助，兜底安置就业困难人员，确保零就业家庭动态"清零"。在农业农村基础设施建设领域推广以工代赈方式，吸纳更多农村脱贫人口和低收入人口就地就近就业。三是盘活资源以创业带动就业。发挥增城区南部村书记的"头雁"作用，盘活村集体物业，推进集体厂房出租，引入企业发展乡村产业，带动村民在家门口就业创业，切实提高村民收入水平。探索加大对初创实体支持力度，提供场地支持、租金减免、税收优惠、创业补贴等政策支持，促进农村居民充分就业。

2.加大乡村育才引才力度，营造良好就业环境

一是大力培育新型职业农民。号召和鼓励农村知识青年留在农村创业和从事农业生产经营，做好当地青年农民的技能和素质培训，持续实施"粤菜师傅""广东技工""南粤家政"三项工程，大力培训技能人才和"羊城工匠"，精心培育一批懂农业、爱农村、爱农民的新型职业农民。二是抓好招才引智工作。吸引一批推广农业科技、引领现代农业发展、促进农村现代化的优秀人才扎根农村。探索制定乡村振兴人才专项政策，推动各类人才向乡村流动。实施外出青年返乡创业"燕归巢"工程，吸引高端农业人才及

有志青年积极返乡创业。三是建立城乡人才合作交流机制,通过"人才+团队"模式,引导科技专家和团队下沉农业企业开展农业新技术和新品种推广。健全乡村人才工作体制机制,大力培养农业生产经营、农村第二和第三产业发展、乡村公共服务、乡村治理、农业农村科技等各类人才。

(二)构建农村现代产业体系,促进农民经营性收入持续增长

1. 加快推进现代农业发展,带动农业生产经营收入增长

一是推进省级现代农业产业园建设。加大产业扶持力度,完善产业园区配套设施、公共服务设施,优化园区环境,引进更多龙头农业企业落户,加大对新业态农业生产经营的帮扶力度,促进村级经济发展。二是发挥农民生产经营的能动性。创新经营方式,培育好家庭农场、农民合作社,发展适度的规模经营;稳定和加强种粮农民补贴,完善最低收购价格政策,鼓励农业生产经营;加强农民农业生产技术和管理能力培训,促进管理现代化;鼓励小散户根据种养殖企业或规模大户的订单、标准开展农业生产,收成后直接由企业收购,以产业化、规模化经营带动小农经营。三是做大做强新型经营主体。加大对"龙头企业+合作社+基地+小农户""专业市场+合作社+小农户""家庭农场+小农户"等经营模式的推广力度,扶持新型经营主体发展。

2. 大力发展农村二、三产业,拓宽农民收入增长渠道

一是打造乡村特色文旅产业。积极开发观光农业、休闲旅游、文化体验、健康养老、电子商务等新产业新业态新模式,创建一批特色生态旅游示范村镇和精品路线,抓紧培育旅游文化特色村、3A级以上乡村旅游景点、特色乡村旅游精品线路,推动更多发达地市人口到增城消费,进一步推动农产品就地销售和配套服务收入。二是发展文化旅游和高端民宿。盘活农村碉楼、旧祠堂、历史建筑等资源,发展商业街、特产街、啤酒街等,推动精品民宿升级,盘活闲置农房发展高端民宿,提高村民第三产业收入水平。三是提升农产品精深加工水平。加快制定支持农产品加工业发展的政策,引进培育农产品加工的龙头示范企业;进一步提升储藏、保鲜、清选分级、包装和

冷链运销等加工技术与条件，统筹推动农产品精深加工与初加工、综合利用加工协调发展。

（三）深化农村综合改革，持续促进农民财产性收入平稳增长

一是稳妥推动农村土地合理流转。认真做好农村闲置土地的摸底调查，科学编制和调整土地利用总体规划，统筹农村生产、生活、生态空间，正确处理山、水、田、林、路与民居的关系，将生态农业、乡村旅游、农家乐和民宿等结合起来，通过集中流转连片农用地，引进投资额超1亿元、规模超1000亩的重点农业产业项目，推进农用地集约化、规模化经营，促进土地和产业融合发展。二是深入推进农村集体产权制度改革。推进农村集体经营性建设用地入市制度，加快推进农村承包土地流转制度创新，促进农村土地有序规范流转，加快推进农村集体经营性资产股份合作制改革。三是优化农村集体资产管理。完善"产业+农户"利益联结机制，因地制宜推广"订单收购+分红""土地流转+优先雇用""保底收益+按股分红"等方式，通过"资源变资产、资金变股金、农民变股东"，引导农村积极参与到转变土地利用方式、促进产业升级、提高发展质量的规模化经营中去，促进农民财产性收入持续平稳增长。

（四）提升乡村公共服务水平，持续推动转移性收入稳步增长

一是开展农村低收入人口动态监测，实行分层分类帮扶。对有劳动能力的农村低收入人口，坚持开发式帮扶，帮助其提高内生发展能力，从而使其发展产业、参与就业，依靠双手勤劳致富。对脱贫人口中丧失劳动能力且无法通过产业就业获得稳定收入的人群，对一些特殊困难群体，如成功戒毒人员、大病家庭、残疾儿童家庭等特殊困难人群，以现有社会保障体系为基础，按规定纳入农村低保或特困人员救助供养范围，并按困难类型及时给予专项救助、临时救助。二是落实城乡居民基本养老保险待遇和正常调整机制。加强对农村留守儿童和妇女、老年人以及困境儿童的关爱服务；继续开展留守儿童"合力监护、相伴成长"专项行动，全面落实困境儿童保障制

度。三是推动农村教育优质均衡发展。多渠道增加农村普惠性学前教育资源供给，改善乡镇寄宿学校办学条件，支持建设城乡学校共同体；通过学区化、集团化、师范生实习支教、九年一贯制等形式，促进城乡教师常态化交流轮岗，实现教师合理流动，稳定农村教师队伍，促进城乡教育均衡优质发展。

参考文献

李实、陈基平、滕阳川：《共同富裕路上的乡村振兴：问题、挑战与建议》，《兰州大学学报》（社会科学版）2021年第3期。

陆树楠：《乡村振兴战略背景下推动农民持续增收的路径》，《现代交际》2020年第8期。

曲阳阳：《黑龙江省实施乡村振兴战略促进农民持续增收的对策分析》，《中国经贸导刊》2020年第Z1期。

张丽：《乡村振兴下哈密农民稳步增收问题的思考》，《农村青年》2019年第2期。

谢天成、王大树：《乡村振兴战略背景下促进农民持续增收路径研究》，《新视野》2019年第6期。

B.22

广州市增城区农民专业合作社发展现状及对策研究

肖涵　赖泽良*

摘　要： 推进农民专业合作社是全面实施乡村振兴战略、转变农业增长方式的重要抓手。当前，增城区农民专业合作社数量和质量不断提高，涵盖领域不断扩大，内部运作逐步规范，经营模式多样发展。但仍存在规模偏小、运作不规范、市场竞争力不强、发展后劲不足、合作社与成员利益联结度不高等问题。为此，本文提出建设农民专业合作社服务中心，完善合作社基础管理和服务；加大各级财政资金扶持力度；培育扶持示范社，打造升级特色农民专业合作社；推进产加销一体化，培育创建农民专业合作社联合社等对策建议。

关键词： 农民合作社　产加销　增收致富

农民专业合作社是指在农村家庭承包经营基础上，农产品的生产经营者或者农业生产经营服务的提供者、利用者，自愿联合、民主管理的互助性经济组织。随着《农民专业合作社法》深入实施，增城区农民专业合作社步入发展快车道，并逐步成为提高农业生产、创新农村经营体制、提高市场组织化程度的有效途径，在发展现代农业、提高农民收入中发挥了积极作用。

---

* 肖涵，广州市增城区农业农村局办公室科员，主要研究方向为农村经济；赖泽良，广州市增城区农业农村局办公室科员，主要研究方向为农村经济。

为更好推动农民专业合作社发展壮大和高质量发展，发挥农民专业合作社带动农户增收致富中的作用，2021 年 8 月，调查组对正果镇、中新镇、派潭镇、小楼镇、荔城街、荔湖街、增江街、朱村街、石滩镇、仙村镇、宁西街、永宁街和新塘镇共 13 个镇/街正常运营的农民专业合作社进行全面深入调研。系统梳理增城区农民专业合作社发展的现状特点、存在困难，并提出有针对性的对策建议。

一　农民专业合作社发展现状

各涉农部门、农业龙头企业、农村能人、农村种养大户、村两委等各主体充分发挥作用，合力推动农民专业合作社蓬勃发展。2021 年，增城区农民专业合作社呈现数量和质量不断提高、带动农户增收致富、产业分布不断扩大、运作逐步规范化、经营模式多样化等特点，有力推动增城区各镇（街）特色优势产业发展，提升了农业产业化经营水平。农民专业合作社是增城区农村活跃而有效的经济组织形式之一，是现代农业发展的新亮点，也是助农增收的好平台。

（一）农民专业合作社量质同升，带动农户增收致富

从合作社整体发展情况看，随着《农民专业合作社法》深入落实，农民对专业合作社认识加深，同时，广大农民通过农民专业合作社的有效运作得到了实实在在的实惠，农民创办合作社热情高涨。截至 2022 年 2 月，增城共有登记注册农民专业合作社 632 家，登记注册数量在广州市各区中排名第一。正常运营的农民专业合作社共有 3726 户，经营面积约 7 万亩，带动种养面积 15.84 万亩，带动农户 1.7 万户。

从示范社建设情况看，截至 2022 年 2 月，增城区累计培育农民专业合作社市级示范社 11 家、省级示范社 8 家、国家级示范社 3 家。其中 2021 年申报评定市级示范社 2 家，注销减少市级示范社 2 家，注销减少省级示范社 2 家，注销的市级、省级示范是同 2 家合作社。从农民专业合作社培育创建

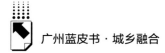

看，至 2022 年 2 月，增城区培育新增农民专业合作社 82 家，累计培育创建农民专业合作社联合社 2 家，其中，指导成立特色产业合作社"广州市增城邓山乌榄合作社"，指导创建增城区首家农机合作社联合社"广州增城星级农机专业合作社联合社"。

（二）农民专业合作社涵盖领域宽泛，产业分布不断扩大

增城区农民专业合作社涵盖领域不断扩大，合作领域从单一农产品的生产，发展到种植、水产和畜禽养殖、农机及农业社会服务、批发零售类以及综合种养及农产品加工类等多方面。目前，农民专业合作社立足种植和养殖业的生产经营，基本覆盖增城区主要优势农产品和特色农产品产业群，并逐渐从生产领域向加工、流通、服务一体化经营领域拓展，有力地推动了特色优势产业做强做大做优，有效推进了果蔬、畜禽、渔业及观光休闲农业发展。

目前，增城区围绕种植业类、水产和畜禽养殖类等主导产业建立了一大批农民专业合作社。从行业划分看，以种植业为主，其他行业占比较低。首先是种植业类共有 293 家，占正常运营合作社比例达到 68.1%；其次是水产和畜禽养殖类共 52 家，占比约 12.1%；再次是农机及其他农业服务类共有 55 家，占比 12.8%；此外，其他类（综合种养、农资销售、农产品加工等）17 家，占比 4%；林业及相关 13 家，占比 3%（见表1）。

表1 2021 年农民专业合作社行业细分情况

单位：家，%

行业	农民专业合作社数量	所占比重
种植业类	293	68.1
水产和畜禽养殖类	52	12.1
农机及其他农业服务类	55	12.8
其他类	17	4
林业及相关	13	3
合　计	430	100

资料来源：根据课题问卷调查所获数据统计分析形成。

从区域分布看，全区 13 个镇/街正常运营农民专业合作社自北至南分布，数量逐次递减。其中，正果镇 62 家、派潭镇 46 家、中新镇 43 家、小楼镇 60 家、增江街 44 家、荔城街 34 家、荔湖街 4 家、石滩镇 53 家、朱村街 32 家、仙村镇 26 家、新塘镇 15 家、宁西街 7 家、永宁街 4 家。

从负责人年龄构成及受教育程度情况看，农民专业合作社从业人员负责人年龄偏大，教育程度也有待提高。从负责人年龄结构来看，53 岁及以上（1969 年前出生）120 人，占比 27.91%；43～52 岁年龄段 143 人，占比 33.26%；33～42 岁年龄段的有 120 人，占比 27.91%；32 岁及以下负责人有 47 人，占比 10.93%，占比最小（见表 2）。负责人学历也偏低，拥有大专以上学历的仅 80 人，约占 22%。

表 2　2021 年农民专业合作社负责人年龄构成情况

单位：人，%

年龄结构	农民专业合作社负责人数量	所占比重
53 岁及以上（1969 年前出生）	120	27.91
43～52 岁年龄段	143	33.26
33～42 岁年龄段	120	27.91
32 岁及以下	47	10.93
合　　计	430	100

资料来源：根据问卷调查所获数据统计分析形成。

（三）内部运作逐步规范化，创建特色农民专业合作社联合社

农民专业合作社所有成员权利均等，以成员代表大会为最高决策机构，一人一票。章程制定、机构设置、各项规章制度建立以及生产经营活动中的重大问题，均由成员代表大会讨论决定，充分体现了"民办、民管、民受益"原则，实现了农民平等参与、当家做主、自我理财的愿望。近年来，增城加快推进现代农业经营体系建设，不断培育壮大农民专业合作社，开展农民专业合作社规范提升行动、培育发展特色示范社和示范场等措施，着力

推进农民专业合作社质量提升，带动农业增效、农民增收。

一是开展合作社规范提升行动。进行农民专业合作社经营情况摸查登记，清查清理"空壳社"，整合资源，重点扶持优质合作社发展壮大。制定出台《增城区农民专业合作社、家庭农场规范提升行动实施方案》，推进农民专业合作社规范运作和质量提升。增强示范带动，推动农民专业合作社高质量发展。2021~2022年，增城区计划培育提升1家以上省级迟菜心专业合作社，培育提升1家以上省级仙进奉荔枝专业合作社，培育提升1家以上省级丝苗米专业合作社。同时培育1~2家农民专业合作社联合社，推动农民专业合作社"抱团"发展。

二是开展示范社评定，培育优质合作社。开展示范社申报评定和监测，2021年各镇街推荐申报区级农民专业合作社4家，拟认定2家；推荐申报市级示范社3家，获评2家；对3家国家级示范社、11家市级示范社进行了监测。近年来，增城区围绕特色农业产业，重点培育提升"增城迟菜心""增城仙进奉荔枝""增城丝苗米"等一批制度健全、特色明显和运作规范的具有增城特色的示范合作社。

三是打造广州首个农机联合社，实现"抱团"发展。当前，增城农民专业合作社是独立的法人单位，存在资源缺乏、规模受限等问题。为此，全区5家本土较具实力的农机合作社联合探索成立广州增城星级农机专业合作社联合社，该联合社是广州市首个农机联合社。农机联合社改变了以往的发展模式，使各合作社具有更强的资源获取能力，从而增强资源整和能力，拓展全产业链发展，打造"全程机械化＋综合农事"大型农业综合服务联合社。

（四）经营模式多样化，服务内容进一步扩大

增城区积极探索"龙头企业＋专业合作社""基地＋专业合作社""公司＋基地＋专业合作社"等多种产业化经营模式，大力支持、发展多种形式适度规模经营的农民专业合作社，推动专业合作社不断拓宽服务功能。从单一的生产资料购买和生产技术合作向标准化生产、无公害基地认证、品牌包

装等方面拓展，并且不断延伸到资本、技术、劳动等多方面合作，有效统一产前、产中和产后各个生产经营环节。

落实财政扶持优惠政策。通过制定扶持政策、实施财政资金补助扶持。制定《增城区农民专业合作社、家庭农场规范提升行动实施方案》《增城区级农民专业合作社、区级家庭农场评定及监测管理细则》等多项扶持政策。主要扶持措施有实施土地流转奖励补贴、实施示范社评定奖励扶持、实施财政专项补助扶持等。2021 年落实区级、市级农民专业合作社扶持资金和现代都市农业奖励资金，对农民专业合作社实施帮扶，拨付资金 449 万元，补助、奖励农民专业合作社 161 家次。

二　农民专业合作社发展存在的主要问题

（一）规模偏小，带动能力弱

首先，合作社整体数量少，规模偏小，带动能力不强。截至 2022 年 2 月，全区运营正常合作社 430 家，社员数合计 3726 户，平均社员数不足 9 户，农户（全区约 23 万户农业户籍）加入农民合作社比率为 1.62%。全区运营正常合作社经营总面积约 7 万亩，平均经营面积约 163 亩，对农业适度规模化经营的促进作用不明显，农民专业合作社示范和纽带作用没有得到充分体现。其次，整体质量不高，空壳社问题严重。经调查，截至 2022 年 2 月，增城区农民专业合作社工商在册数 632 家，其中，正常运营的农民合作社占工商在册农民合作社总数比例的 68%；终止经营、暂停营业或无法取得联系的合作社占比 32%。

（二）制度不完善，运作不规范

增城区农民合作社普遍存在几个共性问题：章程格式化、合作社专属条款不够详细；大多数合作社为家庭式管理，未建立成员代表大会、理事会、监事会制度，或者制度未得到执行。未建立合作社成员账户台账，或者成员账户信息登记不全面，出资额记录不合理，在入地经营权等无形资产入股时，对无形资产的评估和预期收益计算不合理，入账价值不准确。国家财政扶持资金和接受捐赠形成资产量化困难，量化份额不准确。

（三）服务层次偏低，市场竞争力不强

一方面，增城区农民专业合作社大多数以水果蔬菜、花卉苗木等种植类生产领域为主，从事农产品初加工、深加工的较少。现有的加工类合作社农产品加工程度低，农产品附加值不高。另一方面，在市场开拓能力方面相对薄弱，农产品总量和市场占有率不高，抵御市场风险能力不强，在农产品品牌建设、农产品治理检测和农产品规模化和标准化建设等方面，与农业龙头企业存在较大差距，专业合作社的市场竞争力和持续发展能力有待增强。

（四）管理人才缺乏，发展后劲不足

一方面，增城区农民专业合作社的牵头人大多为农村能人和专业户，大多数属于传统农民，学历不高，缺乏专业知识和科学技能，对农民专业合作社运营管理的法规政策了解不充分，具有懂经营、会管理、市场开发能力强的高素质"能人"更是相对稀缺。另一方面，由于农业是弱势产业，许多管理人才和经营骨干不愿意投身农业，加上缺乏相应的技术管理指导，增城区农民专业合作社总体技术含量偏低，仍处于农产品的初级生产阶段，发展后劲不足。

（五）合作社与成员利益联结度不高

大部分合作社与成员为松散合作关系，实行"三个统一"（统一采购领用生产物资、统一农作物生产标准和流程、统一品牌建设和农产品销售）的管理程度不高；合作社普遍未建立分红分配制度和办法，或者分红分配制度和办法流于形式，未予实施，成员从合作社获得利益较少，利益链接机制有待探讨。

三 进一步推动农民专业合作社的思考和建议

当前，增城区农民专业合作社发展基础比较好，为进一步推动农民专业合作社高质量发展，应着力完善合作社基础管理和服务，加大各级财政扶持优惠政策，优化升级特色农民专业合作社，培育创建农民专业合作社联合社，助力农民专业合作社发展壮大和高质量发展。

（一）建设农民专业合作社服务中心，完善合作社基础管理和服务

将农民专业合作社运行管理交给农民专业合作社服务中心，有利于增强合作社重点事项推进发展，健全增城区农业社会化服务体系发展。从创建培育农民合作社服务中心及鼓励农业龙头企业创新开展多形式的社会化服务两个方向推动农民专业合作社高质量发展。一是创建培育以市场化经营性服务为主、政府购买公益性服务为辅的增城区农民合作社服务中心，为小农户、家庭农场、农民合作社等主体提供注册、财税咨询记账报税、宣传培育、农资统购、生产代销等服务，帮助小农户解决一家一户干不了、干不好、干起来不划算的事；同时承接、开展政府购买的公益性服务。且每年度末对服务中心的工作进行监测评定，完善退出机制。二是围绕该区独具特色的增城丝苗米、增城荔枝、增城迟菜心等农产品，鼓励支持涉农企业创新开展农业社会化服务，充分运用涉农企业技术支撑、营销团队、销售渠道等优势，为小农户提供农资统配、技术指导、产销对接、电商销售、保底收购等服务。

（二）加大财政资金扶持力度，促进合作社提质增效

农民专业合作社是国家重点扶持的农业经营主体。根据政策文件精神落实现有扶持项目资金，加大财政扶持力度，有利于促进合作社培育和整体质量提升。目前针对农民专业合作社的扶持补助资金主要有两类，一类是土地流转奖励补贴，区、市两级示范社重点扶持，广州市农民专业合作社扶持项

目资金等固定扶持政策措施。另一类是省和国家对示范社的不固定、不定期的扶持资金。各种优惠扶持政策涵盖了对示范社的重点扶持和对所有合作社设立、制度完善、财务规范化、市场营销、品牌建设、溯源记录等业务的全方位扶持。

（三）培育扶持示范社，打造升级特色农民专业合作社

掌握增城区合作社运营情况，重点指导优质合作社进行示范社申报评定，打造、升级特色农民专业合作社。一是指导优质合作社进行示范社申报评定。增城区现有市级以上农民专业合作社示范社 11 家，占正常运营合作社比例 2.5%，示范社比例偏低。据调查，有部分合作社已经具备示范社申报评定的基础条件，比如设施设备齐全、有注册商标、有"三品一标"认证、营收能力或示范性较强等。可以指导、帮助这些合作社整合资源，完善各种软硬件条件，未来几年陆续申报评定一批示范社，使示范社数量快速增长。二是打造、升级特色农民专业合作社。增城区农民专业合作社涉及增城迟菜心、增城荔枝、增城乌榄、增城丝苗米、派潭凉粉草、黄塘头菜等特色产品产业，这些合作社也有部分被评为市级示范社，但整体上运营质量不是很高。结合新乡村示范带建设，以特色产品产业为重点，打造示范带范围的特色合作社，或者对现有的特色合作社进行升级。

（四）推进产加销一体化，培育创建农民专业合作社联合社

一是纵向支持、引导农民专业合作社由种养业向产加销一体化拓展，探索"联合社+农民专业合作社+农户"创营模式，实现在生产、加工、销售各个环节上带动社员和农户，建立相关经营主体，稳定利益联结机制。二是指导品牌合作社横向联合，创建农民专业合作社联合社。围绕增城区特色产品合作社和示范社，重点加大品牌建设扶持力度，做强做大特色品牌，指导、扶持合作社横向联合，创建农民专业合作社联合社。支持发展产业关联度高、辐射带动力强、参与主体多的融合模式，扶持一批龙头企业牵头、农

民专业合作社和家庭农场跟进、广大小农户参与的农业产业化联合体，构建分工协作、优势互补、联系紧密的利益共同体，实现抱团发展。

参考文献

冯喜娥、邓桂芹：《农民专业合作社发展现状及对策》，《农家科技》2019 年第 11 期。

王兰君：《农民专业合作社发展现状、存在问题及对策》，《农民致富之友》2017 年第 11 期。

田小娟：《浅谈农民专业合作社发展的困境与出路》，《农村科学实验》2019 年第 8 期。

王佳月：《农民专业合作社发展现状对策以及建议》，《时代金融》2018 年第20 期。

B.23
探索村企共建模式
实现乡村产业振兴农民奔富

——以广州市从化区南平村为例

叶 平[*]

摘　要： 党的十九大以来，从化区全面推进实施乡村振兴战略，乡村面貌
焕然一新，乡村产业蓬勃发展，村民逐步增收致富，农村社会和
谐稳定。南平村是从化实施乡村振兴战略华丽蝶变的一个典型代
表。南平村通过盘活闲置资源，与国企在环境改造、产业开发、
乡村治理、共建共治共享等方面开展全面深度合作，实现了村庄
从"面子"到"里子"的全面提升，逐渐成为乡村振兴的标杆
示范。本报告全面总结了南平村在乡村振兴战略中实施"四个
共建"的有益探索，即产业共建、生态共建、文化共建和组织
共建，为乡村振兴提供可资借鉴的做法，让农业成为有奔头的产
业，让农民成为有吸引力的职业，让农村成为安居乐业的美丽
家园。

关键词： 乡村振兴　村企共建　增收致富

　　党的十九大以来，从化区全面推进实施乡村振兴战略，乡村面貌焕然一
新，乡村产业蓬勃发展，村民逐步增收致富，农村社会和谐稳定。南平村是

---

　　* 叶平，广州市从化区乡村振兴促进中心主任，主要研究方向为乡村振兴政策研究。

从化实施乡村振兴战略华丽蝶变的一个典型代表。南平村通过盘活闲置资源，与国企在环境改造、产业开发、乡村治理、共建共治共享等方面开展全面深度合作，实现了村庄从"面子"到"里子"的全面提升，逐渐成为乡村振兴的标杆示范。

一　南平村的蝶变

南平村位于广州市从化区温泉镇东南部，距离市区 19 公里，离温泉镇政府 19 公里，面积约 5.03 平方公里，包括 8 个自然村和 12 个经济社，约 1200 人。南平村地处凤凰山麓，偏处一隅，南平村早期先民大多从增城、河源等地迁徙而来，逐渐形成以客家人为主的聚落。如今南平村的 8 个自然村中，有 7 个是客家村，至今仍然保持着数百年来客家的传统风俗习惯。由于交通落后、信息闭塞，南平村村委集体经济发展较差，主要农产品有荔枝、红柿、青梅、黄皮。南平村有耕地总面积 203.35 亩，人均耕地 3.51 亩，到 2008 年底，该村已签订农业承包合同 14 份，农村土地承包面积 65.16 亩，主要种植玉米等作物。拥有林地 150 亩、水面面积 50 亩、荒山荒地 120 亩、其他面积 14.1 亩。2008 年该村农村经济总收入 12.82 万元，其中种植业收入 6.12 万元，占总收入的 47.7%；畜牧业收入 6.6 万元，占总收入的 51.5%（其中，年内出栏肉猪 40 头，肉牛 10 头）；渔业收入 0.1 万元，占总收入的 0.8%；工资性年收入 7.5 万元，农民人均年纯收入 901.00 元，农民收入以种养为主。

自 2017 年实施乡村振兴战略以来，从化区南平村紧紧抓住乡村振兴重大机遇，深入贯彻落实习近平总书记关于"三农"工作重要论述精神，深入践行"绿水青山就是金山银山"理念，开创村集体与国有企业共建合作新模式，和珠江实业集团共建南平静修小镇，积极探索具有广州特色的超大城市乡村振兴之路，加快培育绿色发展新动能，原来偏僻穷困的小山村，逐渐蝶变为生态优美、群众富裕的新乡村，实现了"生态经济两手硬、青山金山长相依"。南平村的飞速发展获得了多方认可：2019 年南平村（双核槐

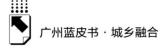
枝）入选第九批全国"一村一品"示范村镇名单，入选"2019年中国美丽休闲乡村"，2019年入选第二批"国家森林乡村"名单，2020年入选第二批"全国乡村旅游重点村""广东十大美丽乡村"，2021年南平村党支部被授予"广东省先进基层党组织"称号。

二 产业共建，打造富裕南平

产业兴旺是实施乡村振兴战略的重点。习近平总书记指出，要解放思想，逢山开路，遇河架桥，破除体制机制弊端，突破利益固化藩篱，让农村资源要素活化起来，让广大农民积极性和创造性迸发出来，让全社会支农助农兴农力量汇聚起来。南平村深入贯彻这一理念，将思想理念有效融入发展实践中，积极把握"千企兴千村"建设机遇，按照"政府引导、村企共建、村民参与"发展模式，与广州国有企业珠江实业集团携手共建静修小镇，推动乡村产业振兴。

有效盘活乡村"沉睡"资产。南平村的山、水、林、田等自然资源十分丰富，而且品质优良。群山环抱、清溪淙淙、绿树成荫、花果四季，是天然大氧吧。如何有效推动优质的资源适当开发利用，为村民带来实在的收益是重要的课题，也是实现"绿水青山就是金山银山"的有效实践。南平村生态资源丰富，但开发投入资金相对匮乏；同时珠江实业集团资金雄厚，对好项目孜孜以求。在乡村振兴的大背景和"千企兴千村"合作新路径下，南平村和珠江实业集团携手合作，深入探讨发展模式，由企业出资2000万元，持股占比80%，村集体以土地等资产入股，持股20%，村企共同成立珠江南平公司，重新挖掘和开发南平村的生态和农业资源。以资产盘活为首要工作任务，盘活了约1500平方米的旧村委、旧小学等闲置资产，将其打造为南平客栈，大力发展特色民宿、休闲旅游和文化创意产业。公司注册"南修子"品牌，对南平的优质荔枝、柿子、泉水等进行品牌化、标准化包装营销，有效延长产品价值链。

推出荔枝定制新模式。南平村因生态环境优良、水质土壤等产地环境良好，出产的荔枝品质优良，其中双核槐枝是全国"一村一品"示范产品。在新一代信息技术浪潮下，南平村紧跟数字经济发展步伐，依托互联网、大数据平台，推出荔枝个性化定制销售模式，让荔枝从论斤卖到论树卖，从单家独户卖到整村整社推进卖，从短期卖到生产年度定制卖，有效实现荔枝"大年"不愁卖、"小年"仍增收。南平的荔枝基本从年初开花起就全部被定制完，有效地解决了农产品销售难问题，为农民种植收入增加保障。2021年，南平村共实现定制荔枝树 200 套，促进农民增收 40 余万元。

发展乡村培训新经济。南平村充分利用生态资源优势和农产品产销成功实践，大力开展乡村振兴产业培训项目，极大带动南平民宿、农家乐、土特产销售等产业，还为村民提供大量就近就地就业机会。目前，广东省实施乡村振兴战略培训中心、广州市委党校教学基地、广州城市职业学院微电影学院等相继落户南平。截至 2020 年底，南平村开展各类培训 400 场次，培训 2.5 万人次，实现培训综合收入 400 万元；全国各地到南平参观学习的有 300 多批次 2 万多人。

大力开发乡村旅游。南平充分利用山、水、林、田、果、石等优质生态资源，结合修身、休养、修心休闲主题打造，大力发展特色乡村旅游。截至 2020 年 6 月，南平村接待游客逾 50 万人次，实现旅游收入逾 1000 万元，2017～2020 年回流村民达 400 余人。村民积极创业，开办民宿 24 家、农家乐 15 家、农创小集市 10 多家。在乡村旅游业蓬勃发展的同时，不断吸引有情怀、有技术、有经验的社会人士逐梦南平，返乡入乡人员创业就业成为新时尚。南平村的年轻人原来出外打工，现在毅然从大城市辞职，回到家乡的小山村开民宿、办农家乐、承包果园。一些乡贤及城市返乡人员引入新运营模式，通过自媒体平台宣传面馆及民宿等创业项目，成功打造了一些网红产品，与南平村发展相得益彰，推动城乡产业融合发展。

村民收入和集体经济双增收。南平村把村民增收致富作为工作的出发点和落脚点。南平静修小镇建设以来，为村民提供了 60 多个就业岗位，让村民在家门口就能就业，既照顾了家庭，又增加了收入。通过激活乡村产业，南平村民人均收入从 2016 年的 1.3 万元提升至 2021 年的 3.8 万元，增长了

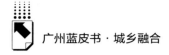

192%。村公司集中建设了山货一条街，以低成本租给村民经营，售卖土特产，村民收入有效提升。珠江实业集团每年给南平村100万元保底收益，经营收益按村企2∶8分成，村集体收入从2016年的31.2万元提升至2021年的150万元，增长了381%。

三　生态共建，打造美丽南平

南平村开展和企业共建以来，充分发挥珠江实业集团在资金、资源、人才方面的优势，激活乡村生态资源，建设美丽乡村。截至2021年底，珠江实业集团已投入约1亿元用于南平村基础设施建设，极大改善了村庄面貌，为南平村人居环境改善注入强大动力。"南平经验"先后在珠三角地区美丽乡村建设现场推进会、全省农村厕所革命和垃圾污水治理现场会作为典型案例宣传推广。如今，"望得见山，看得见水，记得住乡愁"在南平村已成为现实。

切实保护生态。南平村一直秉持"绿水青山就是金山银山"的发展理念，多年来一直注重自然生态系统提升和林地质量建设，环境保护与产业开发并重，推动乡村经济发展。村民也逐渐形成了保护树木、山林、水源的思想意识和生活习惯。当前南平村的原生态林木保存较好，现有古树名木12株，广州市在册古枫香仅有30株，南平村的枫香林群落独占8株。良好的生态已经成为南平可持续发展最宝贵的资源。

提升村容村貌。围绕村民对美好生活环境的需要，南平村全面推进美丽家园、美丽田园、美丽廊道、美丽河湖、美丽园区等"五个美丽"行动。实施67个"三清理""三拆除""三整治"项目，坚决拆除1.5万平方米违建、危破房，并按照岭南风格整治农房100多栋，粉墙黛瓦红窗已经成为南平一道亮丽的风景。

污水收集处理全覆盖。近年来，广州不断加快补齐城乡污水收集和处理设施短板，重点围绕提升污水收集处理能力，将污水收集处理基础设施建设作为农村水环境治理工作的重中之重，实现农村污水收集处理能力的飞跃。

南平村已建成 10 个污水处理设施点，实现生活污水收集率达到 100%。

垃圾分类收集全覆盖。全面推进垃圾分类成为新时尚，南平村生活垃圾处理率达 100%。全村共有保洁员 8 人，清扫保洁覆盖率达到 100%。设有垃圾收集点 14 个，其中 7 个是密闭式收集点，公共场所设置其他垃圾、可回收物分类收集容器，2 个垃圾分类宣传栏，同时向村民派发其他垃圾、厨余垃圾分类桶共 600 多个。村与村民签订《环境友好家庭承诺书》，提高村民群众的垃圾分类意识，同时设置垃圾分类光荣榜，对积极开展垃圾分类工作的村民予以精神鼓励。

推进厕所革命。小厕所连着大民生。厕所是困扰村民生活的一大难题。厕所革命不仅能有效防治细菌病毒滋生，构建卫生干净的生活环境，同时还能优化乡村旅游设施条件，促进生态休闲农业发展。目前，南平村全部完成 292 户的卫生户厕改造，做到了"四净三无二通一明"（即地面净、墙壁净、厕位净、周边净，无溢流、无蚊蝇、无臭味，水通、电通，灯明）。建成广州市首个装配式农村公厕，建有 6 座乡村旅游公厕，打造"有颜有品"的公共厕所，率先实现"15 分钟如厕圈"。

四　文化共建，打造书香南平

大力建设村史馆。文化振兴是实施乡村振兴战略的重要内容，优良的乡村文化为乡村振兴、城乡融合发展和农业农村现代化提供强大精神支持和不竭动力。南平利用村里的闲置土地和房屋建设南平村史馆，展示村庄发展变迁过程，展示历年的"中央一号文件"，彰显改革开放以来特别是党的十八大以来村庄发生的翻天覆地变化，向村民宣传新中国好、社会主义好、共产党好，教育村民永远感党恩、听党话、跟党走。

赓续书香文脉。南平村注重挖掘整理和传承乡村优秀历史文化，培育农民文化骨干，开展民俗活动，推动南平村文化建设，丰富南平村文化生活，筑牢南平村文化阵地。整理挖掘黎民表家族"一门三进士"文化佳话，建设"进士亭"等，教育村民继承耕读传家的优秀传统。自乡村振兴战略实

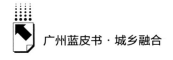

施以来，南平村民子女大学入读率明显提升，村民文化自觉有效增强，良好家风深入人心，南平优秀书香文化大力传承。

五　组织共建，打造和谐南平

近年来，南平村和珠江实业集团坚持以"凤展旗红耀南平"党建品牌引领基层治理，充分发挥头雁引领作用，强化力量指引，打造村企党建"联合体"，构建"共商共治"工作体系，打造"内强外拓"发展模式，成立了"排忧解难"先锋团队，全力打造南平村基层党建"铁城样板"，为南平村发展提供组织保障。

强化思想指引。始终用习近平新时代中国特色社会主义思想武装党员干部。通过集中学习、个人自学以及在实践中学等方式，规范"三会一课"等组织生活，不断增强村党员干部对新时代、新思想、新理念、新战略的认识，做到真学、真懂、真信、真用，确保乡村振兴始终走在正确方向。

发挥头雁引领作用。坚持筑强村党支部堡垒，选优配强村党支部书记与驻村第一书记。该村党支部书记分别于 2015 年及 2019 年荣获"广东省优秀村（社区）党组织书记"称号。村里组建了人居环境整治党员先锋队、"垃圾分类"党员先锋队、"厕所革命"党员先锋队、"党旗红"党员先锋队等若干支党员先锋队，特色产业蓬勃发展，村容村貌明显改善，社会环境和谐稳定。

构建"共商共治"工作体系。成立南平静修小镇党委，将南平周边"六村一街"纳入小镇党委组织架构，主动与区、镇、村三级党组织就特色小镇发展规划、建设运营等系列事项进行研讨，为建成美丽乡村提供坚强有力的组织保证。"广州街坊·从化乡亲 724 综治平台"、村规民约等治理手段成为南平村治理的重要平台和抓手。南平村多年均是"零上访、零吸毒、零案发"先进村，村民获得感、幸福感、安全感显著增强。

打造"内强外拓"发展模式。内接村企党支部，推行"两全面一更加"锻造工程，实施党支部标准化建设 34 条规定，设立党员活动室、民主议事厅，联合开展组织生活，定期举办村民见面会，带动乡村党建提高到新水平；外联城市其他单位党组织开展多元化共建，共同构筑城乡基层党建新格局。

成立"排忧解难"先锋团队。村企共同组建"垃圾分类"党员先锋队、"厕所革命"党员先锋队、"党旗红"党员先锋队等，把党员打造成为抢抓工期、抗击山洪、为民服务的先锋模范，尤其是新冠肺炎疫情常态化防控下，第一时间组建党员先锋队，主动承担乡村防疫抗疫，为美丽乡村筑起"安全墙"，实现零感染。

参考文献

中共中央党史和文献研究院：《习近平关于"三农"工作论述摘编》，中央文献出版社，2019。

张长剑：《开封杞县一个普通乡村依靠"党建促扶贫"实现华丽蝶变》，中原经济网，2020年7月20日。

沈费伟：《乡村技术赋能：实现乡村有效治理的策略选择》，《南京农业大学学报》（社会科学版）2020年第2期。

冯兴振：《高质量党建领航国企高质量发展》，《群众》2020年第13期。

孙鹏：《融入中心创新推进"党建+3+X"工作模式》，《中国煤炭工业》2018年第3期。

周志刚：《创建服务型党组织的实践与探索》，《中国金属通报》2020年第7期。

B.24
"十三五"时期广州市增城区城乡
居民收入与支出分析研究

钟惠敏　周斯琪　吴晓锋　曹添*

摘　要： "十三五"时期，增城区大力实施乡村振兴战略，推动国家城
乡融合发展试验区建设，城乡居民收入差距逐年缩小，城乡
居民消费支出持续增长，城乡居民生活质量不断提高。但也
存在外部环境不确定因素较多、工资性收入增长动力不足、
生产经营持续增收存在阻力、居民财产净收入增长乏力等问
题，为进一步促进增城区城乡居民增收，应着力全面推进乡
村振兴，加速城乡融合发展；稳定和扩大就业，增加居民工
资收入；落实各项政策支持，提高生产经营质量；盘活家庭
闲置资源，拓宽居民增收渠道；完善社会保障机制，巩固脱
贫攻坚成果。

关键词： 城乡居民　收入支出　收入结构

　　"十三五"期间，增城区大力实施乡村振兴战略，推动国家城乡融合发
展试验区建设，大力发展现代农业，实现农业高质量发展。扎实提升覆盖乡
村的公共服务，完善乡村基础公共设施，大力健全教育、医疗、卫生、就业

---

* 钟惠敏，国家统计局增城调查队副队长，主要研究方向为统计调查；周斯琪，国家统计局增
城调查队副科长，三级主任科员，主要研究方向为统计调查；吴晓锋，增城区委办调研科科
长，主要研究方向为区域经济；曹添，增城区委办调研科副科长，主要研究方向为区域经
济。钟惠敏为统筹、策划和撰写人员；周斯琪、吴晓锋、曹添为撰写人员。

等公共服务体系。城乡居民收入差距逐年降低，城乡居民消费支出结构优化，城乡居民生活品质不断提升。

一 城乡居民收入持续增长，收入差距不断缩小

（一）农村居民收入快速增长，城乡差距逐年缩小

2020 年，增城区城镇居民人均可支配收入为 53497 元，较 2016 年的 39900 元增长了 34.08%，实现"十三五"期间年平均增长达 7.6%。2020 年，增城区城镇居民人均可支配收入为 28613 元，较 2016 年 19485 元增长了 46.8%，实现"十三五"期间年平均增长达 10.1%，高出城镇居民 2.5 个百分点（见图 1）。

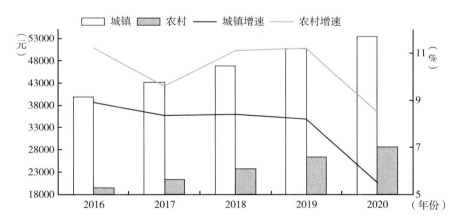

图 1 "十三五"时期增城区城乡居民人均可支配收入

资料来源：根据调研所获数据分析整理形成。

从城乡居民收入比看，2016 年城乡居民收入比为 2.05：1，2020 年为 1.87：1，城乡居民收入差距不断缩小，城乡融合快速发展（见图 2）。

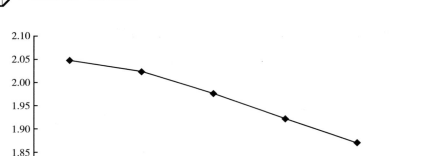

图 2 "十三五"时期增城区城乡居民人均收入比情况

资料来源：调研所获数据分析整理形成。

（二）坚持稳就业保民生，城乡居民工资性收入稳步增长

"十三五"时期，增城区坚持就业优先，实施积极的就业政策，落实保就业、稳就业措施，推进更充分和更高质量就业。调查数据显示，城乡居民工资性收入年均增长 10.1%，拉动总收入增长 32.4 个百分点，对收入贡献率为 69.1%。2020 年，增城区城镇 6.46 万人新增就业，19.9 万人次转移农村劳动力就业，城镇登记失业率得到有效控制，不高于 2.5%。实施"粤菜师傅""广东技工""南粤家政"技能人才培训，累计培训 7832 人。2020年，增城区城镇居民人均工资性收入为 36891 元，同比增长 7.5%，占人均可支配收入的比重为 69.0%。农村居民人均工资性收入 20186 元，同比增长8.5%，占人均可支配收入的比重为 70.5%。

（三）营商环境不断优化，城乡居民经营净收入总体向好

"十三五"期间，增城区不断完善基础设施建设，加快广州东部交通枢纽建设。广州地铁 13 号线、21 号线建成通车，穗深城际、广石铁路开通并投入运营，北三环二期、花莞高速等 6 条高速公路建成通车，加快建设广汕铁路、新白广城际、增天高速、广汕路北绕线项目，全区高快速路及干道公

路总里程 2248 公里，为城乡居民创造了便利的营商交通环境。受新冠肺炎疫情冲击和影响，2020 年城乡居民经营净收入同比有所下降，但"十三五"时期总体形势仍然向好。2020 年，增城区城镇居民人均经营净收入 9316 元，下降 7.3%，同比减少 738 元，但与 2016 年相比，增加了 1634 元，年均增长 4.9%；2020 年农村居民人均经营净收入 3900 元，增长 3.8%，同比小幅增加 143 元，比 2016 年增加 1094 元，年均增长 8.6%。

（四）建设美丽宜居增城，城乡居民财产净收入快速增长

"十三五"期间，增城区全面推进乡村振兴战略，成功创建全国休闲农业和乡村旅游示范区、省全域旅游示范区，引进培育 12 家投资超亿元、面积超千亩的优质农业项目，创建省级现代农业产业园 5 个，建成 284 个干净整洁村、220 个美丽宜居村、36 个特色精品村，全面提升乡村人居环境，同时着力加强生态环境建设，优化提升公共服务，扎实推进城市更新，城乡综合承载力不断增强，城乡居民财产净收入增长快速。调查数据显示，增城区城镇和农村居民财产净收入年均分别为 14.2% 和 15.1%，增速在四大收入中位列第一，拉动收入增长 34.9 个和 23.1 个百分点。2020 年增城区城镇人均财产净收入 6509 元，农村人均居民财产性收入 1509 元，城镇人均财产性净收入为农村居民的 4.3 倍。

（五）发展民生社会事业，城乡居民转移净收入得到保障

"十三五"期间，增城区财政投入 700 多亿元发展民生和各项社会事业，大力引进优质教育资源，实施"百名优才引进计划"提升教育质量，推进基层医疗卫生机构改革，全区 262 间村卫生站全部纳入镇村一体化管理、实施"一元钱看病"，30.42 万人参保城乡居民基本养老保险，69.8 万人正常缴费城乡居民医疗保险，低保标准从"十二五"期末的 650 元提高到 1080 元，农村居民群众的获得感和幸福感持续提升。2020 年增城区城镇居民人均转移净收入 781 元，较上年增长 5.5%，"十三五"时期年均增长 6.7%，其中，人均报销医疗费收入年均增长 10.2%，人均政策性生活补贴

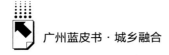

年均增长 7.3%；2020 年农村居民人均转移净收入 3019 元，同比增长
13.8%，"十三五"时期年均增长 11.7%，其中，人均报销医疗费收入年均
增长 16.5%，人均政策性生活补贴年均增幅超六成。

二　城乡居民消费持续增长，消费结构不断优化

（一）生活水平不断提高，城乡居民基础型消费保持稳定增长

随着城乡居民家庭收入水平的提高，居民消费能力明显增强，生活质量
进一步提高。数据显示，"十三五"时期城乡居民恩格尔系数在连续 4 年下
降后出现小幅回弹，主要原因是新冠肺炎疫情常态化防控下，城乡居民
2020 年消费支出表现相对保守，但消费总体保持稳定增长趋势。2020 年增
城区城镇居民人均消费支出 31421 元，同比小幅增长 1.6%，2016~2020 年
年均增长 6.1%，其中，2020 年城镇居民在吃、穿、住等基础型消费支出
18973 元，同比增长 3.7%，"十三五"期间年均增长 6.3%；2020 年增城区
农村居民人均消费支出 19910 元，同比增长 4.3%，"十三五"期间年均增
长 8.6%，其中，2020 年农村居民在吃、穿、住等基础型消费支出 13442
元，同比增长 7.9%，2016~2020 年年均增长 8.8%。

（二）生活消费扩容提质，城乡居民消费结构进一步优化

"十三五"时期，增城区城乡居民基本生活消费扩容提质，发展和改善
型消费支出迅速增长，城乡居民消费支出结构进一步优化。调查数据显示，
2020 年城镇居民在生活用品及服务、交通通信、教育文化娱乐及医疗保健
等发展型消费支出方面比 2016 年分别增加了 576 元、1549 元、112 元和 287
元，年均增长 8.5%、8.4%、1.0%和 5.5%（见图 3）。

对比城镇居民，农村居民消费升级的需求旺盛，消费升级动力强劲。
2020 年农村居民在生活用品及服务、交通通信、教育文化娱乐和医疗保健

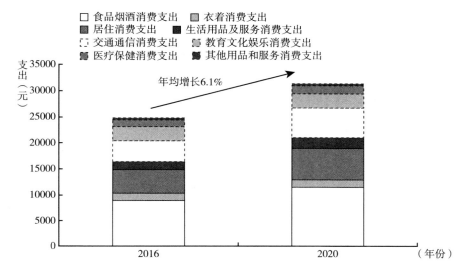

图3 "十三五"时期增城区城镇居民人均消费支出情况

资料来源：调研所获数据分析整理形成。

等生活发展和改善型消费支出方面比 2016 年分别增加 322 元、944 元、78 元和 308 元，年均增长 6.9%、10.6%、1.6% 和 13.2%（见图4）。

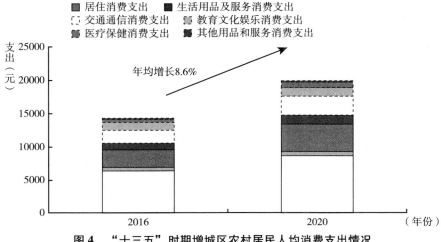

图4 "十三五"时期增城区农村居民人均消费支出情况

资料来源：调研所获数据分析整理形成。

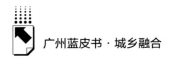

三 增城区城乡居民持续增收的制约因素

（一）外部环境不确定因素较多

当前，广州新冠肺炎疫情防控仍然面临较大的考验。此外，受国际形势不确定影响，石油、天然气、瓷泥等原材料价格上涨导致生产成本上涨、国际市场供需矛盾突出，产业链不顺畅，国际海运效率低、运费高，人民币汇率波动大，市场经营主体的生产经营压力进一步加大，城乡经济持续增长面临较大压力。

（二）工资性收入增长动力不足

新冠肺炎疫情对企业尤其是中小企业和个体经营户的影响较大，不少企业和个体经营户生产和经营被迫暂缓，收入和现金流减少，但仍需要承担用地、人工、管理等刚性成本以及疫情常态化防控所需要投入的成本，加上已到期资金回款难，资金周转困难，物流和供应链不顺畅，原材料成本上升，运营成本上升等，造成盈利难度大，企业为了生存不得不通过裁员瘦身的办法来渡过难关，企业员工面临失业、被迫降薪等困境，从而影响到城乡居民工资水平持续增长。

（三）生产经营持续增收存在阻力

增城区农业生产以小规模、分散化发展的小农户经营为主，农业龙头企业对优质农产品的品牌带动效应不明显，农产品增值链条未能有效形成。生产基础设施不完善、农资价格和人工成本不断上涨，在一定程度上削弱了农业经营利润，农业持续增收乏力。同时，疫情常态化防控下，城乡居民消费心理普遍趋向保守，除必需的生活用品外，在外聚餐、旅游出行、休闲购物等娱乐消费支出大幅减少。住宿餐饮业、批发零售业等服务业经营困难，叠加经济新常态下的产业转型升级，传统低附加值产业经营状况更是举步维艰。

（四）居民财产净收入增长乏力

城乡居民投资意愿总体不强，财产红利与利息收入增长乏力。对城镇居民而言，城市扩容致使城乡接合部私房出租比例增加，导致市场化供需关系从卖方市场向买方市场转变，房东从不愁租转变为保续租为主的心理预期，不涨租金甚至降租金是主要寻租手段。对农村居民而言，"小农思想"根深蒂固，对土地流转整合促进乡村产业振兴的认识不到位，畏难情绪较多，同时推动土地流转整合的基层宣传和沟通力度不足，影响和阻碍了土地流转和农业规模化、产业化发展，租金收入拉动城乡居民财产净收入增长的效果也不强。

四　增城区促进城乡居民增收的对策建议

（一）全面推进乡村振兴，加速城乡融合发展

一是高标准打造第一、第二、第三产业高度融合的现代产业园，抓好"菜篮子"基地建设，推动生猪养殖场投产扩能，推进农业机械化和农机装备转型升级，提高粮食和重要农产品供给保障能力；二是健全农村人居环境整治长效管护机制，加快推进连片岭南特色乡村群建设，打造美丽廊道示范带，推进农房管控和乡村风貌提升，落实厕所革命、垃圾分类、破旧泥砖房清理整治等重点工作，推进"四好农村路"改建工作；三是创新乡村人才培育引进使用机制，推动各类人才投身乡村振兴，形成乡村振兴的强大合力，培育新型职业农民，促进城乡共同富裕。

（二）稳定和扩大就业，增加居民工资收入

一是促进高校毕业生、农民工等重点人群就业，强化就业指导服务，搭建政企择业平台，立足企业需求，针对劳动力开展劳动技能"订单式"的精准定向实训，开发公益性岗位，解决贫困家庭就业问题；二是进一步挖掘

就业潜力，强化产业布局、财政金融等政策与就业政策协同增效，破解结构性、季节性、周期性失业难题，促进城乡居民充分就业；三是鼓励创业和灵活就业，营造创新创业的良好氛围，加大对初创实体支持力度，提供场地租金减免、税收优惠、创业补贴等优惠政策，放大创业带动就业的倍增效应。

（三）落实各项政策支持，提高生产经营质量

一是完善招商工作机制，树牢优质产业集聚引领高质量发展理念，同时着力解决中小微企业税负、融资、用工等问题，推动中小微企业同步稳步发展；二是鼓励引导企业融合互联网、大数据、机器人、人工智能等技术，提高设计、制造、工艺、管理水平，促进产业高质量发展；三是推动消费扩容提质，大力发展生态农业，重点发展农产品精深加工业，实施农产品品质提升工程。推动传统商圈数字化改造升级，加速线上线下联动促消费，健全农村电商政策环境，释放更多的消费潜力。

（四）盘活家庭闲置资源，拓宽居民增收渠道

一是加大理财投资知识宣传力度，强化城乡居民投资意识，鼓励居民拓宽投资理财渠道，增加红利、租金和利息等财产性收入，同时强化各类理财产品的市场监管，保障居民财产安全，优化居民的收入结构；二是盘活农村闲置土地和农村集体资产，建立促进土地规模经营的激励机制，鼓励以土地入股农业新型市场主体，加速土地经营权流转，激发农村居民增收动力；三是完善产业经营主体和农村家庭的利益联结机制，创新"土地流转+务工收入""订单收购+保底分红"等利益联结模式，让农村居民共享产业增值收益。

（五）完善社会保障机制，巩固脱贫攻坚成果

一是强化民生保障，健全多层次社会保障体系，强化残疾人、困境儿童等特殊群体福利保障，落实各项惠民政策，让改革发展成果最大范围实现共享；二是发展民生事业，办好民生实事，推进健康增城建设。抓好医疗人才

引进培育，夯实医疗服务能力，优化教育资源布局，发展全人教育；三是建立巩固扶贫成果长效机制，夯实造血式产业扶贫，强化"公司+基地+新脱贫户"模式，健全完善协调联动、产业协作、人才交流等长效机制，加强扶贫项目资金资产管理和监督，推动巩固脱贫攻坚成果同乡村振兴有效衔接。

参考文献

钟惠敏、周斯琪：《广州市增城区城乡居民收支情况分析及对策建议》，《广州城乡融合发展报告（2021）》，社会科学文献出版社，2021。

刘玉娴：《开创城乡融合高质量发展新局面》，《增城日报》2020 年 12 月 24 日。

杨林：《广东城乡居民收入分配现状及问题分析》，《时代经贸》2018 年第 6 期。

皮 书

智库成果出版与传播平台

❖ 皮书定义 ❖

皮书是对中国与世界发展状况和热点问题进行年度监测，以专业的角度、专家的视野和实证研究方法，针对某一领域或区域现状与发展态势展开分析和预测，具备前沿性、原创性、实证性、连续性、时效性等特点的公开出版物，由一系列权威研究报告组成。

❖ 皮书作者 ❖

皮书系列报告作者以国内外一流研究机构、知名高校等重点智库的研究人员为主，多为相关领域一流专家学者，他们的观点代表了当下学界对中国与世界的现实和未来最高水平的解读与分析。截至 2021 年底，皮书研创机构逾千家，报告作者累计超过 10 万人。

❖ 皮书荣誉 ❖

皮书作为中国社会科学院基础理论研究与应用对策研究融合发展的代表性成果，不仅是哲学社会科学工作者服务中国特色社会主义现代化建设的重要成果，更是助力中国特色新型智库建设、构建中国特色哲学社会科学"三大体系"的重要平台。皮书系列先后被列入"十二五""十三五""十四五"时期国家重点出版物出版专项规划项目；2013~2022 年，重点皮书列入中国社会科学院国家哲学社会科学创新工程项目。

权威报告·连续出版·独家资源

皮书数据库
ANNUAL REPORT(YEARBOOK)
DATABASE

分析解读当下中国发展变迁的高端智库平台

所获荣誉

- 2020年，入选全国新闻出版深度融合发展创新案例
- 2019年，入选国家新闻出版署数字出版精品遴选推荐计划
- 2016年，入选"十三五"国家重点电子出版物出版规划骨干工程
- 2013年，荣获"中国出版政府奖·网络出版物奖"提名奖
- 连续多年荣获中国数字出版博览会"数字出版·优秀品牌"奖

皮书数据库

"社科数托邦"
微信公众号

成为会员

登录网址www.pishu.com.cn访问皮书数据库网站或下载皮书数据库APP，通过手机号码验证或邮箱验证即可成为皮书数据库会员。

会员福利

- 已注册用户购书后可免费获赠100元皮书数据库充值卡。刮开充值卡涂层获取充值密码，登录并进入"会员中心"—"在线充值"—"充值卡充值"，充值成功即可购买和查看数据库内容。
- 会员福利最终解释权归社会科学文献出版社所有。

数据库服务热线：400-008-6695
数据库服务QQ：2475522410
数据库服务邮箱：database@ssap.cn
图书销售热线：010-59367070/7028
图书服务QQ：1265056568
图书服务邮箱：duzhe@ssap.cn

社会科学文献出版社 皮书系列
SOCIAL SCIENCES ACADEMIC PRESS (CHINA)

卡号：936636295519
密码：

S 基本子库
SUB DATABASE

中国社会发展数据库（下设 12 个专题子库）

紧扣人口、政治、外交、法律、教育、医疗卫生、资源环境等 12 个社会发展领域的前沿和热点，全面整合专业著作、智库报告、学术资讯、调研数据等类型资源，帮助用户追踪中国社会发展动态、研究社会发展战略与政策、了解社会热点问题、分析社会发展趋势。

中国经济发展数据库（下设 12 专题子库）

内容涵盖宏观经济、产业经济、工业经济、农业经济、财政金融、房地产经济、城市经济、商业贸易等 12 个重点经济领域，为把握经济运行态势、洞察经济发展规律、研判经济发展趋势、进行经济调控决策提供参考和依据。

中国行业发展数据库（下设 17 个专题子库）

以中国国民经济行业分类为依据，覆盖金融业、旅游业、交通运输业、能源矿产业、制造业等 100 多个行业，跟踪分析国民经济相关行业市场运行状况和政策导向，汇集行业发展前沿资讯，为投资、从业及各种经济决策提供理论支撑和实践指导。

中国区域发展数据库（下设 4 个专题子库）

对中国特定区域内的经济、社会、文化等领域现状与发展情况进行深度分析和预测，涉及省级行政区、城市群、城市、农村等不同维度，研究层级至县及县以下行政区，为学者研究地方经济社会宏观态势、经验模式、发展案例提供支撑，为地方政府决策提供参考。

中国文化传媒数据库（下设 18 个专题子库）

内容覆盖文化产业、新闻传播、电影娱乐、文学艺术、群众文化、图书情报等 18 个重点研究领域，聚焦文化传媒领域发展前沿、热点话题、行业实践，服务用户的教学科研、文化投资、企业规划等需要。

世界经济与国际关系数据库（下设 6 个专题子库）

整合世界经济、国际政治、世界文化与科技、全球性问题、国际组织与国际法、区域研究 6 大领域研究成果，对世界经济形势、国际形势进行连续性深度分析，对年度热点问题进行专题解读，为研判全球发展趋势提供事实和数据支持。

法律声明

　　"皮书系列"（含蓝皮书、绿皮书、黄皮书）之品牌由社会科学文献出版社最早使用并持续至今，现已被中国图书行业所熟知。"皮书系列"的相关商标已在国家商标管理部门商标局注册，包括但不限于LOGO（ ）、皮书、Pishu、经济蓝皮书、社会蓝皮书等。"皮书系列"图书的注册商标专用权及封面设计、版式设计的著作权均为社会科学文献出版社所有。未经社会科学文献出版社书面授权许可，任何使用与"皮书系列"图书注册商标、封面设计、版式设计相同或者近似的文字、图形或其组合的行为均系侵权行为。

　　经作者授权，本书的专有出版权及信息网络传播权等为社会科学文献出版社享有。未经社会科学文献出版社书面授权许可，任何就本书内容的复制、发行或以数字形式进行网络传播的行为均系侵权行为。

　　社会科学文献出版社将通过法律途径追究上述侵权行为的法律责任，维护自身合法权益。

　　欢迎社会各界人士对侵犯社会科学文献出版社上述权利的侵权行为进行举报。电话：010-59367121，电子邮箱：fawubu@ssap.cn。

社会科学文献出版社